글로벌 톱 5를 향하여

-공기업의 도전-

글로벌 톱 5를 향하여
-공기업의 도전-

초판 1쇄 인쇄일 2015년 12월 1일
초판 1쇄 발행일 2015년 12월 5일

지은이 윤영대
펴낸이 양옥매
디자인 이윤경
교정 조준경

펴낸곳 도서출판 책과나무
출판등록 제2012-000376
주소 서울특별시 마포구 월드컵북로 44길 37 천지빌딩 3층
대표전화 02.372.1537 **팩스** 02.372.1538
이메일 booknamu2007@naver.com
홈페이지 www.booknamu.com
ISBN 979-11-5776-123-4(03320)

이 도서의 국립중앙도서관 출판시도서목록(CIP)은 서지정보유통지원 시스템
홈페이지(http://seoji.nl.go.kr)와 국가자료공동목록시스템
(http://www.nl.go.kr/kolisnet)에서 이용하실 수 있습니다.
(CIP제어번호 : CIP2015032481)

글로벌 톱 5를 향하여

· 공기업의 도전 ·

윤 영 대 지음

책나무

발간에 즈음하여

필자는 30여 년 동안 국가정책을 다루는 행정부에만 있었다. 행정부에서 물러나고 난 후 기업을 경영해 보고 싶다는 생각이 들었다. 그렇다고 필자가 직접기업을 창업할 수 있는 형편은 아니었다.

그래서 행정부에서 일했던 경험을 바탕으로 공기업을 경영해 보기로 했다. 이렇게 해서 필자는 제 21대 한국조폐공사 사장으로 취임하게 되었다.

공기업 사장으로 취임하면서 공기업을 혁신하고 싶었다. 필자는 조폐공사를 「글로벌 톱 5」 기업으로 키워보겠다는 비전을 세웠다. 국내 공기업 중 하나가 아닌 세계적 기업으로 우뚝 서게 하고 싶다고 생각했다.

조폐공사가 글로벌 종합 보안제품 시장에서 적어도 세계 5대 메이저 기업으로 발돋움할 수 있도록 해야겠다는 비전을 가졌다. 왜? 무엇을 위해서? 그것은 바로 국부를 창출하고 일자리를 창출하기 위해서이다.

필자는 이 비전을 실현하기 위해 「3C 4N」이라는 경영정책을 펼쳤다.

'3C'란 Challenge, Change, Creative Innovation, 즉 도전(挑戰), 변화(變化), 창신(創新)을 말한다. 약칭 3C, 우리말로 「도·변·창」이라고 불렀다. 이것은 조직원들의 의식 전환을 위한 것이다.

그리고 '4N'이란 새로운 성장엔진(New Engine), 새로운 시장(New Market), 새로운 기술(New Technology), 새로운 시스템(New System)을 말한다. 이 네 가지 새로운 것을 말한다. 줄여서 4N, 「4새」라고 칭했다.

「3C 4N」, 즉 「도, 변, 창, 4새」가 필자의 경영철학이요 전략이었다. 필자는 「글로벌 톱 5」라는 비전을 실현하기 위해 이 정책을 지속적으로 추진했다.

분명 글로벌 톱 5(G-5)기업으로 발전한다는 것이 말처럼 쉬운 일은 아닐 것이다. 그렇다고 불가능한 일도 아니다. 분명한 비전을 갖고 지속적으로 도전하고 변화하고 창신해 나간다면 반드시 이루어진다. 이러한 믿음으로 나는 3C 4N을 강력하게 추진해 나갔다.

이 책은 필자가 한국조폐공사 사장으로 재직하면서 추구했던 경영 혁신노력에 관한 기록이다. 공기업 사장으로서 나는 무엇을 추구했는가? 그것을 이루기 위해서 무슨 일을 했는가? 어떻게 했는가? 그 결과 무엇을 이루고 무엇을 이루지 못했는가? 그러한 과정에서 어떤 애로가 있었는가? 이런 일들을 서술한 책이다. 공기업 경영혁신에 관한 하나의 작은 기록인 셈이다.

역사는 기록이다. 기록이 없으면 우리는 역사를 잘 모른다. 크든 작든 기록되어야 역사가 된다고 생각한다. 큰 것은 큰 역사를 이루고 작은 것은 작은 역사를 이룬다. 나는 이 작은 기록이 역사의 한 부분이 되기를 바란다. 작게는 한 공기업 경영자의 경영혁신에 대한 기록이요, 조폐공사 발전에 대한 역사다. 그리고 크게는 이 시대의 국가 역사의 한 부분이 될 수도 있을 것이다.

사실 필자는 이 책을 쓰다가 중단하기를 여러 번 반복했다. '이런 이야기들을 과연 독자들이 어떻게 받아들일까? 무슨 의미가 있을까?'라는 생각에 많이 망설여졌다. 그러나 하나의 기록으로서 남기는 것도 의미가 있다고 생각했다. 한 시기의 조폐공사 CEO가 고민했던 일들은 조폐공사에 의미가 있겠지만 다른 공기업에도 의미가 있을 수 있다고 생각했다. 다른 공기업도 비슷한 상황이 있을 수 있기 때문이다. 그래서 기록으로 남기기로 했다.

같이 일했던 조폐공사 임직원들 중에는 이 책의 집필을 성원하고 격려하는 분들이 많이 있었다. 이분들의 성원과 격려에 힘입어 이 책을 마무리 지을 수 있었다.

필자는 조폐공사 사장으로 재임하면서 조폐공사 임직원들로부터 많은 도움을 받았다. 이분들은 매우 유능하고 열정적이었으며 또한 헌신적이었다. 많은 어려움이 있었음에도 불구하고 이분들은 맡은 바 임무를 열정적으로 수행했다.

　　필자가 추진했던 「글로벌 톱 5」라는 비전도, 「3C 4N」의 경영철학과 정책도, 이분들의 열정이 아니었으면 절대로 추진되지 못했을 것이다. 이분들의 열정(熱情)이 추진동력이었기 때문이다.

　　우리는 상하(上下)를 떠나 열정으로 뭉쳤고 열정으로 일해 왔다. 필자는 열정으로 함께했던 조폐공사 임직원 모든 분들께 다시 한 번 깊은 감사를 드린다.

2015년 12월 1일

제1부 세 가지 키워드 : 3C

제2부 네 가지 전략 : 4N

III. 새로운 기술 개발(New Technology)

IV. 새로운 시스템 구축(New System)

세 가지 키워드
: 3C

도전
(Challenge)

1
신뢰사회를
향하여

'무신불립(無信不立)'이라는 말이 있다. 신뢰(信賴)가 없으면 사람은 설 수 없다, 즉 살아갈 수 없다는 말이다. 믿음이 없으면 개인이나 국가나 존립하기 어려우므로 신의(信義)를 지켜 서로 믿고 의지할 수 있어야 한다는 말이다. 특히 국가를 경영함에 있어서 신뢰야 말로 제일 중요하다는 의미이다. 심지어 국방이나 경제보다 더 중요하다. 『논어(論語)』의 「안연편(顔淵篇)」에 나오는 공자(孔子)님의 말씀이다.

우리 인간사회에는 신뢰가 절대적으로 필요하다. 신뢰가 없다면 사회가 무너진다. 서로가 서로를 믿지 못하고 불신한다면 만인(萬人)에 대한 만인의 투쟁 사회가 되어 사회가 무너지고 말 것이다. 상대방의 말을 전혀 믿을 수 없고 그 사람의 행동을 전혀 믿을 수 없다면 건전한 관계 정립이 불가능하다. 가정에서나, 사회에서나, 국가에서도 신뢰가 없이는 아무런 일을 할 수가 없다.

신뢰가 있어야만 발전이 있고 신뢰가 있어야만 번영이 있다. 신뢰가 있는 사회는 행복한 사회요 살맛나는 세상이지만, 신뢰가 없는 사회는 불행한 사회요 살기 싫은 세상이다. 그래서 신뢰는 곧 행복의 출발점이요 사회 발전의 원동력인 것이다.

미국의 정치철학자인 프랜시스 후쿠야마(Francis Fukuyama) 교수는 그의 저서 『신뢰(Trust)(1995)』에서 신뢰를 사회적 자본으로 규정했다. 한 국가의 경쟁력은 그 사회의 신뢰 수준에 의해 결정된다고 주장한다. 사회 구성원들 간의 신뢰가 경제발전을 이끈다는 것이다. 그는 경제발전의 원동력인 신뢰 수준에 따라 고신뢰사회(高信賴社會)부터 저신뢰사회(低信賴社會)에 이르기까지 사회를 여러 단계로 나누어 구분하며, 고신뢰사회일수록 경제가 발전하고 저신뢰사회일수록 경제가 후진된다고 말한다.

이처럼 인간사회에서는 신뢰야말로 중요한 가치이자 자본이다. 신뢰가 경제 및 사회 발전에 얼마나 중요한 요소인가 하는 문제에 있어서는 동서고금을 막론하고 인식을 같이하고 있는 것이다.

요즘 신문 방송을 보고 있노라면 별별 희한한 뉴스들이 많이 나온다. 보이스 피싱(voice phishing)이니 스미싱(smishing)이니 파밍

(pharming)이니 하면서 들도 보도 못한 신종 사기수법들이 등장한다. 이른바 인터넷과 모바일 시대에 금융·결제를 둘러싼 신종 사기수법들이다.

어디 금융·결제뿐이겠는가? 상품에 있어서도 짝퉁이 횡행한 지이미 오래다. 먹는 것, 입는 것, 보는 것 등등 우리 일상생활에 소요되는 물건들 중 어느 것 하나 가짜가 없는 상품이 없을 정도다.

잠깐 관세청의 자료를 살펴보자. 좀 지난 자료이긴 하지만, 관세청이 2012년도 상반기 동안 위조 상품을 단속한 결과 총 165만 2,438점에 6,159억 원 상당의 위조 상품을 적발하였다고 한다.[1] 6개월 동안 단속된 것만 해도 6,000억 원이 넘는데, 실제로 위변조 된 가짜 상품이 어느 정도인지는 가늠할 수도 없다.

만약 돈이 위변조 된다면 어떻게 될까? 상품이 위변조 되면 좁게는 그 해당 회사와 그 소비자만 손해를 입을 것이다. 그러나 만약 돈이 위변조 된다면 한 나라의 경제 질서가 파괴되고 그 혼란과 파장은 매우 클 것이다. 그래서 모든 국가에서 돈의 위변조 방지에 적극 나서고 있으며, 위조지폐범에 대해서 엄중하게 처벌하고 있는 것이다.

또 만약 주민등록증이나 여권이 위변조 되면 어떻게 될까? 이

---

1) 관세청, 상반기 위조 상품 단속실적 보도자료(2012.7.30.)

번에는 상품이 아닌 사람이 가짜가 되어 진짜 행세를 하며 온갖 문제를 일으킬 것이다. 범죄자가 신분 세탁을 해서 온갖 나쁜 짓을 다하면서도 법망을 교묘하게 피해 갈 것이다. 그래서 각국은 신분증의 위변조 방지를 위해 많은 노력을 기울이고 있다.

이처럼 돈이나 신분증이 위변조 되면 사회질서가 무너지고 사회적 신뢰관계가 무너지며 혼란을 초래하고 무질서를 조장한다.

그렇다면 한국조폐공사(KOMSCO)는 무엇을 하는 회사일까? 한국조폐공사는 돈이나 주민등록증과 같은 국가가 필요로 하는 공공재를 생산하는 곳이다. 더불어 국가가 필요로 하는 돈이나 신분증 같은 공공재를 위변조하지 못하도록 위변조 방지요소를 집어넣는다. 위변조 방지 요소를 강화하여 가짜가 발붙이지 못하도록 하는 것이다. 이것이 한국조폐공사의 임무이다.

한국조폐공사는 내가 사장으로 재임하던 시절, 『세계 최고의 위변조 방지 기술로 신뢰사회를 구현』하는 것을 기업이념으로 삼았다. 이처럼 한국조폐공사는 『신뢰사회 구현』을 추구하는 기업이다. 그리하여 돈이나 신분증 같은 공공재에 대한 위변조를 막기 위한 새로운 위변조 방지 기술개발에 박차를 가하고 있다.

위변조 기술과 그 방지기술은 「창과 방패」와도 같다. 방지기술을 만들어 놓으면 위조범들은 또 그것을 뚫으려고 시도 하고, 만약 뚫리면 조폐기관에서는 다시 새로운 방지기술을 만들어 내기 때문이다.

따라서 한국조폐공사는 단순히 돈만 만드는 회사가 아니라, 신뢰사회를 지향(指向)하여 나아가고 있는 회사이다. 즉, 신뢰사회를 구축하고자 하는 회사이다.

2
위기감에서
출발하다

조폐공사 사장이 되기 전에는 업무에 대하여 그저 막연한 생각만 있었다.

'조폐공사는 공기업이니까 무슨 큰 어려움이 있겠어? 돈 만드는 회사이니까 별 어려움은 없을 거야.'

그렇게만 단순하게 생각했다.

그러나 사장이 된 후, 막연하던 안도감이 점차 위기감으로 바뀌었다.

'어? 이게 뭐야? 이래서는 안 되는데…….'

간단할 줄로만 알았던 이곳에서, 나에게 커다란 위기감이 닥쳐왔다.

우선 기업이 성장하지 못하고 있었다. 매출액이 늘어나지 않고 있었던 것이다. 2006년 3,315억 원이던 매출액이 2010년 3,553억 원이었다. 지난 5년간 평균 매출액은 3,511억 원, 연 평균 매출 증가율은 2%에 불과했다. 2% 성장이라……. 너무 낮은 성장률이다.

물론 '마이너스 성장하는 회사도 있는데 그나마 2%라도 성장하고 있으니 별 문제가 없는 것 아닌가?' 하는 생각을 해 보지 않은 것은 아니다. 그러나 그래도 기업인데 이건 아닌 것 같다는 생각이 강하게 들었다. 성장은 고사하고 겨우 현상 유지나 하고 있는 회사로 비쳐졌다.

'성장에는 별 관심이 없는 건가? 공기업이라 그런가? 아무리 공기업이라지만 매출이 증가해야 일거리도 늘어나고 고용도 창출될 텐데 왜 그럴까? 국가정책을 대행하는 준정부기관도 아니고 그래도 기업인데, 왜 현상 유지에 만족하고 있는 걸까?'

무언가 부족하다는 생각이 들었다. 매출정체가 일어나고 있는 것 같았다. 매출정체의 늪에 빠진 것 같았다.

다음으로 사업구조를 보니, 주력사업의 비중이 점차 줄어들고 있었다. 조폐공사의 주력사업은 다름 아닌 화폐사업이다. 그런데 화폐사업이 점차 줄어들고 있었다. 2007년 2,075억 원, 2008년 2,248억 원이던 화폐사업 매출액이 2010년에는 1,572억 원으로 줄어들었다. 매출비중이 2007년 62%이던 화폐사업이 2010년에

는 44%로 줄어든 것이다.[2]

　'왜 화폐사업이 줄지? 일정한 수준을 유지할 것 같은데? 돈을 적게 만드나?'

　나는 여러 가지 의문들을 지울 수 없었다. 생산량을 살펴봤더니, 실제로 은행권 생산량이 줄어들어 있었다. 2007년 20억 장을 만들던 은행권이 2010년에는 5억 장으로, 무려 4분의 1이나 줄어들어 있었다.[3]

　'왜 이렇게 급격하게 줄어들지? 그러면 다른 대체사업이 늘어나는 걸까?'

　나는 궁금한 마음에 보고서를 뒤적이기 시작했다. 그러나 대체사업도 뚜렷하게 늘어나는 것이 없었다.

　'아, 화폐사업이 줄어드는 것에 대한 대응책이 없었구나.'

　한숨이 나왔다. 주력 성장 동력이 약화되어 가고 있는데 다른 대체 성장 동력은 찾지 못하고 있는 상황이었다.

　'성장 동력이 떨어지면 회사는 어떻게 되는 걸까? 그냥 겨우 연명만 하면 되는 걸까, 아니면 쇠퇴의 길로 가는 걸까? 쇠퇴의 길로 간다면 어떻게 될까? 일거리가 줄어 결국은 사라지고 마는 것이 아닐까?'

　한숨은 어느새 위기감으로 바뀌어 있었다.

　'다른 성장 동력을 찾지 않으면 안 된다.'

---

2) 한국조폐공사, 2013 통계연보 P. 60
3) 한국조폐공사, 2013 통계연보 P.58

다른 성장 동력을 빨리 찾지 못하면 지속성장은커녕 조폐공사가 고사(枯死)될 것만 같은 위기감이 닥쳐왔다.

영업이익과 당기순이익을 살펴봤다. 아무래도 공익성이 강조되는 공기업이다 보니 민간 기업처럼 이익을 많이 내지 못할 것이라고 생각했다.

2006년도에 영업이익 400억 원에 당기 순이익 296억 원이었던 것이 2010년도에는 영업이익 71억 원에 당기순이익 35억 원이었다. 현저하게 줄어들고 있었다.[4]

영업이익률도 12%(2006년)에서 2%(2010년)로 줄어 있었다.

수익성도 악화되어 가고 있었다. 매출이 줄어들고 영업이익도 줄어드는 상황이었다. 그래도 적자는 안 보고 있으니 그나마 다행인 것 같았다.

또 재무 상태를 보았다. 법정자본금은 150억 원이나 정부 출자금은 66억 2,300만 원이었다. 법정자본금의 절반도 안 되는 출자를 받은 것이었다. 그동안 정부로부터 추가적인 출자 없이 독자적으로 살아왔다는 이야기인데, 건전하게 운영되어 온 것이 분명했다.

---

4) 별도손익계산서(K-GAPP) 기준, 2011 통계연보, 한국조폐공사

부채비율을 살펴보았다. 2006년도 부채총액이 578억 원, 부채비율이 19.9%였다. 2010년도에는 부채총액이 550억 원으로, 부채비율이 18.3%에 불과했다. 회계기준이 별도재무제표(K–GAPP)에서 연결재무제표(K–IFRS)로 변경됨에 따라 자회사를 포함한 연결재무제표를 기준으로 보면 2010년도가 부채총액 959억 원, 부채비율 32.5%였다.

재무 상태는 양호한 편이었다. 공기업 중에서도 상당히 양호한 편이었다. 한마디로 빚 걱정은 별로 안 해도 된다는 것이다.

재무 상태는 양호한 편이지만, 성장 동력은 확연히 떨어져 보였다.

이대로 가다가는 성장 동력을 잃고 고사(枯死)당할 것만 같은 위기감이 들었다. 이 상황을 벗어나지 못하면 정부에 손을 내밀어 구제조치를 받거나 구조조정을 통해 축소지향으로 나가야 할 것만 같았다.

'이런 상황 아래서 과연 조폐공사는 얼마나 위기감을 느끼고 있을까? 냄비 속의 개구리 같이 물이 뜨거워져도 뜨거운 줄도 모르고 서서히 죽어 가고 있는 것은 아닐까?'

이런 의구심이 들자, 내 눈에는 조폐공사가 위기상황에 처해 있는 것으로 비쳐졌다. 지속성장의 길로 나가느냐 쇠락소멸의 길로 나가느냐 하는 기로에 서 있는 것 같았다. 그러나 내부적으로는 위기의식이 별로 없어 보였다.

문제가 있어도 문제를 보지 못하는 것은 큰 위기이다. 이 위기 상황을 경영진이든 노조든 모든 임직원들이 다 같이 인식하고 공감해야 한다. 문제를 인식해야 해결방법이 나오기 때문이다. 만일 문제인식이 없으면 끓는 냄비 속의 개구리처럼 현실에 안주하다가 서서히 죽고 말 것이다.

이 위기상황을 어떻게 해서든 돌파해야 한다. 문제의식을 갖고 비전부터 바로잡아야 한다. 명확한 목표를 설정하고 새로운 전략으로 돌파해야 한다.

나의 경영철학의 출발점은 바로 이 '위기감'에서부터 시작되었다.

3
새로운 지평을 열어
나갑시다

2011년 9월 6일, 나는 한국조폐공사 제21대 사장으로 취임하였다. 나는 조폐공사 사장의 공개모집에 응모하면서 조폐공사 홈페이지에 들어가 봤다. 그런데 안정적일 것이라고 생각했던 경영여건이 생각보다 매우 불안정해 보였다. 주력사업인 화폐사업의 양도 급격히 줄어들었다. 화폐뿐만 아니라 수표, 우표사업도 줄어들었다. 왜 이럴까? 가만 생각해 보니, 경제 환경과 경제구조가 달라진 것이다.

첫째, 5만 원 권이라는 고액권이 나오고 나니 화폐 제조량이 줄어들 수밖에 없다. 처음에는 새로운 화폐가 나오니까 대량으로 돈을 찍어 내겠지만, 초기 몇 년이 지나면 이젠 줄어들 수밖에 없다.

만약 5만 원 권이 없었다면 1만 원 권을 5장 찍어 낼 텐데, 5만 원 권의 등장으로 1장만 찍어 내게 되면서 화폐 제조량이 5분의 1로 줄어들 수밖에 없는 구조로 탈바꿈한 것이다.

두 번째로 신용카드의 등장이다. 신용카드가 등장하기 전에는 현금을 사용했기 때문에 현금 소요가 많았다. 그러나 신용카드가 등장하면서 사람들은 현금 대신 신용카드 여러 장을 주머니에 넣고 다닌다. 그러니 현금 수요가 자연스럽게 줄어들 수밖에 없다.

조폐공사는 우선적으로 돈을 만드는 곳이다. 그런데 현금 수요가 줄어들면, 즉 화폐 수요량이 줄어들면 경영에 애로가 발생한다. 이러한 화폐 수요량 감소가 일시적일까?, 아니면 구조적일까? 만약 일시적이라면 허리띠를 졸라매고 일시적으로 참고 기다리면 된다. 하지만 구조적이라면 말이 달라진다.

그런데 내가 보기에는 이런 현상이 일시적이라기보다는 구조적으로 보였다. 그렇다면 어떻게 해야 하나? 과거 사업에 안주해서는 안 되고 변화를 모색하기 위한 새로운 길을 찾아야 한다.

나는 취임사에서 「새로운 것」을 추진하겠다고 선언했다. 국내시장에만 안주하는 한국조폐공사가 아니라 전 세계를 무대로 도약하는 KOMSCO를 만들어 나가자고 제안했다. 새로운 한국조폐공사, 「New KOMSCO」를 만들어 나가자고 전 임직원들에게 호소한 것이다.

새로운 한국조폐공사, New KOMSCO를 만들기 위해 나는 네 가지 「새로운 것(4New)」, 즉 '4새'를 추진하겠다고 선언했다. 나는 취임식에서 이렇게 말했다.

"조폐공사는 국민이 주인인 공기업입니다. 우리들은 국가 공기업으로서 공익성을 추구해야 하는 동시에 기업성도 추구해야 하는 책무를 지니고 있습니다. 그동안 조폐공사는 여러 선배님들의 노고로 그 책무를 성공적으로 수행해 왔다고 봅니다.

그러나 근년에 이르러 여러 가지 대내외적인 환경의 변화로 경영에 많은 어려움을 겪고 있는 것으로 알고 있습니다. 여러분들도 잘 아시는 바와 같이 우리의 전통적 핵심사업인 화폐사업은 점차 위축되어 가고 있는 반면에 새로운 성장사업은 기대만큼 빨리 성장하지 못하고 있는 형편입니다.

역사학자 아놀드 토인비는 '역사는 도전(挑戰)과 응전(應戰)으로 발전한다.'고 하였습니다. Challenge and Response! 이것이 역사 발전의 원동력이라고 했습니다. 인간이 새로운 변화에 적극적으로 도전하고 새로운 변화에 능동적으로 응전할 때 인류문명과 역사는 발전한다고 하였습니다.

과거에는 100여 년에 걸쳐서 일어났을 법한 변화들이 오늘날에는 불과 몇 년 사이에 일어나고 있습니다. Information Technology, Bio-Technology 등 어지러울 정도로 다양하고 급격한 과학 기술의 발전과 변화들이 일어나고 있습니다. 자고 나면 새로운 변화들이 우리 앞에 닥쳐오고 있는 것입니다.

　이러한 변화의 물결은 우리 조폐공사에서도 예외는 아닙니다. 새로운 환경의 변화가 쓰나미처럼 밀려옵니다. 전통적 핵심사업의 기반은 점차 줄어들고 새로운 사업기반은 아직 크게 성과를 내지 못하고 있습니다. 그동안 태평하게 믿고 안주했던 전통적 핵심 사업의 영업기반은 점점 약화되어 가고 있습니다. 우리가 이런 변화에 능동적으로 대응하고 적극적으로 도전하지 않으면 우리의 입지는 점점 더 어려워질 것입니다.

　우리 모두 힘을 합해 우리 앞에 닥쳐오는 이러한 변화에 적극적으로 도전하고 능동적으로 대응해 나갑시다. 소극적이고 수동적이 아닌 적극적이고 능동적인 자세로 이런 변화를 정복해 나갑시다. 그리하여 새로운 모습의 조폐공사를 만들어 나갑시다. 조폐공사의 새로운 시대를 열어 나갑시다.

　저는 사장으로 취임하면서 여러분들과 함께 지혜와 힘을 합쳐 새로운 조폐공사를 만들어 나가고자 합니다. 그러기 위해 저는 다음과 같은 일을 중점적으로 추진하고자 합니다.

　첫째, 조폐공사의 새로운 성장 동력을 확충하고자 합니다.

　조폐공사의 핵심은 전통적 화폐사업입니다. 과거에는 이것만으로도 조폐공사의 존재가치가 높았습니다. 전통적 화폐사업을 엔진으로 하여 성장할 수 있었습니다. 그러나 지금은 상황이 달라졌습니다. 전통적 화폐사업이라는 하나의 엔진, Single Engine만으로는 저 높은 하늘, 저 넓은 세계를 누빌 수가 없게 되었습니다.

이제는 새로운 엔진을 달아야 합니다. 세계를 무대로 종횡무진 날아다닐 수 있는 새로운 엔진을 달아야 합니다. 저는 여러분들과 함께 힘과 지혜를 합쳐 우리 조폐공사에 새로운 성장엔진을 달고자 합니다. 전통적 화폐사업을 하나의 엔진으로 하고 새로운 성장 동력을 발굴, 육성하여 또 다른 엔진으로 만들고자 합니다. 그리하여 우리 조폐공사가 single engine이 아닌 double engines를 달고 온 세계를 누비고자 합니다. 미래를 날고자 합니다.

둘째, 새로운 시장을 개척하고자 합니다.

이제 우리는 좁은 국내시장만 쳐다보고 있지 맙시다. 마치 하늘만 쳐다보는 천수답 농사처럼 발주처만 쳐다보고 있지 맙시다. 넓고도 넓은 세계시장을 향해 뛰어 나갑시다. 우리의 활동무대를 더 넓은 세계시장으로 확대해 나갑시다. 세계는 넓고 우리가 개척할 곳은 많습니다. 우리 모두 힘과 지혜와 능력을 모아 새로운 시장을 개척해 나갑시다. 새로운 미래를 개척해 나갑시다.

셋째, 새로운 기술개발에 힘쓰고자 합니다.

새로운 시장 개척은 구호와 의욕만으로는 이루어질 수 없습니다. 남들처럼 해서는 이루어질 수 없습니다. 남과 다른 품질 경쟁력, 남과 차별되는 기술력이 뒷받침되어야 이루어질 수 있습니다. 이를 위해 우리 모두 노력합시다. 기존의 기술력을 발전시키고 새로운 기술도 개발시켜 나갑시다. 남들보다 앞선 기술력, 남들보다 더 좋은 품질로 세계시장을 뚫고 나갑시다. 새로운 시장을 만들어 나갑시다.

넷째, 새로운 시스템으로 일하고자 합니다.

새로운 성장 엔진, 새로운 시장 개척, 새로운 기술력을 이루기 위해서는 우리의 일하는 방식도, 일하는 시스템도 새롭게 해야 합니다. 그동안 관행적으로 해오던 방식도 새롭게 점검해 보고 효과적이고 능률적인 시스템으로 혁신해 나가야 합니다. 생산성이 향상되고 품질이 개선될 수 있도록 우리의 시스템을 혁신해야 합니다. 우리 모두 새로운 마음으로 새로운 시스템을 만들어 갑시다.

저는 앞에서 말씀드린 바와 같이 새로운 성장 동력 확충, 새로운 시장 개척, 새로운 기술 개발, 새로운 시스템 혁신으로 조폐공사를 경영해 나가고자 합니다. 이러한 과정에서 노동조합과 경영 현황을 공유하고, 합리적이고 실질적인 대화와 협력을 통하여 상생의 협력적이고 발전적이고 동반자적인 노사관계 유지에도 힘쓰겠습니다.

그리하여 공기업으로서 주인인 국민이 우리에게 부여한 책무를 다하고, 여러분들의 복지도 증진되고 사기도 진작되어 우리 모두

행복해지는 일터가 만들어질 것입니다. 이제 우리 모두 합심 협력하여 새로운 조폐공사를 만들어 나갑시다. 국내만 쳐다보는 조폐공사가 아니라 전 세계를 무대로 도약하는 KOMSCO를 만듭시다. 「New KOMSCO」를 만들어 나갑시다. 조폐공사의 새로운 지평을 열어 나갑시다."5)

취임사에서 밝힌 「네 가지 새로운 것」, 즉 4N이 나의 경영전략이다. 「글로벌 톱 5」라는 비전을 달성하기 위해 4N의 경영전략으로 나는 조폐공사를 혁신하려고 노력했다.

---

5) 사장 취임사의 일부

4
지향점을 분명하게

어느 회사이든 비슷하다. 최고 경영자(CEO)가 바뀌면 비전도 바뀌고 목표도 바뀌고 전략도 바뀐다. 공기업의 경우엔 더 심하다. 민간 기업이야 오너가 있어 오너의 경영철학을 반영하여 산하 회사 사장들은 경영방침을 세우고 추진하지만, 공기업은 약간 다르다. 국민이 오너이지만 국민이 직접 경영에 관여하지는 않기 때문이다. 결국은 정권이 오너가 되는 셈이다.

정권마다 철학과 정책이 다르다. 또 최고경영자(CEO)로 오는 사람도 관료 출신, 정치인 출신, 학자 출신, 언론인 출신, 내부 출신 등등 다양하다. 그 결과 최고 경영자의 식견과 철학에 따라 기업의 비전도, 목표도, 경영전략도 달라진다.

더구나 임기 3년짜리 사장이기 때문에 큰 그림에는 관심이 없고, 오로지 임기 동안 낼 수 있는 성과에만 집중하게 된다. 뒤의 일이야 뒤에 오는 사람이 알아서 하면 되고, 나는 내 임기 중에 대과(大過)만 없이 하면 된다고 생각하는 것이다. 이러한 생각은 자연스럽게 단기성과주의에 매몰되고 만다. 그러나 이를 탓할 수만은 없다. 인지상정(人之常情)이다.

나는 큰 그림을 그려 보기로 했다. 3년짜리 사장이지만 10년 뒤를 그려 보기로 한 것이다. 단기적으로, 근시안적으로만 접근하면 언제 무너질지 모른다. 멀리 보고 크게 보고, 적어도 10년 정도의 그림을 그리고 그 틀 안에서 목표를 향해 추진해 나가는 것이 바람직하다고 보았다. 비록 바보 같은 짓이라 할지라도 10년 뒤의 조폐공사의 모습을 그리고, 내 임기 동안 그 초석을 놓는 것으로 내 소임을 전제했다.

10년이면 강산도 변한다. 정권이 두 번 바뀌고 사장이 세 번이나 바뀌는 기간이다. 향후 어떤 최고 경영자가 올지는 알 수 없다. 만약 나와 같은 문제인식과 철학을 갖는 분이 오신다면 이 비전을 실현하는 데 노력할 것이다. 만일 그렇지 않고 다른 시각, 다른 철학을 갖는 분이 오신다면 아마도 이야기는 달라질 것이다. 그러나 또 다른 새로운 비전, 더 나은 발전을 이루는 전략을 갖고 올 것이기 때문에 결코 비관하지는 않는다.

우선 먼저 회사의 비전부터 새롭게 정립하기로 했다. 동네 축구를 할 것인가? 아니면 월드컵에 나갈 것인가? 국내시장만 바라보는 공기업이 될 것인가?, 아니면 세계 시장으로 뻗어나가는 글로벌 기업이 될 것인가?

물론 동네 축구를 하면 편할지는 모르겠다. 경쟁 없이도 살아갈 수 있기 때문이다. 그러나 국내시장은 너무나 협소하다. 그저 현상유지 정도는 할 수 있을 것이다. 결국 더 이상의 발전이 없다.

우리는 국내 공기업의 하나로 머무는 것에서 그칠 것이 아니라 글로벌 기업으로 나가야 한다. 적어도 글로벌 톱 클래스에 드는 기업이 되어야 한다. 글로벌 시장은 광대하다. 기회가 훨씬 많다. 대신 경쟁이 치열하다. 그래서 진입 자체부터 무척 큰 어려움을 겪을 것이다. 월드컵 축구는 본선에 진출하는 것만도 얼마나 어려운가?

그러나 한국 축구는 세계 4강까지 올라갔다. 못한다는 열등감, 안 된다는 패배감부터 버려야 한다. 세계의 강자들과 겨루어야 경쟁력이 생긴다. 한국 축구가 월드컵에서 4강을 했는데 조폐공사가 글로벌 톱 클래스가 되지 못한다는 법이 있겠는가? 의지와 노력에 달렸을 뿐이다. 삼성전자, 현대자동차도 세계의 강자들과 경쟁하고 또 경쟁하면서 한발 또 한발 글로벌 기업으로 다가간 것이다.

조폐공사의 지향점은 바로 『글로벌 톱 클래스 종합 보안 솔루션 기업』이다. 종합 보안 분야에서 글로벌 톱 5 안에 드는 기업이 되는 것이 조폐공사의 비전이다.

'종합 보안 솔루션 기업(Total Security Solution Provider)'이란 쉽게 말하면「종합 위변조 방지 기업」을 말한다. 화폐, 여권, 주민등록증 등 각종 보안이 필요한 분야에서 위변조 방지기술로 가짜를 몰아내고 신뢰사회를 만드는 글로벌 톱 5 기업이 되겠다는 것이다.

10년 내에 안 되면 20년 내에라도 달성하겠다는 것이다. 이것이 내가 만들고 싶은 조폐공사의 지향점이었다. 나는 이렇게 지향점을 분명히 하는 것으로부터 출발했다.

5
글로벌 톱 5

업무 내용을 파악하면서 나의 위기감은 한층 더 커졌다. 전통적 핵심사업인 화폐사업은 자꾸 줄어드는데 새로운 사업은 발굴되지 못하고 있었던 것이다.

'사업은 없고 사람만 많으면 어떻게 될까? 결국엔 강제적인 구조조정을 해야 하지 않을까?'

1998년~1999년 사이, 조폐공사는 한 차례 큰 홍역을 치렀다. 옥천 조폐창과 경산 조폐창을 합치면서 엄청난 인력 구조조정이 벌어진 것이다. 그 결과 3,000여 명에 달하던 공사 직원이 거의 절반 수준인 1,400명 수준으로 대폭 줄었다. 절반 수준의 사람들이 직장을 떠나게 되면서 노사 간에 격렬한 투쟁이 있었다.

그 상처는 너무도 깊어 지금까지도 트라우마로 남아 있다.

현실은 이러한데 장기 비전이나 전략도 불분명하였다. 중기계획이랍시고 4~5년 뒤의 계획까지 만들어져 있었지만, 별로 나침반이 되는 것 같지도 않았다.

　'도대체 조폐공사는 향후 10년 뒤에 어떤 모습일까? 자력갱생은 가능할까? 일거리가 없으면 강제적 구조조정을 당할 텐데, 그럴 경우 조폐공사는 지금처럼 공기업으로서 존속할 수 있을까? 아니면 민영화가 되어 있을까? 축소균형을 지향할 것인가, 아니면 확대균형을 지향할 것인가?'

　의문은 꼬리에 꼬리를 물었고, 경영에 대한 고민은 깊어만 갔다.

　매출이 준다는 것은 일거리가 준다는 것이고 일거리가 줄면 인력 감축을 해야 한다. 이른바 '축소균형'이다. 반대로 매출이 늘어난다는 것은 일거리가 늘어난다는 것이다. 일거리가 늘어야 그에 맞춰 인력 고용도 늘어난다. 비로소 '확대균형'이 이루어진다.

　공기업으로서 인력 감축을 하기보다는 일자리를 창출해야 할 것이 아닌가? 나는 축소균형보다는 확대균형이 더 좋다는 생각을 했다.

　확대균형을 이루려면 무엇을 어떻게 해야 할 것인가? 조직원들이 일할 수 있는 일거리를 열심히 만들어, 조직원들이 열심히 뛰게 만들어야 한다. 그렇게 하기 위해서는 뛰고자 하는 의욕을 불러일으켜야 한다. 그런데 그 의욕을 만들 비전이 불분명하다.

　'무언가 목표가 있고 비전이 있어야 사람들이 그 목표를 향해

매진해 나가지 않겠는가?'

목표가 없으면 개인이든 조직이든 흐느적거리기 마련이다. 따라서 구체적이고 명확한 목표와 비전이 있어야 한다. 나는 CEO의 중요한 임무 중 하나가 바로 조직원들에게 구체적이고 명확한 목표와 비전을 제시하는 것이라고 생각한다. 그리하여 조직원들이 혼연일체가 되어 목표달성에 매진하도록 만드는 것이라고 생각한다.

마침 취임 열흘 뒤인 9월 16일, 창립 60주년 기념행사가 있었다. 원래 창립기념일은 10월 1일인데 국정감사 등 다른 일정 때문에 앞당겨 하기로 한 것이었다. 이 60주년 기념사에서 나는 새로운 비전을 밝히기로 했다. 조폐공사가 국내 공기업의 하나가 아니라 세계를 무대로 뛰는「글로벌 톱 클래스 기업」이 되겠다는 야심찬 비전을 세웠다.

"이제 우리 공사는 시대적 변화와 요구에 부응하여 화폐 제조만이 아닌 토털 보안제품의 글로벌 선도 기업으로 거듭나고자 합니다. 공사 창립 70주년인 2021년에는 우리 공사가 보안제품 분야에서 Global Top 5로 도약하고자 합니다."

10년 뒤인 2021년, 창립 70주년에는 국내 시장만을 바라보는 국내 공기업이 아니라 글로벌 마켓에서 톱 5(G-5)기업으로 도약하겠다는 비전을 제시한 것이다.

'글로벌 톱 5가 별거냐? 하면 된다!'

비록 나는 3년짜리 사장에 불과하지만, 10년 후에 글로벌 톱 5에 들어가는 기업이 되도록 그 토대를 마련하고 나가겠다는 것이 나의 생각이었다.

그리고 2011년 10월, 취임 후 가진 첫 월례조회에서 나는 이렇게 주창했다.

"60주년이라는 것이 단순히 기업이 60년이 된 오래된 기업이라는 생각보다는 우리의 과거와 현재 그리고 미래를 생각해 보는 계기가 되었으면 합니다.

창립 60주년 기념식

조폐공사의 60주년은 어떤 의미일까요? 인생의 60년처럼 노년의 시작, 노쇠의 시작이 아닙니다. 조폐공사의 60주년은 쇠퇴의 시작이 아닌 새로운 도약을 향한 시작입니다. 우리가 어떻게 하느냐에 따라 조폐공사는 발전의 길로 갈 수도 있고 쇠락의 길로 갈 수도 있습니다. 60주년이라는 매듭은 조폐공사에 있어서 매우 중요한 기점이 될 것입니다.

저는 3년 재임 기간 동안에 조폐공사가 글로벌 톱 5로 올라설 수 있는 토대를 마련해 나가고자 합니다. 근시안적으로 내 임기

동안만 보면 배가 어디로 가는지 방향을 알기 어렵습니다. 적어도 10년 또는 20년 멀리 내다보고 목표를 설정하면 바다를 항해하는 배가 방향을 잡아서 목표지점을 찾아가듯이 우리가 나가고자 하는 지표를 향해서 나갈 수 있다고 봅니다.

그런 의미에서 목표라는 것은 매우 중요합니다. 개인이든 조직이든 목표가 있는 것과 목표가 없는 것에는 확연한 차이가 있습니다. 생각부터 다르고 행동도 다르고 눈빛도 다릅니다. 저는 임기 동안에 국내 공기업의 하나가 아니라, 세계를 무대로 미래를 향해 뛰는 세계적인 기업으로 만들기 위한 토대를 만들고자 합니다.

'시작이 반'이라는 말이 있습니다. 시작하지 않으면 아무리 세월이 흘러도 항상 제자리에 있습니다. 그러나 일단 시작을 했다 하면 반은 와 있습니다. 우리가 세운 목표를 향해서 시작을 하면 우리는 이미 50%는 나아가고 있는 것입니다. 우리가 목표를 정하고 목표를 향해서 지금부터 출발하고 시작해야 합니다.

현재 조폐공사는 여러 가지로 어려운 상황입니다. 연초에 세운 매출계획도 달성하기가 힘듭니다. 그만큼 매출도 늘어나지 않고 동시에 이익도 나기 어려운 상황에 와 있습니다.

우리 공사는 기업 앞에 '공(公)'자가 붙어 있는 공기업으로, 공적 임무를 충실하게 수행하는 것이 가장 우선적입니다. 더불어 우리 공사는 기업입니다. 기업이라는 것은 기업성이 있어야 합니다. 많이 팔고 또한 이익도 많이 남겨야 하는 것이 기업의 사명입니다. 공적인 임무를 수행하고 공익성을 충족시키면서 동시에 기업성도 충족시켜 나가야 합니다. 그것이 바로 공기업입니다.

이 일터는 여러분들이 사랑하는 일터입니다. 그리고 여러분들이 젊음을 바친 일터입니다. 이런 일터가 그냥 평범한 국내 공기업의 하나로 치부되면 되겠습니까? 여러분들의 손으로 세계적인 기업으로 만들어야 합니다.

우리가 적어도 세계적 기업이 된다는 것은 여러분들의 일터, 여러분들의 복지, 여러분들의 자부심이 같이 올라가는 것입니다. 회사만 올라가는 것이 아니라 여러분 자신이 올라가는 것입니다. 우리가 우리 회사를 세계적 기업으로 만들어야 하는 당위성이 나라를 위하는 것도 있지만, 여러분들 자신을 위해서 세계적 기업으로 올라가야만 하는 것입니다.

이러한 비전은 사장 혼자서 꿈꾼다고 이루어지는 것이 아닙니다. 임직원들이 혼자서 꿈꾼다고 되는 것도 아닙니다. 결국은 우리 모두가 같이 뜻을 모으고 힘을 모으고 능력을 결집할 때 이루어집니다. 제가 갖고 있는 비전, 이 비전이 여러분 가슴속에서 불타오르기를 바랍니다. 그것을 실현시키고 싶다는 열정이 불타오르기를 바랍니다.

우리가 글로벌 톱 5로 올라서고자 하는 것이 구호로만 외친다고 이루어지지 않습니다. 우리 스스로 기술경쟁력도 높이고, 우리의 일하는 방식도 혁신시켜야 되고, 여러 가지를 많이 바꾸어야 가능합니다.

'일신일신 우일신(日新日新 又日新)'이라는 말이 있습니다. 날로 날로 새로워지고 또, 날로 새로워진다는 말입니다. 개인이든 조직이든 나날이 일신시키고 새롭게 변화되지 아니하면 늘 제자리 걸음입니다.

매일매일 새롭게 해야 합니다. 생각도 새롭게, 일하는 방식도 새롭게 해야 합니다. 그래야 개인에도, 조직에도 발전이 있습니다. 우리 모두 각자 자기 위치에서 맡은 바 임무를 어떻게 바꾸어 나가는 것이 바람직한지 곰곰이 생각해 주십시오.

'관행'이라는 말을 많이 합니다. 관행대로 하면 발전이 없습니다. 그동안 해오던 일하는 방식, 생각하는 방식 이런 것도 다시 한 번 돌아보길 바랍니다. 우리의 지향점은 세계를 향한 것이고 미래를 향한 것이기 때문에 미래 지향적인 관점에서, 세계지향적인 관점에서 우리가 하고 있는 일들이 적절하게 효과적으로 잘 이루어지고 있는지를 챙겨 보아야 합니다.

여기는 여러분들이 앞으로 10년, 20년, 30년 평생을 바쳐서 일해야 하는 일터입니다. 그런 일터를 한번 여러분들의 손으로 바꾸어 주십시오. 새롭게 만들어 주십시오. 세계에서 인정받는 기업으로 만들어 주십시오. 이러한 일에 적극 앞장 서 주기를 바랍니다.

우리 모두가 같은 생각을 가지고 같은 방향으로 움직여야 합니다. 따로 가면 개인이나 조직의 발전은 없습니다. 우리 모두가 개인의 발전과 나라의 발전을 위하여 같은 생각과 같은 비전과 같은 철학을 가지고 일해 나가기를 바랍니다. 우리의 조폐공사가 세계적인 기업으로 발돋움할 수 있도록 만들어 나가길 바랍니다.

취임사에서 저는 조폐공사가 아니라 「New KOMSCO」라는 말을 했습니다. 우리말로 만들어진 한국조폐공사라는 이름에는 '국내시장에서 활동하는 국내 공기업 중 하나' 라는 인식이 바탕에 깔려 있습니다. 우리 국민들에게 KOMSCO라고 말하면 잘 모릅니다. 한국조폐공사라고 해야 알아듣습니다. 그러나 해외시장에서는 한국조폐공사라고 말하면 못 알아듣습니다. 해외시장이 알아듣는 것은 KOMSCO입니다.

지금까지 외국시장에서 알고 있는 KOMSCO를 새로운 KOMSCO로 만들자는 것이 바로 'New KOMSCO'입니다. New KOMSCO라는 단어는 국내시장에 안주하지 않고 세계시장으로 뻗어 나가야 하겠다는 의지가 밑바탕에 깔려 있습니다.

우리 모두 힘을 합해서 새로운 'New KOMSCO'를 만들어 봅시다. 사장이 혼자서 다 할 수 없습니다. 사장이 깃발 들고 뛰어나가면 여러분들은 뒤에서 같이 뛰어나가고 밀어줘야 합니다.

경영진과 우리 직원 여러분들이 혼연일체가 되어서 같은 방향으로 함께 뛰어서 우리 직장을 멋있는 직장으로 만들어 봅시다.

여러분의 일터가 전 세계 어디에 나가서도 대단한 회사라고 평가 받을 수 있도록 우리 모두 힘을 합쳐 만들어 나갑시다."[6]

이렇게 해서 〈글로벌 톱 5〉는 한국조폐공사의 새로운 비전이자 지향점이 되었다.

---

6) 2011년 10월 4일 첫 월례 조회시 조회사 일부

6
매출 1조 원

2011년 9월 16일, 공사 창립 60주년 기념식에서 나는 새로운 비전을 선포했다. 공사 창립 70주년인 2021년에는「글로벌 톱 클래스」기업으로 성장하자는 비전을 선포했다. 여기에서 '글로벌 톱 클래스'란 연간 매출액 1조 원을 달성하여 세계 5대 메이저 조폐기관으로 올라서겠다는 것이다. 이 비전을 선포할 때 임직원들 모두 속으로 깜짝 놀랐다.

'어떻게 세계 5대 메이저 기업이 된단 말인가? 어떻게 1조 원의 매출을 올린단 말인가? 더구나 10년 뒤면 3년짜리 사장이 세 번이나 바뀔 기간인데, 2021년 1조 원 매출목표를 어떻게 비전으로 선포한단 말인가? 신임 사장이 너무 구호에만 치우치는 것이 아닌가?'

반신반의하는 임직원들도 분명 있었다. 하지만 그에 반해 1조 원 비전에 신선한 충격과 감동을 받은 임직원들도 많았다. 지금까지 그런 비전을 보지 못했으니 신선한 충격과 도전적 흥분으로 다가온 것이다.

이 비전을 선포하기 전에 나는 여러 가지 사항을 검토해 보았다.

먼저 세계 화폐시장과 더불어 동종업체들도 살펴보았다. 세계 시장 규모는 엄청났다. '조폐주권(造幣主權)'이라는 것이 있어서 웬만한 국가들은 자국 화폐를 모두 자국에서 만들어 쓰고 있다. 그러나 개발도상국가들은 대부분 다른 나라로부터 수입해서 쓰고 있었다.

시장의 종류도 다양했다. 은행권(지폐), 주화(동전)뿐만 아니라 화폐용지, 잉크, 여권, 주민등록증 등 여러 가지 다양하고 큰 시장이 있었다. 반면에 이 시장은 서방 선진국 10여 개 기업들이 장악하고 있었다. 독일의 지앤디(G&D), 영국의 데라 루(De La Rue), 불란서의 아조 위긴스(Arjo Wiggins), 스위스의 시그파(SICPA), 러시아의 고즈낙(Goznak) 등 몇몇 서방기업들이 시장을 독과점하고 있었던 것이다.

그 사이로 틈새시장도 보였다. 그렇다면 우리도 세계시장에 적극적으로 진출해야 한다.

매출액 기준으로 살펴보니, 조폐공사가 2010년 3,553억 원의 매출실적을 올렸다. 세계 동종업체가 약 40여 개 있는데, 이 정도 매출이면 매출규모로는 약 14~15위에 달하는 수준이었다.

매출 1조 원 수준이면 글로벌 톱 5정도에 해당되었다. 2010년 매출액 3,553억 원 기준으로 연간 10%정도씩 성장만 하면 10년 뒤에는 1조 원이 될 수 있었다. 매출 1조원! 한국조폐공사가 매출 1조 원을 못 올리라는 법이 있는가? 간단하지는 않겠지만, 노력하기에 따라서 1조 원의 매출을 올릴 수도 있다.

물론 연평균 10% 성장은 결코 쉽지 않은 과제다. 그렇지만 못 할 것도 없지 않은가? 그보다 더 높은 성장을 이룩하는 회사가 얼마나 많은가? 이 모든 것이 얼마나 혁신하고 노력하는가에 달려 있다.

그렇다면 어디에서 올릴 것인가? 국내시장만으로는 1조원을 올리기 어려울 것이다. 국내시장과 해외시장을 같이 공략하여야 한다. 세계시장에 도전해야 한다. 이렇게 하여 마침내 10년 뒤인 2021년, 창립 70주년에는 매출 1조 원을 달성하여 글로벌 톱 5에 올려놓아야겠다는 꿈이 생겼다.

비전 선포 후 매출 1조 원 달성을 위한 구체적 실행계획을 세우기로 했다. 윤봉호 기획이사, 문승훈 기획처장, 김기동 기획팀장을 중심으로 한 기획팀이 구체적 실행계획을 준비했다.

먼저 글로벌 시장을 중심으로 내·외부 환경 및 산업별 시장특성 등을 분석했다. 글로벌 경쟁업체들의 특성도 분석했다. 또한 우리에게 주어진 기회요인과 위험요인, 우리의 강점과 약점 등을 고려한 SWOT분석기법으로 우리의 내부역량을 분석하여 실행계획을 수립하였다.

조폐공사의 사업영역을 크게 6대 사업 군으로 분류하였다. 1) 은행권 사업(일반은행권, 기념은행권, 외국은행권), 2)보안용지 사업(국내은행권 용지, 해외은행권 용지 등), 3)보안인쇄사업(수표, 상품권, 우표, 등) 4)민트(mint) 사업(일반주화, 기념주화, 훈장, 기념메달 등) 5) 신분증(ID) 사업(전자여권, 주민등록증, 신분증 등), 6) 미래사업 및 다각화 사업(귀금속(bullion), 신뢰보안서비스(TSM), 자동화기기, 브랜드보호, 기술로열티사업 등)으로 분류하고, 이에 따른 사업계획을 수립했다.

그리고 총매출액에 있어서 국내사업과 해외사업 비중을 재정립했다. 2010년 국내 사업이 3,224억 원으로 점유율이 91%였고 해외사업이 329억 원으로 9%였다.

2021년에는 국내 사업을 약 7,000억 원, 점유율 70%로 하고 해외사업을 3,000억 원으로 30%가 되게 목표를 세웠다. 해외수출사업을 10배 가까이 늘리는 것으로 목표를 설정했다. 글로벌 시장을 적극 공략하겠다는 의지를 천명한 것이다.

사업구조에 있어서도 「수주형 사업」보다 「개척형 사업」의 비중을 높였다. '수주형 사업'이란 수요자가 발주하는 여건에 따라 결정되는 사업이다. 수요 독점적 사업(Monopsony)인 것이다. 화폐, 여권, 주민등록증과 같이 정부, 한국은행이 독점적으로 발주하는 사업은 조폐공사가 발주량이나 단가를 결정할 수 있는 것이 아니고 발주처에 의해 좌우된다.

이에 반해 '개척형 사업'은 시장에서 경쟁을 통해 결정되는 경쟁형 사업이다. 즉, 공사가 다른 사업자들과 시장에서 경쟁하여 수주하고 결정되는 사업이다. 해외수출, 신분증(ID카드), 상품권, 골드바 등의 사업이다.

2010년 수주형 사업이 약 2,800억 원으로서 79%를 차지했고, 개척형 사업은 753억 원으로 21%를 차지했다. 조폐공사의 사업은 대부분 중앙은행이나 정부가 발주한 사업들이었다. 수주형 사업들은 안정적이기는 하지만 크게 늘어나기 어렵다. 따라서 개척형 사업을 확장해야만 한다.

2021년에는 개척형 사업을 크게 늘려 그 비중을 67%로 높이는 목표를 세웠다. 개척형 사업을 늘렸다는 것은 그만큼 경쟁력을 높여 시장 공략을 적극적으로 하겠다는 목표인 것이다.

단계별 전략 로드맵도 완성하였다. 1단계(2012~2014년)는 내부 경쟁력 강화의 단계로, 2단계(2015~2017년)는 외적 기반 확보의 단계로 설정했다. 그리고 3단계(2018~2021년)는 제2도약의 단계로서 2021년 매출목표 1조 원을 달성하여 글로벌 톱 5(G-5) 종합

보안솔루션 기업으로 성장하도록 설정하였다.

내가 떠난 후에 어떠한 새로운 CEO가 오더라도 이러한 조폐공사의 비전과 목표를 분명히 알고 실천할 수 있도록 하기 위하여 장기전략 경영계획을 수립하였고, 매년 변동사항을 연동하여 보완하도록 하였다.

이렇게 해서 '글로벌 톱 5 기업'이라는 비전과 '매출 1조 원 달성'이라는 구체적 목표가 수립되었다. 이러한 비전과 목표가 정립된 후 직원들 사이에서 "할 수 있다.", "하면 된다.", "해 보자."는 도전의식과 새바람이 널리 확산되었다.

조폐공사의 새로운 비전과 목표에 모두가 공감하고 적극적으로 동참하게 되었다. 새로운 도전과제가 생긴 것이다.

7
3C 4N

드디어 조폐공사의 새로운 비전이 정립되었다. 새로운 비전은「글로벌 톱 5 종합보안 솔루션 기업」(Global Top 5 Total Security Solution Provider)이 되는 것이다. 지금은 보안제품 시장에서 세계 15위권 정도이지만, 향후 10년 뒤에는 5위권으로 성장해 나가겠다는 것이다. 이를 위해 지금은 3,500억 원대에 머물고 있는 매출액을 향후 10년 뒤에는 1조 원대로 끌어올리겠다는 목표를 세웠다. 국내시장뿐만 아니라 글로벌 시장을 공략하여 매출을 1조 원대로 끌어올려 성장성을 높이겠다는 것이다. 이를 통해 국부를 창출하고 일자리도 늘리겠다는 것이다.

이러한 비전을 실현하고 목표를 달성하기 위해서 나는 새로운 경영정책을 추진했다. 그것은 바로「3C 4N」이다. 다른 말로 하자면, 「도·변·창, 4새」이다.

여기에서 '3C'란 도전(Challenge)과 변화(Change)와 창신(創新, Creative Innovation)을 의미한다.

먼저, '도전(挑戰, Challenge)'이란 무엇인가? 어떤 것을 성취하기 위해 달려드는 것이다. 무엇에 대한 도전인가? 비전에 대한 도전이고 목표에 대한 도전이다. 「글로벌 톱 5」라는 비전에 도전하고 「매출 1조 원」이라는 목표에 도전하는 것이다.

그렇다면 '변화(變化, Change)'란 무엇인가? 변화란 구각(舊殼)을 벗고 새롭게 바뀌는 것이다. 무엇을 변화해야 할까? 우리의 의식과 행동을 변화해야 한다. 퇴영적(退嬰的) 사고에서 진취적 사고로, 부정적 사고에서 긍정적 사고로, 낮은 생산성에서 높은 생산성으로, 낮은 효율성에서 높은 효율성으로 변화해야 한다.

3C의 마지막인 '창신(創新, Creative Innovation)'이란 무엇인가? 창신은 혁신(革新)의 다른 이름으로, 내가 만들어 낸 신조어이다. 혁신이란 단어에는 '창의적'이라는 의미가 포함되어 있다. 그러나 나는 혁신이란 단어에 만족하지 않는다. 혁신이란 단어보다 더 창의성이 포함된 단어를 원한다. 그것이 바로 '창신(Creative Innovation)'이다.

무엇을 창신해야 하는가? 우리의 제품, 우리의 공장, 우리의 생산 방식, 우리의 생각 등 모두를 새롭게 해야 한다. 지금까지 관행이라고 생각해 왔던 모든 일들을 새로운 관점에서 새롭게 접근해야 한다. 새롭게 바꿔야 한다. 글로벌 톱 5에 진입하기 위해서는…. 편하다는 이유로 지금까지 해온 낡은 방식을 고집해서는 안 된다. 새로운 방식을 만들어 내야 한다.

이 3C는 우리들의 의식 전환이다. 생각이 바뀌어야 습관이 바뀌고 습관이 바뀌어야 행동이 바뀌며 결과가 바뀐다. 의식의 전환 없이는, 행동의 전환 없이는 결코 결과를 바꿀 수 없다. 생각의 전환 없이는 우리가 글로벌 톱 클래스에 진입하기가 어렵다.

우리는 글로벌 톱 클래스에 진입하겠다는 확실한 비전부터 마음에 새겨야 한다. 이러한 비전을 마음에 새겨야 행동부터 달라지며 결과 또한 달라지기 때문이다.

도전하려는 자와 현실에 안주하려는 자는 얻는 것에서부터 차이가 난다. 변화하는 자와 변화하지 않는 자는 모습에서부터 차이가 난다. 창신하는 자와 창신하지 않는 자는 결과에서 엄청난 차이가 난다. 우리가 글로벌 톱 클래스에 진입하기 위해서는 3C를 체화(體化)해야 한다. 나는 의식 전환을 위해 이 3C를 주창하고 또 주창했다.

4N은 경영전략이다. 조폐공사를 글로벌 톱 5로 끌어올리고 매출 1조 원을 달성하기 위한 경영전략이다. 새로운 성장엔진을 만들고 새로운 시장개척을 하며 새로운 기술개발을 하고 새로운 시스템을 만들고자 하는 것이다.

먼저, '새로운 성장엔진(New Engine)'을 발굴해야 한다. 기존의 성장엔진이 꺼져 가고 있다. 주력사업인 화폐사업이 줄어들고 있고 수표도, 우표도 덩달아 줄어들고 있는 것이다. 일시적으로 줄어드는 것이 아니라 구조적으로 줄어드는 것이므로 이것만을 붙들고 앉아 있어서는 안 된다. 우리는 새로운 사업을 발굴하여 새로운 성장 동력, 새로운 성장 엔진으로 키워야 한다. 이것이 새로운 성장엔진이다.

그리고 '새로운 시장(New Market)'을 개척해야 한다. 기존의 시장에만 매달릴 것이 아니라, 새로운 제품을 만들고 새로운 시장을 개척해야 한다. 국내시장은 작고 좁지만 글로벌 시장은 광대하다. 이 크고 넓은 시장을 버려두고 좁은 국내시장에만 매달릴 이유가 없다.

세 번째로 '새로운 기술개발(New Technology)'이다. 새로운 성장엔진은 하늘에서 그냥 떨어지는가? 새로운 시장이 어디 거저 열리는가? 새로운 기술개발이 뒷받침되어야 한다. "네가 만드는 기술을 나도 만들 수 있어"라고 해서는 안 된다. 차별화가 이루어져야 한다. 남이 갖지 못한 기술, 남보다 나은 기술을 개발하여 차별화를 이루어야 한다. 그래야 시장을 선점할 수 있다. 그래야 생존할 수 있다. 낡은 기술만 붙들고 있다가는 냉혹한 시장에서 언제 도태 당할지 모른다.

마지막으로, '새로운 시스템(New System)'을 구축해야 한다. 새로운 성장엔진, 새로운 시장개척, 새로운 기술개발은 말로만 한다고 되는 것이 아니고 시스템이 바뀌어야 한다. 생산성이 높은 효율적인 시스템으로 바뀌어야 한다. 글로벌 스탠다드로 시스템을 바꾸어, 사람들이 일할 동기와 인센티브를 제공해야 한다. 그래야 우리의 비전과 목표를 달성할 수 있다.

나는 이처럼 매출 1조 원을 달성하여 글로벌 톱 5에 진입하기 위해「3C 4N」을 경영철학으로 하여 조폐공사를 혁신하고자 했다.

변화

(Change)

1
그들은 지금 어디에
있는가?

　기업도 자연생태계처럼 생겨나고 성장하다가 소멸한다. 어떤 기업들은 장수하지만, 어떤 기업들은 금방 소멸하고 만다. 이처럼 변화하고 혁신하지 못하면 사라지고 만다. 자연생태계에서나 기업생태계에서나 변화하고 혁신하지 못하면 도태되고 멸종된다는 것이 기본원리이다.

　기업의 역사를 보면 100년 이상 오래도록 장수하는 기업들이 많지 않다. 케네디와 무어의 저서 『100년 기업의 조건』7)을 보면 재미있는 얘기가 나온다. 기업 역사가 오래된 유럽과 일본의 세계적 기업들의 평균 수명을 살펴보니, 13년밖에 안 된다는 것이다.

---

7) Kevin Kennedy&Mary Moore, 100대 기업의 조건, 이진원 번역, 한스미디어출판, 2004.4.

일본 닛케이 비즈니스지가 조사한 바에 따르면, 메이지 유신 (1868년) 이후 100년 동안 일본 100대 기업의 평균 수명은 30년에 불과했다고 한다. 또 맥킨지 보고서에 의하면, 미국 S&P지수에 편입된 500개 기업의 평균 수명은 2000년대 들어 불과 10년밖에 안 된다고 한다.

기업들의 생존율도 낮다. 1957년에 S&P 500지수에 들었던 기업들이 2003년 현재 생존하는 기업은 125개(25%)에 불과하며, 2003년 이전에 무려 75%가 소멸되었다고 한다.

비교적 기업 역사가 짧은 우리나라의 경우를 보면, 1965년 100대 기업에 들었던 기업들이 30년 뒤인 1995년까지 살아남은 기업은 16개에 불과하다. 생존율 16%에 불과한 것이다. 30년이 지나면 80%가 사라진다. 우리 기업의 생존율(16%)은 미국 기업의 생존율(25%)과 일본 기업의 생존율(22%)보다 더 낮다.

이 책은 기업생존의 필연적 위기 8가지를 꼽고 있다. 그 첫째가 "혁신 부족"이다. 혁신을 게을리 하면 생존의 위기가 온다는 것이다. 다음으로 제품교체, 전략, 얼라인먼트, 학습문화, 리더십 DNA, 기업지배시스템, 이사회 감시를 들고 있다.

2000년대 초반 휴대폰 세계 1위였던 노키아(Nokia), 카메라 필름의 대명사 코닥(Kodak), 전자제품 세계 1위였던 소니(Sony), 인터넷과 모바일 통신의 강자였던 야후(Yahoo)는 지금 어디에서 무얼 하고 있는가?

이들은 모두 한때 세계를 주름잡던 일류 기업들이었다. 그런데 지금은 세계 시장에서 찾아보기 힘들다. 왜일까? 바로 변화하고 혁신하는 것을 게을리 했기 때문이다.

노키아(Nokia)는 휴대폰 시장의 절대 강자로, 2007년 글로벌 휴대폰 시장 점유율이 49%에 달했다. 전 세계 휴대폰 사용자 절반이 노키아 휴대폰을 사용하고 있었다는 의미다. 2006년 매출액은 핀란드 정부 예산보다 많았고, 시가총액은 2,000억 불을 넘었다고 한다. 이 막강하던 노키아가 스마트 폰의 등장에 대응하지 못하고 일반 휴대폰에만 안주하다가 쇠락의 길에 접어든 것이다.

모토로라 역시 비슷한 길을 걷고 있다. 모토로라는 1973년 세계 최초로 휴대폰을 만들면서 휴대폰 시장의 선두주자였다. 그러나 지금은 어디 있는지 잘 보이지 않는다.

코닥(Kodak)은 132년 동안 세계 카메라 필름업계의 제왕으로, 35㎜ 필름을 내놓으면서 아날로그 시장을 선도했던 기업이었다. 휴대용 카메라도 세계 처음으로 개발했다. 1975년 디지털 카메라를 세계 최초로 개발했으나 이를 상업화하는 데는 꺼려했다. 필름 없는 카메라보다는 필름 있는 카메라에 더 치중하면서 세계 필름 시장을 주름잡고 있다는 현실에 만족하고 안주한 것이다.

반면 경쟁업체인 후지필름은 미래를 정확하게 읽고 필름과 광학기술을 활용한 사업다각화에 주력하여 변화와 혁신에 성공하였다. 변신에 성공한 것이다. 살아난 것이다.

세계적인 세탁기 업체인 월풀(Whirlpool)은 100년이 넘는 역사 속에 전 세계 72곳에 생산 공장을 갖고 있고 연간 평균매출 180억 불을 올리며 확고부동한 세계 1위의 자리를 지키던 가전기업이 었다.

그러나 지금은 냉장고와 드럼 세탁기 같은 가전제품에서 삼성과 LG에 주도권을 내어주고 있다. 세계 1위라는 현실에 안주하면서 변화하고 혁신하지 않은 결과이다.

한때 전자제품의 대명사였던 소니(Sony)는 1959년 세계 최초로 트랜지스터 TV를 개발했고 1982년 콤팩트디스크 CD를 개발했다. 1986년 및 1990년에 세계 최초로 8㎜ 캠코더를 개발하기도 했다. 게다가 '소니 TV'는 명품 TV의 대명사였다. 이런 소니가 변화와 혁신을 게을리 하여 세계시장에서 하위권으로 밀리고 있는 실정이다.

세계시장에서 영원한 절대 강자는 없다. 변화하고 혁신하지 않으면 하루아침에 몰락할 수도 있는 것이다. 어디 세계적인 기업만 그러한가? 조그만 국내 기업도 마찬가지다.

그리고 비단 사기업에만 해당하는 것이 아니라, 공기업도 마찬가지다. 변화하고 혁신하지 않으면 몰락할 위험에 처하는 것이

다. 나는 이 사례들을 전 직원 월례조회 때 소개했다.[8] 변화와
혁신을 주창하기 위해서.

---

8) 2011년 11월 월례조회, 2012년 2월 월례조회 시에 소개했다.

제1부 세 가지 키워드 : 3C

2
정체의 늪을
벗어나라

조폐공사의 성장성을 알기 위해 그동안의 매출액 추이를 살펴보았다. 2000년도 이전은 제외하고 2000년도 이후만을 보기로 했다.

2000년도부터 2005년도까지는 2,000억 원대의 매출을 올렸었다. 이 기간의 연평균 매출액은 2,153억 원이었다. 그러던 것이 2006년도부터 3,000억 원대로 올라서기 시작했다. 2006년도에 3,315억 원의 매출을 올리면서 사상 처음으로 3,000억 원대로 올라섰다. 2006년도부터 2010년도까지의 매출액은 최고 3,811억 원(2008년)에서 최저 3,315억 원(2006년)이었다.[9] 5년간 연평균 매출액은 3,511억 원이었다.

---

9) 한국조폐공사, 2013 통계연보 P. 126

2008년도에 3,811억 원의 매출을 올렸지만 특수요인이 있는 듯했다. 그 후로는 계속 3,500억 원대였다. 2000년대 초반에 비하면 그래도 성장한 것이지만, 5년 동안 3,500억 원대를 벗어나지 못하고 있었다. 더구나 2009년도부터 2012년까지 4년 연속 3,500억 원대를 돌파하지 못하고 있었다.

우리 공사가 "매출 정체(停滯)의 늪"에 빠져 있는 것이 아닌가 하는 위기감이 들었다. 삼성경제연구소의 연구에 의하면 한 번 매출액이 정체된 기업이 다음 해에도 정체될 확률은 59%이고, 3년 연속 매출이 정체될 확률은 68%라고 한다. 게다가 매출 정체가 4년 연속 계속되면 그 기업이 시장에서 퇴출될 확률이 8배나 증가한다고 한다.

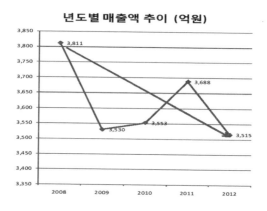

그렇다면 4년 연속 매출 정체의 늪에서 벗어나고 있지 못한 우리 공사도 퇴출될 위기란 말인가? 이 얼마나 무서운 일인가?

그러나 더 무서운 일은 이러한 매출 정체의 심각성을 조직이 잘 인식하지 못한다는 것이다. 우리는 공기업이라서 망할 염려가 없다는 안이한 생각에 사로잡힌 채, 아무런 문제의식도, 위기의식도 없다는 것이다.

이러한 무서운 매출 정체의 늪에서 빠져나오기 위해서는 조직의 의식전환이 있어야 한다. 도전(挑戰)하고 변화(變化)하고 창신(創新)하는 의식전환이 이루어져야 한다. 새로운 패러다임으로 접근해야 한다.

더 이상 전통적인 사업에만 매달릴 게 아니라 새로운 사업, 새로운 성장엔진을 찾아야 한다. 더 이상 좁디좁은 국내시장에만 매달릴 게 아니라 새로운 시장, 넓디넓은 글로벌 시장을 공략해야 한다.

기존의 기술력에만 매달려서도 안 된다. 새로운 기술을 개발해야 한다. 남들이 미처 개발하지 못한 기술이나 남들보다 우수한 기술을 개발해야 한다. 또한 시스템을 바꾸어야 한다. 기존의 시스템으로는 안 된다. 새로운 시스템을 구축해야 한다. 이렇게 패러다임 전환이 이루어져야 비로소 매출 정체의 늪에서 빠져나올 수 있는 것이다.

전 직원 월례조회에서 나는 이 매출 정체의 늪을 벗어나야 한다고 강조했다.[10]

---

10) 2011년 12월 월례조회 시에 했던 조회사 일부이다.

3
내가 바뀌면 세상이
바뀐다

기업이 퇴출되지 않고 성장하려면 변화와 혁신이 있어야 한다는 것은 누구나 알고 있는 상식 중의 상식이다. 그런데 누구나 다 알고 있는 상식임에도 불구하고, 이것을 제대로 실천하지 못해 굴지의 세계적 기업들도 쇠락하고 퇴출되고 만다. 말은 쉬운데 실천이 어렵기 때문일 것이다.

기업이 아닌 개인 차원으로 내려와서 봐도 그렇다. 변화해야 한다고 얘기하면 다들 공감한다. 그런데 문제는 내가 아닌 남이 변화해야 된다고 생각한다는 것이다. 나는 잘하고 있어 아무런 문제가 없는데, 남이 항상 문제라고 얘기한다.

그러나 아니다. 남이 문제가 아니라 내가 문제다.

변화는 누가 해야 하는가? 남이 아니라 내가 해야 한다. 내가 바뀌면 세상이 바뀐다. 무엇이 변화되어야 하는가? 의식과 행동이 변화되어야 한다. 어떻게 변화되어야 하는가?

부정적이고 퇴영적(退嬰的)인 사고에서 긍정적이고 진취적인 사고로 변화되어야 한다. 수동적이고 소극적인 자세에서 능동적이고 적극적인 자세로 변화되어야 한다. 전례 답습적 방식에서 창의적 방식으로 바뀌어야 한다. 이렇게 개인이 바뀌면 조직이 바뀌고 사회도 바뀐다.

그렇다면 무엇을 혁신해야 하나? 생각하는 방식, 접근하는 방식, 일하는 방식을 모두 혁신해야 한다. 제품만 혁신하는 것이 아니다. 공정, 디자인, 판매방식 등 머리끝부터 발끝까지 모두 혁신해야 한다.

어떻게 혁신할까? 경쟁과 효율을 중시하는 사기업 마인드로 혁신해야 한다. 일을 잘하든 못하든, 업무성과가 있든 없든 똑같이 나누어 가져야 한다는 균분주의에서 실적과 성과에 따라 차등이 주어지는 성과주의로 혁신해야 한다. 관행이 아니라 효율로, 저생산성에서 고생산성으로 혁신해야 한다. 조직원 개개인의 의식과 행동이 혁신되어야 조직도 혁신되고 사회도 달라진다.

우리 사회에는 버려야 할 것들이 너무 많다. 부정적이고 퇴영적인 생각들을 모두 버려야 한다. 이기주의를 버려야 한다. 남은 내가 알 바 아니고 나만 잘되면 된다는 이기주의를 버려야 한다.

"이중 잣대"를 버려야 한다. "내가 하면 로맨스고 남이 하면 불륜"이라는 "내로남불"의 이중 잣대를 버려야 한다. "내가 승진하면 능력 때문이고 남이 승진하면 아부 때문"이라는 "내능남아"의 이중 잣대를 버려야 한다.

"어디 너희들끼리 잘해 봐" 하는 식의 방관주의를 버리고, 항상 뒷전에서 삐딱한 말만 무성하게 하는 냉소주의를 버려야 한다. "그게 되면 내 손에 장을 지져라"는 식의 비관주의도 버려야 한다. 해 보지도 않고 지레 짐작으로 해 봐야 별 수 없다고 비관적으로 선언부터 하는 부정(否定)주의도 버려야 한다. 항상 된다는 생각보다 안 된다고 부정부터 먼저 하고 보는 부정주의를 버려야 한다.

"제대말년인데 내가 왜 열심히 해? 열심히 해 봤자 돌아오는 것도 없는데? 제대할 때까지 적당히 앉아 있다 가면 되지."라는 식의 제대말년주의를 버려야 한다. 일보다는 상사한테 눈도장이나 잘 찍어서 점수만 따려고 하는 눈도장주의, 손으로는 펜대 하나 안 굴리고 입만 갖고 나불대는 입방아주의를 버려야 한다.

칭찬은 내가 받고 질책은 남이 받게 하는 면피주의를 버려야 한다. 남의 공로를 마치 자기 공로인 것처럼 위장하는 얌체주의, 일이 안 되는 것은 순전히 남 때문이라는 남탓주의도 버려야 한다. 열심히 일하기보다는 적당히 일하자는 적당주의를, 윗사람이 눈에 보이면 열심히 하는 척, 안 보이면 안 하는 요령주의를 버려야 한다.

혹자는 이런 것들이 현명하고 요령 있는 처세의 기술이라고 할지도 모르겠다. 하지만 모두 다 쓸어버려야 할 부정적·퇴영적인 생각들이다.

어느 조직에나 있고 우리 사회에 널리 만연되어 있는 이런 부정적 생각들은 이제 모두 쓸어 담아 버려야 한다. 개인의 발전과 회사의 발전과 사회의 발전을 위해서.

"마누라와 자식 빼고 다 바꿔라"는 삼성그룹 이건희 회장의 1993년 프랑크푸르트 선언은 변화와 혁신의 선언으로 유명하다. 오늘날의 삼성그룹이 세계적 기업으로 발돋움할 수 있었던 것은 바로 이 변화와 혁신의 드라이브였다고 생각한다.

우리도 경쟁이 치열한 글로벌 시장에서 살아남기 위해서는 모든 것을 바꾸는 변화와 혁신을 줄기차게 추진해야 한다. 부정적이고 퇴영적인 생각들을 모두 버리고 긍정적이고 발전적인 생각들로 자신을 채워야 한다.11)

---

11) 2012년 9월 월례조회 시 했던 조회사 일부.

4
20년이 넘었지만
처음입니다

　어느 조직에서나 마찬가지겠지만, 기관장이 새로 부임해 오면 업무 보고를 한다. 나도 사장 취임 후에 즉각 업무 보고를 받았다. 업무 보고는 각 이사들이 배석한 가운데 각 부서의 부서장들이 했다.

　업무 보고라는 것이 대개 그렇지만, 제한된 짧은 시간에 각 부서별로 보고를 하다 보면 깊이 있는 보고보다는 먼저 개략적인 보고를 하게 된다. 그리고 나중에 사안에 따라 깊이 있는 보고를 다시 한다.

　누구나 그렇겠지만 나는 보고를 받으면 곧잘 질문을 던진다. 때로는 아주 디테일하게 질문하기도 한다. 실무적으로 충분히 알고 있어야만 대답할 수 있을 정도로 말이다. 보고자의 업무 파악 정도를 알아보고, 또 나 자신의 보다 깊이 있는 이해를 위해서다.

　몇 번의 현안 보고를 받는데, 내 눈에 이상하게 비치는 것이 있었다. 사장한테 보고를 올 때 보면 부서장이 혼자서 들어온다. 관행적인 일로 아무 문제없는 것처럼 보이지만, 나에겐 약간 다르게 보였다.

　속으로 '부서장이 왜 혼자서 오지? 혼자서 다 알 수 있나?' 하는 생각을 하면서도 일단 그 부서장의 보고를 듣는다. 그런데 부서장 가운데 자기 소관 업무를 깊이 있게 아는 사람도 있지만 그렇지 못한 경우도 있다. 또 사장이 아웃라인만 보고 대충 넘어가는 경우가 많으니, 부서장이 알고 있는 정도면 충분히 설명이 되리라는 생각을 했던 모양이다.

　문제는 바로 여기서 발생했다. 나도 처음 듣는 얘기이니 궁금한 것이 많아 이것저것 자꾸 물어보는데 답변이 막힌다. 처음 한두 번은 있을 수 있다고 생각하고 넘어가는데, 서너 번 계속되면 그 보고자에 대해 믿음이 안 간다. '이 사람이 업무를 제대로 파악하고 있는 거야?'하는 의문이 든다. 그래서 다음번에 올 때는 혼자 들어오지 말고 팀장이나 실무진을 대동하고 보고를 들어오라고 했다.

　그렇게 말했는데도 이상하게 부서장들이 혼자 들어온다. 나는 다시 혼자 오지 말고 실무자와 같이 오라고 지시했다.

'왜 자꾸 혼자 들어올까? 부서장들이 모든 질문에 대답할 자신감이 충만해서일까? 아니면 실무자를 대동하는 것이 부서장으로서의 자존심이 상해서일까? 아니면 상사 앞에서 부하직원으로부터 다른 의견이 나올까 봐 걱정하는 걸까?'

자못 궁금해졌다.

'왜 이런 보고문화가 형성되었을까?'

궁금증이 커지자, 부사장 이하 임원들에게 물어봤다. 그런데 그들의 설명은 내 기대와는 좀 달랐다.

"오시는 사장님들마다 스타일이 조금씩은 다릅니다."

"어떤 사장님은 담당 직원들을 대동하고 오는 것을 싫어하세요."

또 어떤 경우에는 "부서장 쯤 되어서 자기 업무도 제대로 파악하지 못해 담당직원을 대동하고 옵니까? 부서장이면 자기 업무를 철저히 파악하고 사장한테 혼자 와서 보고할 정도는 되어야 하지 않습니까?"라고 야단쳤다고 한다. 그 이후로 모든 보고는 부서장이 사장한테 혼자 하는 것으로 되었단다. 가만 생각해 보니 그것도 일리 있는 말이었다. 대개의 경우 그렇게 한다.

그러나 나는 그렇게 하고 싶지 않았다. 내가 담당직원을 대동하고 오라고 하는 데는 몇 가지 이유가 있다.

첫째는 시간 낭비를 막기 위해서다. 부서장이 모르는 사항에 대해서는 담당직원이 즉석에서 대답해 주어야 시간 낭비가 없다는 것이다. 부서장이 그것을 다시 파악해서 사장한테 다시 보고하려면 시간 낭비요, 인력 낭비이다.

두 번째는 정확한 의사소통을 위해서다. 사장이 어떤 사안에 대해 지시를 하면 부서장이 사장 지시 사항을 돌아가서 다시 담당 직원들에게 전달하여야 한다. 이때 전달이 왜곡될 가능성이 있다. 현장에서 같이 들어도 서로 다른 해석을 하는 경우가 종종 있는데, 혼자서 듣고 잘못 전달되면 두 번 세 번 쓸데없는 일을 하게 된다.

의사전달 채널이 길면 길수록 전달되는 메시지가 왜곡될 가능성이 크다. 그래서 정확한 메시지 전달을 하려면 전달 채널이 길어서는 안 된다. 따라서 왜곡된 메시지 전달로 불필요한 시간 낭비를 하지 말라는 것이다.

세 번째는 토론식 보고가 듣고 싶어서였다. 부서장이 혼자 와서 보고하면 본인의 생각과 판단만 얘기하게 된다. 담당 직원들의 의견이 다를 수도 있으나 묻혀 버린다. 그것을 끄집어내고 싶은 것이다. 쟁점이 있는 사안에 대해서는 담당자들의 진솔한 의견을 듣고 싶은 마음에서다. 대부분 부서장의 의견과 같지만, 경우에 따라서는 부서장의 눈치를 보면서 다른 의견을 내는 경우도 있기 때문이다.

또 사안에 따라서는 타부서 직원들을 불러서 같이 듣는다. 부서 간에 서로 다른 의견이 나오는 것을 듣고 싶은 것이다. 이래야 사안의 실체를 좀 더 정확하게 알 수 있다. 이런 경우 상호 토론을 시킨다. 토론을 통해 문제를 더 명료하게 파악하고 대응방안도 파악할 수 있기 때문이다.

네 번째는 일반 직원들의 자질과 능력을 알고 싶은 것이다. 사장이 일반 직원들로부터 보고 받을 일이 없다 보면 그들의 능력을 제대로 평가할 수 없다. 결국 사장은 다른 사람의 평가에 의존할 수밖에 없다. 그런데 인간관계에는 친소관계(親疎關係)라는 것이 있어서 다른 사람들의 의견에만 의존하다 보면 왜곡되기 십상이다. 그들의 능력을, 사람됨을 제대로 알기 위해서라도 부서장이 직접 보고하지 말고 담당직원이나 팀장이 직접 보고하라고도 한다.

이렇게 보고방식을 바꾸면서 사람을 파악하는 데 많은 도움이 되었다. 보고체계와 보고방식을 바꾸고 나서 일반 직원들로부터 여러 통의 이메일을 받았다.

"회사에 입사한 지 30년이 다 돼 가지만 사장실에 들어가 본 것이 처음이었습니다."

"입사한 지 20여 년이 넘었지만 사장님께 직접 보고해 보기는 처음이었습니다. 두렵고 긴장되었으나 참 보람 있었습니다. 내가 하는 일에 자부심을 가졌고, 사장님 지시사항을 직접 들으니 무엇을 어떻게 해야 할지가 분명해졌습니다. 직접 보고해 보는 것은 저에게 영광이었습니다. 더욱 열심히 하겠습니다."

사장실의 칸막이가 그렇게도 높았던 걸까? 그동안 사장과 직원 간의 간극이 너무나 컸다는 생각이 들었다. 이제는 부서장이나 팀장들이 담당직원들을 대동해서 보고하는 것이 보편화되었고, 토론하는 것이 보편화되었다. 경우에 따라서는 담당직원이 혼자서 직접 사장에게 보고하기도 한다. 또한 지시사항을 이행하는 데도 혼선이 없어졌다.

이것은 작은 혁신이었다. 업무방식의 효율화를 위한 조그마한 혁신, 생산성을 높이는 작은 혁신이었다.

5
글로벌 마인드의
조언

2013년 5월 13일부터 17일까지 그리스 아테네에서 국제화폐회의(Currency Conference)가 열렸다. 화폐와 관련된 국제회의는 크게 은행권(Banknote) 관련 회의와 주화(Mint, 鑄貨) 관련 회의로 나뉜다. 주화 관련 회의로는 세계 주화책임자 회의(Mint Directors Conference)가 있고, 은행권과 관련된 국제회의로는 유럽 중심의 국제화폐회의와 미국 중심의 세계은행권회의(The Banknote Conference)가 있다. 이들 국제회의는 은행권과 관련된 국제적 이슈들을 발표하고 토론하는 회의이다.

나는 2년마다 열리는 국제화폐회의에 참가하기로 했다. 이제까지 한국조폐공사의 CEO들은 국제회의에 적극적으로 참가하지 않은 모양이다. 그러나 나는 가능하면 국제회의에 많이 참가하기로 마음먹었다. 특히 주화와 관련된 세계주화책임자회의와 은행권과 관련된 국제화폐회의, 그리고 세계화폐박람회(World Money Fair)에는 참가하기로 했다.

이 국제화폐회의에서 친분이 있는 몇몇 참가자들로부터 나는 충격적인 조언을 들었다. 특히 시그파(SICPA)의 CEO인 필립 바로우 씨(Mr. Phillippe Barreau)는 나에게 진정성 있는 조언을 해 주었다.

그는 이번 국제화폐회의에 잘 오셨다는 인사말과 함께 나에게 신랄한 조언을 했다. 오랫동안 자기가 보아 왔지만 그동안 한국조폐공사 CEO는 국제회의장에서 별로 보이지 않더라는 것이다. 그런데 이번에 윤 사장이 이렇게 참석한 것을 보니 KOMSCO가 달라지는 것 같다는 느낌을 받는다고 했다.

그러면서 국제화폐회의뿐만 아니라 워싱턴에서 열리는 세계은행권회의에도 참석하라 는 말을 덧붙였다. 국제화폐회의나 세계은행권회의는 실무자들이 참석해서 다른 사람들이 발표하는 것이나 듣고 가는 자리가 아니라, 각국의 중앙은행, 조폐기관, 관련 기업들이 모여 정보교환과 인맥구축, 마케팅이 이루어지는 자리라고 한다. 그러니 KOMSCO도 이런 국제회의에 CEO나 경영진이 적극적으로 참여하여 보고 듣고 느끼고 세상 돌아가는 상황을 알아야 한다고 했다.

작년 12월에 워싱턴에서 열렸던 세계은행권회의에 참석하라고 권유했는데도 내가 보이지 않더라고 했다. 나는 사실 그때 연말이라 시간적으로 여유가 없어서 참석을 못했었다. 참으로 고마운 조언이었다. KOMSCO를 위한 진정성 있고 적절한 조언이었다.

이처럼 글로벌 기업들은 글로벌 마인드를 가지고 있다. 그러나 국내만을 지향하는 로컬 기업들에서는 글로벌 마인드를 거의 찾아보기 힘들다.

나는 임직원들도 가능하면 국제회의에 많이 나가 보기를 권한다. 국제회의에 참가해 봐야 세계 변화의 흐름을 체감할 수 있어서다. 지금 어떤 이슈들이 국제적으로 논의되고 있는지, 그리고 다른 나라들은 무엇을 생각하고 무엇을 추진하고 있는지를 알 수 있다.

또 글로벌 마케팅을 하기 위한 인맥도 구축할 수 있다. 국제회의에는 각국의 중앙은행 관계자, 조폐기관 관계자, 업계 종사자, 해외 딜러들 등 다양한 사람들이 모이기 때문이다.

경영층이나 간부들이 세상 돌아가는 것에 둔감하면 회사가 발전하기 어렵다. 나는 가능하면 임원진이나 회사 간부들이 이런 국제회의에 많이 나가서 바깥세상 돌아가는 것을 보고 듣고 느끼고 오기를 바랐다.

우리 회사 내에도 글로벌 마인드가 갖추어지지 않은 사람들이 있었다. 이들은 국제회의에 참가하는 것을 무슨 외국 유람하러 가는 것쯤으로 생각하고는 내가 국제화폐회의에 간다고 하니까 "사장이 거긴 왜 가나?", "유람하러 가나?"라고 했단다.

참으로 안타까운 일이지만, 이들의 시각은 아직도 국내에만 머물고 있었다. 바깥세상은 빠르게 변화하고 있는데 우물 안 개구리 신세를 벗어나지 못하고 있었던 것이다. 우물 안 개구리가 어떻게 글로벌 톱 클래스 기업을 이루어 내겠는가?

나는 우리 직원들이 고리타분한 생각은 털어버리고 멀리 보고 넓게 보고 크게 생각해 주기를 바랐다.

6
현금 없는 사회가
올 것인가?

인류는 지금까지 거대한 기술 발전을 거듭해 왔다. 미래학자인 앨빈 토플러(Alvin Toffler)는 그의 저서『부의 미래』(Revolutionary Wealth)에서 인류의 역사를 세 개의 물결로 분류했다.

인류가 수렵과 유목시대를 거쳐 농경을 시작하면서 농경사회가 시작되었다. 농업혁명이 시작된 것이다. 1만 년 전에 시작되어 수천 년에 걸쳐 인류의 역사를 바꾼 이「농업혁명」을 제1의 물결이라고 한다. 이 농경시대의 교환 · 결제수단은 주로 물물교환이었다가 B. C.7세기경에 주화와 같은 금속화폐가 등장했다.

1760년대 이후 증기기관차, 자동차, 전화 등이 발명되면서 산업혁명이 시작되었다. 300여 년이라는 비교적 짧은 시간에 인류 역사를 크게 변화시킨 이「산업혁명」을 제2의 물결이라고 한다.

이 산업사회에서는 거래지불수단으로 종이화폐가 주류였다.

제3의 물결은 1950년대 중반 이후 시작된 지식정보혁명의 물결이다. 기술진보로 트랜지스터, 컴퓨터, 인터넷이 등장하면서 인류 사회는 산업 사회에서 정보화 사회로 변화되었다. 「정보기술(IT) 혁명」이 일어난 것이다. 이것이 제3의 물결이다. 이 정보화시대에는 신용카드, 온라인이 등장하면서 종이화폐의 시장을 잠식했다.

그러던 것이 2007년 이후 IT 기술의 발달로 컴퓨터가 진화하고 스마트폰이 등장하면서 디지털 시대, 모바일 시대로 접어들었다. 모든 사물이 인터넷, 스마트폰으로 연결되는 초연결 사회, 모바일 사회가 등장하고 있다. 바야흐로 「모바일 혁명」이 일어나고 있다. 제4의 물결이 시작되고 있는 것이다.

이제 디지털 사회, 모바일 사회라는 변화의 물결 앞에 새로운 지불수단이 등장하고 있다. 종이 화폐, 신용카드 대신에 전자화폐, 전자지갑, 비트코인 같은 디지털 화폐, 모바일 결제가 속속들이 등장하고 있는 것이다.

그렇다면 과연 앞으로도 종이화폐가 존속할 수 있을까?

2013년 5월 13일부터 17일까지 그리스 아테네에서 국제화폐회의가 열렸다. 이 회의에서 발표된 토픽 중의 하나가 바로 "현금 없는 사회(Cashless Society)"였다.

독일의 지앤디(G&D) 관계자가 「화폐의 진화」[12]에 대해서 발표했고, 스웨덴 릭스 은행 관계자가 「현금 없는 사회」13)에 대해서 발표했다. 그들은 지금 화폐시장의 생태계가 급속히 변하고 있음을 강조하였다.

화폐가 은행권에서 신용카드로 진화해 왔고, 이제는 신용카드에서 전자화폐로 진화하면서 화폐시장에 새로운 물결이 몰려오고 있다고 했다. 이 새로운 물결은 전자지갑(e-wallet), 전자화폐(e-money), 모바일결제, 비트 코인(Bit coin), TSM14) 등 새로운 화폐, 새로운 결제시스템이 등장한다는 것이다. 이러한 전자화폐가 기존의 은행권을 대체해 나갈 것이라는 진단이었다.

IT 분야에서의 기술혁신이 화폐분야에 접목되면서 은행권 시장의 생태계가 달라지고 있다. 굳이 현금이 필요 없을 뿐만 아니라, 신용카드도 들고 다닐 필요가 없다. 스마트폰 하나면 모든 것이 해결되기 때문이다. 그러면 현금 없이도 살아갈 수 있는 사회가 온다.

과연 현금 없는 사회가 올 것인가? 기술진보와 사회변화의 트렌드를 보면 현금이 필요 없는 사회가 올 것 같다. 스웨덴 릭스

---

12) Ralf Wintergerst, G&D, The Evolution of Currency, Presentation in The Currency Conference 2013, Athens Greece
13) Bjorn Segendorff, Sveriges Riksbank, Sweden's View Towards a Cashless Society, Presentation in The Currency Conference 2013, Athens Greece
14) 신뢰보안서비스(Trusted Management Services)임

은행 관계자의 발표에 따르면, 그래도 현금은 필요할 것이란다. 그는 현금 수요가 대폭 줄어들겠지만 완전히 없어지기는 어렵다고 보았다. 그래서 현금이 적은 사회(Less Cash Society)가 올 것이란다.

속도의 차이는 있겠지만 IT기술의 발달, 모바일 기술의 발달은 현금 수요를 상당히 줄일 것이다. 모바일 기술이 발달한 선진국은 그 속도가 빠를 것이고, 모바일 기술이 덜 발달한 후진국들은 그 속도가 조금 느릴 것이다. 그러나 세기(世紀) 단위로 길게 내다보면 종이 화폐는 언젠가는 사라질 것이다.

종이 화폐가 금세기 내까지는 존속될지 몰라도 그 비중은 점차 축소될 것이다. 현금이 적은 사회가 도래하고, 현금 대신 전자화폐가 그 자리를 대신할 것이다.

조폐공사는 지불거래수단인 화폐를 만들면서도 아직도 산업사회의 지불수단인 종이화폐만 붙들고 앉아 있다. 조폐공사는 신용사회가 등장하고 신용카드가 등장할 때 이미 이 트렌드를 재빨리 읽고 대응했어야 했다. 그러나 이런 진화의 트렌드를 읽지 못해 실기(失氣)를 했다고 본다.

아마도 민간기업 같았으면 이 트렌드를 벌써 잡고 변화를 꾀했을 것이다. 공기업이다 보니 그런 문제의식도 없었고 트렌드도 잡지 못한 것 같다. 그 결과 화폐 사업량이 줄어들어 회사경영에 위기가 닥쳐오고 있는 것이다.

화폐를 만들고 있는 조폐공사는 우리 곁에 이미 바짝 다가와 있는 모바일 시대의 거래수단을 빨리 잡아야 한다. 모바일 시대는 꽤 오랫동안 지속될 것이고, 전 세계적으로 확산될 것이다. 이러한 기술을 선점하면 세계시장을 선점하게 된다. 국내 시장보다는 글로벌 시장이 더 넓다. 누가 먼저 시장을 장악하느냐에 따라 회사의 명운(命運)이 갈릴 것이다.

해외 민간조폐회사들은 이런 트렌드를 잡아 이미 변화하고 있다. 스마트카드, 스마트 금융, 모바일결제 솔루션 등의 모바일 사업을 펼치고 있는 것이다. 세계 제일의 민간 조폐회사인 독일의 지앤디(G&D)는 매출액의 50% 정도가 모바일 사업이다. 네덜란드의 제말토(Gemalto)는 모바일 사업이 총매출액의 49%나 차지하며, 불란서의 오버투어(Oberthur)같은 회사도 이런 트렌드를 잘 활용하여 이미 세계시장을 공략하고 있다.

조폐공사도 이제 막 등장하는 전자화폐시장을 놓쳐서는 안 된다. 글로벌 기업으로 도약하기 위해서는 사양사업인 종이화폐 사업만 붙잡고 있지 말고 전자화폐, 모바일결제 사업으로 눈길을 돌려야 한다. 이런 문제의식을 갖고 미래 사업을 찾기 시작했다.

7
조회야?
교육이야?

어느 회사든 그 유형과 방법은 다르지만 CEO가 전 직원을 대상으로 직원조회 비슷한 것을 한다. 주로 아침에 하기 때문에 '조회(朝會)'라고 불린다.

우리 조폐공사에서도 한 달에 한 번 전 직원조회를 한다. 이 조회 때 CEO는 경영과 관련된 사항이나 전 직원들에게 알려야 할 공지사항을 중심으로 얘기한다. 이 조회가 때론 형식적일 때가 있다. 이 달은 무슨 달이니 이것을 명심하자는 식의 그야말로 조회를 위한 조회가 되는 것이다.

CEO의 조회사는 대개 10분 내외에서 끝난다. 그것도 홍보실이나 기획실 같은 곳에서 원고를 만들어 주면, CEO는 그에 따라 조회사를 한다. 그러나 나는 이 조회사를 다른 사람에게 맡기지 않고 내가 직접 작성했다. 내가 전달하고 싶은 메시지가 있었기 때문이다.

나의 조회사는 보통 30분 정도 계속되었다. 종전에는 10분 내외로 듣던 조회사가 30여 분 동안 계속되니, 직원들에게는 익숙지 못한 풍경이 되었다.

어느 날, 홍보실 담당 직원이 내게 조심스럽게 말한다.

"사장님, 조회사가 너무 깁니다."

"종전에는 10여 분 이내로 끝났습니다."

"그런가? 자네 눈엔 내가 조회사를 하고 있는 것으로 보이는가? 나는 조회사를 하고 있는 것이 아니라 직원들 교육을 하고 있는 거라네."

나는 아침 조회시간을 직원들 교육시간으로 활용했다. CEO가 전 직원을 대상으로 교육할 적당한 시간을 잡기가 쉽지 않았던 탓에 조회시간을 교육시간으로 활용하고자 한 것이다.

내가 갖고 있는 비전, 철학, 경영방침 등을 전 직원들에게 알리고 교육하며, 나는 글로벌 톱 클래스의 비전을 역설했다. 매출 정체의 늪에서 벗어나 10년 뒤 매출 1조 원을 달성하고 글로벌 톱 5에 진입하자는 비전을 역설했다. 구성원들의 의식전환을 위해 도전, 변화, 창신의 3C를 주창했다. 경영방침인 4N을 역설했다. 지속적이고 반복적으로 역설했다. 전 직원들의 머릿속에 각인되고 몸에 체화될 때까지 이 메시지를 반복한 것이다.

GE의 잭 웰치(Jack Welch) 회장은 CEO의 경영철학이 전 임직원들에게 전파되고 내재화되려면 동일한 메시지를 수백 번 이상 보내야 한다고 했다. 한두 번 들어서는 머릿속에 남아 있지 않다는 것이다.

그래서 나는 나의 메시지를 반복적으로, 지속적으로 전달했다. 전 직원들의 입에서, 보고서에서, 실천적 행동에서 도전과 변화와 혁신이 나오길 기대했던 것이다. 이런 목적을 갖고 조회를 하다 보니, 조회는 자연스럽게 길어졌다. 좀 진부한 방법인 것 같기는 하지만, 변화를 유도하고 혁신을 촉진하기 위해서는 구성원들의 의식전환을 하지 않을 수 없었다.

우리 회사는 제조 회사이다. 그래서 생산현장에서 일하는 분들이 많다. 본사 임직원들은 월례조회 시 같은 시공간에서 CEO의 육성을 직접 들으면서 알게 되지만, 생산현장은 좀 다르다. 사장의 조회사를 때로는 녹음으로, 때로는 회보 같은 곳에 실려서 보게 된다. 자연히 전달 감도가 약할 수밖에 없다. 몸에 와 닿는 느낌과 강도가 본사와는 다르다.

나는 방법을 좀 바꾸어 보기로 했다. 말단 생산라인에까지 나의 경영철학이 스며들도록 하기 위해서 나는 그동안 본사에서만 해오던 월례조회를 화폐본부와 제지본부에 가서 하기로 했다.

사실 생산현장에 있는 분들은 사장의 얼굴 한 번 보기가 쉽지 않다. 사장의 목소리 한 번 들어 보기가 쉽지 않다. 자연 사장의 경영방침이나 철학 같은 것은 잘 들리지도 않는다. 생산현장의 팀장 소리만 들리고 기계소리만 들릴 뿐이다.

나는 경산에 있는 화폐본부, 부여에 있는 제지본부에 가서 월례 조회를 했다. 물론 CEO의 경영철학을 전파하는 것이 목적이지만, 생산현장의 생생한 목소리도 듣고자 함이었다. 현장직원들과 소통하기 위함이었다.

"제가 이 회사에 다닌 지 30년이 넘었습니다만 사장님이 직접 생산 현장에 와서 조회를 하는 것은 처음 보았습니다. 단순한 조회가 아니고 사장님의 경영철학을 열정적으로 강의하시는 것을 보고 크게 감명 받았습니다. 사장님의 경영철학에 따라 저도 열심히 일하겠습니다. 도전하고 변화하고 창신하겠습니다. 감사합니다."

제지본부에 있는 직원이 나에게 보내온 이메일이다.

"사장님의 경영철학을 직접 들으면서 전율을 느꼈습니다. 우리가 언제 이런 비전과 이런 경영철학을 들어 봤던가? 한 번도 들어보지 못했습니다. 사장님의 열정에 감동을 느낍니다. 열심히 하겠습니다."

화폐본부의 직원이 보내온 이메일이었다.

'아, 이제 모세혈관에도 피가 돌기 시작하는구나! 나의 경영철

제1부 세 가지 키워드 : 3C

학이 무엇이고 우리가 왜 도전과 변화와 창신을 해야 하는지를 생산현장 직원들까지 깊이 알게 되는구나!'

단순히 조회 방식의 변화를 떠나서 내가 전달하고자 하는 메시지가 현장직원들에게 전달되는 것이 중요한 것이다. 또한 그들이 생산현장에서 느끼고 겪는 애로사항을 내가 아는 것이 중요한 것이다. 그래야 소통이 제대로 이루어진다.

나는 3개 본부와 본사를 돌아가면서 조회를 하기로 작정했다.

8

KOMSCO가
나아갈 길

나는 새로운 비전과 목표를 추구하는 새로운 조폐공사, New KOMSCO를 만들기 위해 3C 4N 정책을 강력하게 추진해 나갔다. 대다수의 직원들은 이 정책을 체화(體化)하고 적극적으로 추진해 나갔다. 그러나 일부 개혁저항세력은 이를 충분히 이해하지 못하는 분위기였다.

그들은 그들끼리 모이는 저녁자리에서 온갖 뒷담화들을 주고받는 모양이었다. 월례조회 때마다 공사의 어려운 현실과 위기를 지속적으로 강조했건만, 그들에게는 그런 것들이 눈에 잘 보이지도 않고 귀에 잘 들어오지도 않는 모양이었다. 이들은 특히 해외 수출 드라이브를 못마땅해 했다. 한국은행에 로비를 잘해서 화폐 사업을 많이 따오는 것이 최고지, 수출은 무슨 수출이냐는 식이었다.

나는 다시 직원들의 의식전환 교육이 필요하다고 생각했다. 월 례조회 시의 교육만으로는 부족하다는 생각에, 전 직원을 대상으 로 특강을 하기로 결심했다.

그리하여 2013년 8월 14일 전 직원 대상의 특강이 열렸 다. 「KOMSCO가 나아갈 길」 이라는 제목의 파워포인트를 내가 직접 작성하여 약 80분에 걸쳐서 특강을 한 것이다. 이

「KOMSCO가 나아갈 길」을 특강 중인 필자의 모습

특강에서 나는 부정적 마인드를 청산하고 긍정적이고 적극적인 마인드를 가져야 함을 강조했다. 합심하고 협력하여 우리가 처한 이 위기를 돌파하자고 강조했다. 특강내용을 요약하면 이렇다.

1) 우리는 지금 어디에 서 있는가?

우리의 사업구조를 살펴보면, 수주형 사업[15]이 약 80%에 이른 다. 우리 사업의 80%는 우리의 희망대로 사업량이 결정되는 것 이 아니라 발주처의 계획에 따라 결정된다. 그런데 2009년 고액 권이 발행되고 나서는 화폐와 함께 수표도 대폭 줄어들었다. 사

---

15) 수주형 사업이란 화폐, 수표, 우표, 주민등록증, 여권 등과 같이 정부나 중앙은행이 발주 하는 사업이다.

업량이 줄고 매출액도 줄고 영업이익도 줄어들었다. 자연 공장가 동률도 떨어져 화폐본부, 제지본부, ID본부는 공장 시설 최대 생산능력 대비 47%밖에 가동을 못하고 있다. 이것이 우리가 처해 있는 현실이다.

그렇다면 무엇이 문제인가?

첫째로, 사업구조가 문제다. 앞에서 본 것처럼 우리는 수주형 사업구조, 다시 말해 천수답(天水畓)형 사업구조다. 비가 내리면 풍년이고 가물면 흉년이다. 그렇다고 하늘 탓만 하고 있을 수만 은 없지 않은가? 이래서는 가난의 질곡을 벗어날 수가 없다. 우리 스스로 사업을 찾아 나서고 창출해야 한다.

둘째로, 사업량 감소가 문제다. 이것이 일시적 현상일까? 구조적 현상일까? 만일 일시적 현상이라면 참고 기다리면 된다. 그러나 구조적 현상이라면 스스로 살길을 찾아나서야 한다. 화폐수요가 줄어드는 것은 경제 환경 변화의 결과다. 신용카드, 5만 원권, 모바일 결제 등이 등장하면서 현금수요는 점차 줄어들게 되어 있다. 우리 공사의 사업량이 줄어드는 것은 경제구조 변화의 결과이다. 일시적 현상이 아니라 구조적 현상인 것이다.

셋째로, 우리의 고비용 저효율 구조가 문제이다. 우리의 인건비는 전국 500대 기업 평균 연봉보다 약 20%가 높다. 게다가 사업량 대비 인력을 많이 갖고 있다. 또한 공장 가동률이 최대 생산능력대비 50%도 안 된다. 효율이 낮다.

2) 지속성장, 어떻게 해야 하나?

첫째, 사업구조를 재편해야 한다. 천수답형(수주형) 사업구조에서 자립형(개척형) 사업구조로 재편해야 한다. 개척형 사업비중이 지금의 수주형 사업처럼 80% 정도는 되어야 한다. 수주형 사업은 수요독점자의 손에 달려 있지만 개척형 사업은 시장에 달려 있다. 우리가 경쟁력을 갖추면 얼마든지 공략이 가능하다.

둘째, 새로운 사업을 발굴해야 한다. 지속성장을 위해서는 기존 사업에만 매달리지 말고 새로운 사업을 발굴해야 한다. "아~ 옛날이여~"를 부를 것이 아니라 "I have a dream"을 불러야 한다. 성공한 기업은 환경에 따라 기민하게 변신한 기업이다.

셋째, 새로운 시장을 개척해야 한다. 우리가 구조조정 당하지 않으려면 새로운 사업을 발굴하고 새로운 시장을 개척해야 한다. 새로운 시장은 국내 시장도 있을 수 있고 해외시장도 있을 수 있다. 이 시장은 경쟁시장이기 때문에 비용절감으로 원가 경쟁력을 높이고 품질관리, 기술력 향상으로 품질 경쟁력을 높이는 노력을 기울여야 한다.

넷째, 새로운 기술을 개발해야 한다. 세계 최초, 세계 최고의 기술을 개발해야 한다. 그리고 "구슬이 서 말이라도 꿰어야 보배"라는 말이 있듯 기술의 활용, 사업화도 개발만큼이나 중요하다.

다섯째, 고비용 저효율 구조를 개선해야 한다. 인건비를 절감하고 아웃소싱을 해서라도 원가경쟁력을 높여야 한다. 공헌이익이라도 확보해서 고정비 부담을 낮추어야 한다.

3) 수출, 어떻게 볼 것인가?

공헌이익이 나면 수출해야 한다. 공헌이익은 우리 공사의 높은 고정비 부담을 덜어 주므로 전체적으로 이득이 된다. 만일 수출하지 않으면 어떤 일이 벌어질까? 일거리가 줄어든다. 일거리가 줄어든다는 것은 수당 등 여러분들의 수입이 줄어든다는 말이다.

그리고 수출을 하지 않으면 매출 감소가 일어나고 이는 곧 성장성 둔화로 이어져 경영평가에서 실점 요인이 된다. 여러분들의 성과급이 줄어든다는 말이다. 또한 수출을 하지 않으면 시설과 인력의 유휴화가 일어난다. 유휴화는 구조조정의 빌미가 되어 여러분들의 입지가 흔들릴 수 있다.

해외시장은 치열한 경쟁시장이다. 영업이익이 많이 나는 것이 상책이지만, 우리 공사는 고비용 구조라서 원가경쟁력이 약하다. 이런 주어진 조건하에서는 영업이익만을 고집할 것이 아니라 공헌이익이라도 나면 수출을 추진해야 한다. 일거리를 확보해야 하는 것이다. 수출은 우리들의 일거리 확보와 여러분들의 수입 확보를 위해서도 불가결하다.

4) 우리에게 희망은 있는가?

지속성장할 것이냐, 아니면 퇴보쇠퇴의 길로 갈 것이냐 하는 것은 우리들의 손에 달려 있다. 4N(새로운 사업, 새로운 시장, 새로운 기술개발, 새로운 시스템)을 적극 추진하면 우리 는 매출 1조 원의 글로벌 5대 기업으로 진입할 수 있다. 우리에게는 아직 기회가 있으며, 희망이 있다.

5) 우리의 나아갈 길

문제는 의식의 전환이다. 3C로 의식전환이 있어야 한다. 도전하고 변화하고 창신 하는 의식의 전환을 이루어 나가야 한다. 뒷다리나 걸고 모함이나 하는 부정적 마인드가 개선되어야 한다. 4N의 정책을 적극적으로 지속적으로 추진해야 한다. 이 모든 것은 우리 모두가, 경영진과 직원이, 노와 사가 합심협력하면 이룰 수 있는 일이다. "할 수 있다." "하면 된다." "해 보자"는 긍정적 마인드로 무장하기 바란다. 우리 모두 합심, 협력하여 이 위기를 극복하자. 우리의 일터를 자랑스러운 일터로 만들어 보자.

80분 동안 강의장은 숨소리 하나 들리지 않을 정도로 조용하였다. 다만 사장의 절규에 찬 외침만이 울려 퍼졌다. 전 임직원들은 사장의 절규에 감전된 듯했다. 우리가 언제 사장의 이런 절규를 들어 봤는가? CEO가 전 직원들 대상으로 이런 특강을 한 것이 유사 이래 처음이란다. 나는 나의 외침이 우리 직원들의 뇌리에 깊이 박히기를 원했다. 실천으로 나타나기를 원했다. 비록 소수이지만 삐딱한 사람들의 생각이 바뀌기를 기대했다. 반향은 매우 컸다. 직원들 사이에서 부정적인 뒷담화들이 사라졌다. 수출가지고 술자리에서 안주거리 삼는 사람들도 사라졌다. 우리도 "할 수 있다." "하면 된다." "해 보자."는 열기가 달아올랐다. 다행스러웠다.

9
메아리가 없다

　일반 직원들의 눈으로 보면 사장은 너무나 높고 멀다. '가까이 하기엔 너무 먼 당신'이다. 본사 직원들 경우는 그래도 가끔 자리를 같이하는 경우가 있다. 사무실에서든 식사자리에서든 자연적으로 얼굴도 익히고 대화도 나누게 된다. 누가 누구인지 분별하고 사람 됨됨이도 알 수 있게 된다.

　그런데 멀리 떨어져 있는 각 본부 사람들은 접촉하기가 어렵다. 심지어는 간부들도 접촉하기가 어려워 누가 누구인지를 잘 알지 못한다. 몇 달에 한 번씩 각 본부를 순회해도 자주 안 보다 보니 사람 파악이 쉽지 않다. 그러니 소통하기도 쉽지 않다. 간부들도 이렇게 쉽지 않은데 하물며 일반 직원들은 어떠하겠는가?

　나는 이 거리감을 줄이고 싶었다. 직원들과 직접적인 소통을 해

보고 싶었던 것이다. 그러나 집단적으로 모아 놓고 소통한다고 해 봤자 잘 안 된다. 공식적인 자리이기 때문이다. 그래서 서로가 편하게 소통하는 방법이 없을까 생각하다가 전 직원들과 이메일 주고받기를 해 보기로 했다.

물론 페이스 북으로 할 수도 있었지만, 이렇게 되면 공개적으로 될 것이기 때문에 한계가 있다. 공개적인 것보다는 개인적인 소통을 하고 싶은 마음에 이메일을 이용해 보기로 했다.

나는 신년이나 명절 등 특별한 날에는 당연히 전 직원들에게 인사 메시지를 보냈다. 그런데 답신이 신통치 않다. 몇몇 사람들만 인사를 해 온다. 거 참 이상하다. 사장이 인사를 했으면 답신을 하는 것이 보통인데 말이다.

또한 그런 특별한 날이 아닐 때에도, 평소에도 가끔씩 전 직원들에게 이메일을 보냈다. 때로는 스마트폰으로 문자 메시지도 보냈다. 그런데 사장이 이메일을 보냈는데도 메아리가 없다. 스마트폰으로 문자를 보냈는데도 아무 반응이 없다.

'어떻게 사장이 이메일을 보냈는데도 반응이 없고, 문자를 보냈는데도 답신이 없을까?' 참 이상하게 생각되었다.

물론 어느 특정 개인을 콕 집어서 문자를 보낸 것은 아니다. 전 직원들을 대상으로 보낸 것이다. 그래도 다른 사람도 아니고 사장이 보냈는데 반응이 없다니…….

궁금해서 직원들에게 이메일과 문자 메시지를 받았느냐고 직접 물어봤다. 그랬더니 받았단다. 그런데 왜 답장을 안했느냐고 물었더니, 제법 엉뚱한 대답이 나왔다. 나는 사장님이 어려워서 답장을 못했다는 답변이 나올 것이라 생각했지만, 그렇지 않았다.

지금까지 사장의 이메일이나 문자 메시지는 비서실에서 대행해왔단다. 비서실에서 의례적 관례적으로 해왔던 일이라서 답장을 안 했다는 것이다. 답장해도 사장님께 직접 들어가지 않고 비서실에서 보기 때문이란다.

'아, 그랬었구나.'

맞는 말이었다. 전 직원들에게 인사를 보내거나 메시지를 보낼 때는 비서실에서 해온 것이 지금까지의 관례였다.

그런데 나는 조금 달랐다. 특별한 경우가 아니고는 비서실에서 대행하지 않는다. 내가 직접 이메일도 보내고 문자 메시지도 보냈다. 그러나 그들이 이 같은 사실을 알 리가 없었다. 지금까지의 관행으로 그들은 판단한 것이었다.

나는 이러한 사실을 직원들에게 알렸다. 이메일과 문자 메시지는 내가 직접 보낸다고 알린 것이다. 그 이유는 직원들과의 1:1 소통을 하기 위해서라고 말했다. 그러니 사장에게 하고 싶은 말이나 건의 또는 개인적 고충이 있으면 나에게 직접 보내라는 말도 덧붙였다. 그제야 직원들이 이해하기 시작했다. 아, 우리 사장님이 직접 보내신 것이구나. 이렇게 받아들였다.

그 후로는 나는 직원들로부터 많은 이메일과 문자 메시지를 받았다. 통상적인 덕담도 있었고 의례적인 인사도 있었다. 그러나 중요한 정보도 있었다. 사장이 되면 갇히기 쉽다. 밑에서 보고하는 정보만 귀에 들려오고 현장의 목소리는 안 들려올 수가 있어 정보에 차단당하기 쉽다.

그러나 이메일 소통을 하면서 나에게는 현장의 목소리, 중요한 정보들이 들어왔다. 임원들이 미처 모르는 정보가 나의 개인 이메일로, 스마트폰으로 먼저 들어온다. 내가 임원들이나 간부들보다 먼저 아는 경우도 생겼다. 또 간부들이 보고하지 않는 정보들도 들어왔다. 개인에 관한 정보도 있었고 팀에 관한 정보, 부서에 관한 정보도 있었다. 개인적 고충도 있었고 건의사항도 있었다. 그야말로 직원들과 소통할 수 있는 직접적인 채널이 구축된 것이다.

나는 이 정보들을 소중하게 받아들였다. 고충이 있으면 해결해 주었고, 개인적 정보가 있으면 참고하기도 했다. 직원들에게는 멀고 먼 사장을 가까이 할 수 있게 해 주었다. 소통의 방식을 바꾼 이 작은 행동이 말이다.

창신

(創新, Creative Innovation)

1
낙타와 도도새

『낙타는 왜 사막으로 갔을까?』생태학자인 최형선 교수는 이 책에서 살아남은 동물들의 비밀을 재미있게 풀어낸다. 이 책에는 8마리의 동물들이 등장한다.

100m를 3초에 달린다는 치타, 8,848m의 에베레스트 산을 넘어간다는 줄기러기, 공동육아를 한다는 일본원숭이, 동굴에서 거꾸로 매달려 자는 박쥐, 새끼를 배에 넣고 다니는 캥거루, 코가 긴 코끼리, 바다의 포유동물 고래, 사막에 사는 낙타이다. 이 책에서는 이 동물들이 어떻게 자연환경에 맞추어 변화하고 혁신해왔는지를 보여 준다. 이 중 관심을 끄는 것은 책 제목처럼 "낙타"이다.

낙타의 고향은 뜻밖에도 북아메리카라고 한다. 약 4,500만 년 전 북아메리카에 처음 출현해서 이곳에서 수천만 년을 살았다고 한다. 그런 낙타가 어떻게 해서 사막에서 살고 있을까?

약 180만 년 전 빙하기에 알래스카와 시베리아 사이의 베링 해가 얼어붙어 베링 육교가 형성되자 낙타는 이주를 감행했다고 한다. 시베리아를 거쳐 일부는 서부 아시아로, 일부는 아프리카로 이주했다고 한다. 북아메리카에 남아 있던 낙타들은 흔적도 없이 사라졌는데, 아프리카 사막으로 간 낙타들은 어떻게 살아남았을까? 바로 변화와 혁신을 통해서 살아남았다고 한다.

발바닥은 모래밭을 걸어 다니기 편하도록 넓적하게 혁신하였다. 코와 귀도 모래바람을 잘 막을 수 있도록 혁신하였고, 턱과 입은 사막에 흔한 가시나무 잎을 먹을 수 있도록 혁신하였다. 낙타는 물 없이도 사막에서 장시간 견딜 수 있도록 등에 혹을 혁신하였고, 다리는 뜨거운 지표면의 열기로부터 몸통을 보호하기 위하여 긴 다리로 혁신하였다. 생태환경에 맞추어 열심히 변화하고 혁신한 결과, 사막에서 생존할 수 있게 된 것이다.

"도도새(Dodo Bird)"를 아는가? 지금은 지구상에서 멸종된 새[16]이다. 인도양 모리셔스 섬에서 살았던 새로, 몸집이 칠면조보다 크고 몸무게도 23kg정도 나갔다고 한다.

---

16) 두산백과(doopedia), 박종구, 도도새의 교훈, 한국경제 2012년 1월 9일 시론.

폐쇄적인 섬에 살던 이 새는 생존에 위협받을 일이 없었다. 그러다 보니 도망가기 위한 날개를 사용할 일이 없어져서 날개는 점점 퇴화했다. 결국 날개는 있지만 날 수 없는 새가 되고 말았다.

그러던 중 1505년 포르투갈인들이 처음으로 이 섬을 찾았다고 한다. 이후 이 섬은 어선들의 중간 경유지 역할을 했고, 이후 네덜란드가 죄수 유형지로 사용했다. 이 새는 선원들의 좋은 사냥감이 되었다. 도도새는 그동안 날개가 퇴화되었기 때문에 자기를 잡아먹는 사람을 보고도 날아갈 수가 없었고, 도망가지 못해 결국은 사람들에게 다 잡혀 먹혔다. 이 새는 발견된 지 100년 만에 희귀종이 되었고, 사람들의 눈에 띤 지 180여 년만인 1681년 멸종되고 말았다.

도도새는 포르투갈어로 "바보새"라고 한다. 사람들이 잡아먹으려고 하는데도 도망가지 못한다고 해서 붙여진 이름이란다. 도도새는 외부환경의 변화에 대응해서 적극적으로 자기를 혁신하지 못했기 때문에 멸종을 당했다. 변화와 혁신을 하지 않으면 살아남지 못하는 것이 자연생태계의 기본원리이다.

이 기본원리는 기업생태계나 자연생태계나 마찬가지이다. 기업생태계도 변화하고 혁신하지 않으면 살아남지 못하고, 언젠가는 도도새처럼 멸종하고 만다. 우리는 이런 사례들을 수없이 보아왔다. 이는 비단 남의 일이 아니라 우리의 일인 것이다. 우리가 변화하고 혁신하지 않으면 우리도 살아남지 못한다는 교훈이다.

자연생태계나 기업생태계나 똑같다. 우리는 변화하고 혁신하지 않으면 사라질 것이라는 위기의식을 갖고 살아남기 위해서 지속적으로 변화하고 지속적으로 창신해야만 한다.[17]

---

17) 2012년 2월 월례조회 시 조회사의 일부이다.

2
개는 왜 두 발로
걷지 못하나?

런던 비즈니스 스쿨(LBS)의 교수이자 경영컨설팅회사 스트래티고스(Strategos)의 설립자인 개리 해멀(Gary Hamel) 교수는 월스트리트 저널이 선정한 세계경영대가(Guru) 20인 중 1위다. 월스트리트 저널은 21세기 최고의 구루(Guru)로 빌 게이츠가 아닌 그를 선택했다. 이코노미스트와 포천지도 그를 세계를 선도하는 경영전략 전문가로 선정했다.

경영전략과 경영 혁신에 관한 많은 책을 저술한 그가 2012년 2월, 『지금 중요한 것은 무엇인가(What matters now)』라는 책을 출간했다. 그는 이 책에서 비즈니스의 운명을 좌우할 최대 쟁점으로서 중요한 5가지를 들고 있다.

첫째, 가치(Values)이다. 여기에서 가치란 기업이 가져야 할 도

덕적 가치를 말한다.

둘째는 혁신(Innovation)이다. 하루가 다르게 변해 가는 오늘날의 패러다임 속에서 과거의 성공에 젖어 발전하지 못한 채 기존의 관행만을 고집하다 보면 도태된다. 혁신은 모든 것을 새롭게 하고 우선순위를 재조정하며 의식구조를 새로이 해야 한다는 것이다.

셋째, 적응성(Adaptability)이다. 현실의 변화속도를 따라가야 한다는 것이다. 변화가 가속화됨에 따라 전략을 갱신하는 속도도 높여야 한다. 한 번의 성공에 취해 있지 말고 성공을 재창출해야만 성공을 지속할 수 있다.

넷째, 열정(Passion)이다. 조직원들이 자기가 하는 일에 열정을 느끼느냐 아니냐에 따라 결과는 판이하게 달라진다. 조직원들이 자기가 하는 일을 더 나은 세상을 만들기 위한 사명으로 인식하고 자기 업무에 더욱더 열정적으로 매달려야 한다.

다섯째는 경영이념(Idea)이다. 어떤 경영이념을 갖고 일하느냐가 중요하다는 것이다. 과거의 경영이념은 주로 통제 위주였으나, 이제는 통제 위주에서 벗어나야 한다고 주장한다.

그가 2012년 6월 한국에 와서 강연도 하고 언론과 인터뷰도 했다. 그는 인터뷰에서 "오늘날 창의 경영시대에 한국 기업들에게 가장 필요한 덕목은 무엇이라고 보는가?"라는 질문에 그는 "적응력(Adaptability), 혁신(Innovation), 열정(Passion)"이라고 답했다.[18]

---

18) 2012년 6월 16일 조선 비즈(Chosun Biz)

그중에서도 특히 열정이 매우 중요하다고 했다.

나는 내가 강조하는 3C가 이 세계적 석학의 탁견(卓見)과 크게 다를 바가 없다고 본다. 나는 적응력(Adaptability)을 "변화(change)"라고 해석하고 싶다. 현실에 안주하는 것이 아니라 새로운 환경에 적응하기 위해 열심히 변화해 가는 것이 바로 적응력과 같다고 본다. 빠르게 변화하고 있는 세상만큼이나 우리도 발 빠르게 변화하지 않으면 도태되고 멸종된다.

그가 말하는 혁신(Innovation)은 내가 말하는 창신(創新)과 같은 말이다. 혁신이라는 단어에는 "창의적"이라는 뜻이 내포되어 있지만 나는 "창의성"을 더욱 강조하는 의미에서 창신(Creative Innovation)이라고 부르는 것이다. 나는 제품에서의 창신만을 강조하지 않는다. 일하는 방식, 생각하는 방식, 일하는 시스템 등 조직 전반에 걸쳐서 창신해야 한다. 지금까지 당연시 해왔던 관행에서 벗어나 세계 최고의 기술력을 갖도록 창신해야 한다. 그래야 경쟁력 있는 제품이 나온다. 아울러 의식의 혁신을 위해 끊임없이 노력해야 한다.

그가 말하는 "열정(Passion)"은 내가 말하는 "도전(Challenge)"과 일맥상통한다. 우리는 목표를 향해 도전해야 한다. 도전은 우리의 가슴을 뛰게 하고 강한 동기를 부여한다. 도전하지 않는 사람은 아무것도 얻을 수 없다. 새로운 것에 대한 거부감을 버리고 뜨거운 열정으로 미래에 도전하는 자세가 필요하다.

게리 헤멀은 또 다른 인터뷰에서 "개는 왜 두 발로 걷지 못하는 가? 개에게는 혁신 DNA가 없기 때문이다."라고 말했다.

"기업에게 혁신을 가르치는 일은 개에게 두 발로 걸어 다니도록 훈련시키는 과정과 동일하다. 조련사가 먹이를 주면서 개에게 두 발로 걷는 법을 열심히 가르쳤다고 치자. 하지만 조련사가 뒤돌아서는 순간부터 개는 다시 네 발로 걷는다. 왜 그런가? 개는 두 발 동물이 아니라 네 발 동물이기 때문이다. 즉, 개에게는 두 발로 걷는 혁신 DNA가 없기 때문이다."

그리고 그는 이렇게 덧붙였다.

"혁신 DNA가 없는 기업에게는 아무리 혁신을 강조해 봤자 일회성에 그치고 만다. 그러므로 조직의 DNA를 바꾸어야 한다. 혁신DNA가 체화(體化)되도록 해야 한다."

그는 조직에 혁신 DNA를 심도록 강조했다. 그렇다. 우리도 회사의 CEO가 바뀌면 경영정책도 바꾸고 중점사업도 달라진다. 지금 내가 아무리 창신을 외쳐대도 새로운 CEO가 와서 다른 것을 강조하면 우리가 언제 창신을 외쳤던가 하고 모두 폐기해 버릴 것이다.

그러나 조직에 창신이 체화되면, 즉 조직이 창신 DNA를 갖게 되면 아무리 CEO가 바뀌어도 창신은 끊임없이 이어질 것이다. 이것이 바로 우리 모두가 창신을 체화하고 끊임없이 추진해야 하는 이유다.[19]

---

19) 2012년 6월 월례조회 시 조회사의 일부이다.

3
그들은 어떻게 한류 열풍을 일으켰나?

2002년 우리는 월드컵에 열광했다. 아시아 변방의 축구라고만 생각했던 한국 축구가 세계 4강의 반열에 올라선 것이다. 아무도 상상하지 못했던 엄청난 결과였다. 우리만 놀란 것이 아니라 전 세계가 놀랐다. 어떻게 이 기적 같은 일이 일어났을까?

이 기적의 뒤에는 한 사람의 명장이 있었다. 우리 모두가 잘 아는 히딩크 감독이다. 그는 어떻게 변방의 한국 축구팀을 이렇게 세계4강에 올려놨을까? 바로 「변화와 혁신」을 추구했기 때문이다.

히딩크 감독 부임 이전에 한국 축구는 파벌주의에 사로잡혀 있었다. K대 출신의 감독이 오면 K대 출신 선수들이 국가대표선수로 많이 선발되고, Y대 출신의 감독이 오면 Y대 출신 선수들이 많이 선발된다는 농담 같은 얘기들이 많이 나돌았다. 능력에 따른 선수 선발이 아니라 연고에 따른 선발이었다는 것이다.

히딩크 감독은 K대 출신도 Y대 출신도 아니다. 한국인도 아니다. 그에게 보이는 것은 오로지 선수 개개인의 조건과 역량이었다. 그는 선수 선발에서부터 변화와 혁신을 도입했다. 연고 중심의 선발에서 체격조건, 체력, 공을 다루는 능력, 창조적으로 플레이할 줄 아는 창의성 등 능력 중심의 선발로 변화시켰다.

체격이 큰 유럽선수들과의 몸싸움에서 밀리지 않도록 체격이 큰 선수들을 선발했으며, 45분 동안 쉼 없이 뛸 수 있도록 체력을 조련했다. 혁신적으로 공을 다루는 기술, 몸싸움을 하는 기술을 조련했다. 창의적으로 플레이 할 수 있는 전략을 구사했다.

한국 축구가 세계4강에 올라설 수 있었던 것은 바로 히딩크 감독의 변화와 혁신의 덕분이었다.

그렇다면 케이팝(K-Pop)은 어떻게 한류 열풍을 일으켰을까? 소녀시대가 전 세계적으로 한류열풍을 불러올 수 있었던 이유는 어디에 있을까? 글로벌한 음악성, 뛰어난 가창력, 매혹적인 율동, 화려한 그룹댄스 때문이었을까? 물론 이러한 콘텐츠가 세계인들의 관심과 이목을 집중시켰을 것이다. 그러나 비단 그것 때문만은 아니었다. 그 이면에는 또 다른 변화와 혁신성이 숨어 있었던 것이다.

SM 엔터테인먼트의 관계자에 의하면, 혁신적인 해외시장 진출법이 있었다. 「보아」가 일본시장에 진출할 때에는 주로 언론사 연예담당기자들에게 홍보내용을 전달하여 이들이 기사화하는 방법을 활용했다고 한다. 그리고 「동방신기」가 일본에 진출할 때에는 주로 TV나 신문에 내는 광고를 활용했다고 한다.

그런데 이 두 방법 모두 돈이 많이 드는 고비용 저효율의 홍보 방식이었다. 비용을 적게 들이면서 높은 홍보효과를 내는 방법은 없을까 고심하던 중, 그 무렵 각광을 받고 등장한 것이 페이스북 (Facebook), 유튜브(You tube) 같은 뉴 미디어였다. 「소녀시대」홍보에는 바로 이러한 뉴미디어를 홍보매체로 활용하기로 하였단다.

그 결과는 대박이었다. 소녀시대가 일본에서만 홍보되는 것이 아니라 전 세계적으로 홍보된 것이다. 신문 기사나 광고는 일본시장에 국한되었지만, 뉴미디어를 활용하니 일본시장뿐만 아니라 전 세계적으로 홍보가 되었단다. 비용도 엄청나게 절약되었다. 그동안의 고비용 저효율의 홍보방식이 새로운 저비용 고효율의 홍보방식으로 변한 것이다. 홍보방식이 변화되고 혁신된 것이다.

지금은 전 세계적으로 유명한 케이팝 스타들이 매우 많다. 그 중에서 「싸이」도 매우 유명한데, 그가 발표한 "강남스타일"과 "말춤"은 세계적으로 유명하다.

내가 2013년 10월 인도네시아 자카르타에서 열린 환태평양 은 행권인쇄 책임자회의(PRBPC)에 참석했을 때였다. 환영행사장에서 이 강남스타일을 부르면서 말춤을 추는 외국 참가자들을 보고 깜짝 놀랐다. 국내에서보다 해외에서 더 유명해진 것 같았다. 어떻게 이렇게 해외에서 더 유명해졌을까?

바로 유튜브(You tube) 덕분이다. 싸이는 강남스타일을 유튜브에 올림으로써 전 세계적으로 유명한 사람이 되었다. 지금은 너무나 평범한 일이 되어 버렸지만, 이렇게 혁신적인 홍보방법을 통해서 케이팝 스타들은 세계적인 한류열풍을 불러일으킬 수가 있었다고 본다.

변화와 혁신이란 것이 거창하고 대단한 것만은 아니다. 우리 주변의 아주 작고 사소한 일부터 변화하고 혁신하면 된다. 그 결과는 엄청난 효과를 가져온다. 나는 이런 메시지를 매월 전 직원 월례조회에서 지속적으로 강조했다.[20] 변화와 혁신을 유도하기 위해서.

---

20) 2011년 12월 월례조회사 일부이다.

4
관점을 바꾸면
새로운 세상이 열린다

사람에게 자기 관점을 바꾸는 것은 결코 쉽지 않은 일이다. 한 번 형성된 관점은 고정관념으로 자리 잡는다. 그래서 이 고정관념에 얽매이게 된다. 사람을 바라보는 것도 그렇고, 세상을 바라보는 것도 그렇다. 고정관념에 매여 있다 보면 세상은 보이는 것만 보인다. 보이는 것이 전부인 것처럼 느껴진다.

그러나 보이지 않는 또 다른 세상이 있다. 관점을 바꾸지 않으면 그 세상을 볼 수 없다. 개인뿐만 아니라 기업에서도 관점을 바꾸어 성공한 사례는 부지기수로 많다. 어떻게 보면 지금 성공한 기업들은 꾸준히 관점을 바꾸어 새로운 제품을 만들어 냈다고 볼 수 있다. 새로운 제품이 나온다는 것은 기존의 관점을 벗어나서 새로운 관점에서 접근한다는 말이다.

「절대로 떨어지지 않는 사과」가 있다. 어느 해, 일본 아오모리 현에서 태풍이 심하게 불었다. 사과밭의 사과 90%가 떨어졌고, 대부분의 농민들은 떨어진 사과를 보고 올해 사과농사 망쳤다고 탄식하며 실의에 빠졌다.

그러나 그 와중에도 결코 슬퍼하거나 낙담하지 않고 새로운 관점을 가진 한 농부가 있었다. 그는 땅에 떨어진 90%의 사과를 바라보지 않고 사과나무에 매달려 있는 10%의 사과에 눈을 돌렸다.

'아, 이 태풍에도 떨어지지 않는 사과가 있구나!'

그는 이것을 어떻게 상품화할 것인가를 고민했다. 그는 이 떨어지지 않은 10%의 사과에 특별한 이름을 붙였다. 「절대로 떨어지지 않는 사과」라는 이름을 붙였다. 그 강한 비바람에도 떨어지지 않았으니, 절대로 떨어지지 않는 사과라는 말은 틀린 말이 아니었다.

그는 보통 사과가 한 개당 1,000원 정도에 불과했다면 이 사과는 10배 값인 한 개에 1만 원 정도에 내다 팔았다. 그렇게 비싼 사과가 불티나듯 팔리더니, 순식간에 다 팔려 버렸다. 우리처럼 입시경쟁이 치열한 일본의 수험생과 학부모들은 이 사과를 먹으면 시험에 절대 떨어지지 않을 거라는 생각으로 너도 나도 이 「절대로 떨어지지 않는 사과」를 샀던 것이다.

이 농부는 떨어지지 않은 10%의 사과로 태풍이 없을 때보다 오히려 더 많은 수익을 올렸다. 참으로 기발한 착상이었다. 관점을 바꾸니 이렇게 예상하지 못한 결과로 새로운 세상이 열린 것이다.

그렇다면 휴대폰은 어떻게 등장했을까? 휴대폰이 등장하기 이전에 전화기는 고정된 장소에 놓여 있는 고정된 통신기기였다.

'전화기는 왜 한 장소에만 고정되어 있어야 할까? 들고 다니는 전화기는 안 될까?'

이렇게 관점을 바꾸면서 휴대폰이 탄생한다. 1970년대 초반 모토로라의 마틴 쿠퍼라는 사람이 최초로 휴대폰을 개발했다고 한다. 이로부터 10여 년 뒤인 1983년 모토로라는 'DynaTAC 8000X'라는 최초의 휴대폰을 세상에 내놓았다.

그런데 애플사의 스티브 잡스는 문득 이런 의문을 갖기 시작했다.

'휴대폰은 왜 이동 전화기로만 쓰여야 하나? 휴대폰으로 인터넷을 하면 안 되는가? 휴대폰이 카메라나 MP3가 되면 안 되는가?'

이렇게 해서 2008년에 '아이폰 3G'라는 스마트폰이 등장했다. 들고 다니면서 인터넷도 하고 이메일도 주고받고 음악도 듣고 영화도 보는 스마트폰이 등장한 것이다. 관점을 바꾸니 새로운 세상이 열린 것이다.

와이셔츠는 정장에 필수적이다. 그런데 한여름에 긴팔 와이셔츠를 입으면 덥다. 그래서 걷어 올리기도 한다.

'와이셔츠는 왜 꼭 긴팔이어야 하는가?'

이런 의문을 일본의 한 의류업자가 하게 되었다고 한다.

'긴 소매를 반으로 자르면 안 될까?'

이렇게 해서 반소매 와이셔츠가 탄생했다. 와이셔츠는 긴 팔이어야만 한다는 고정관념에 사로잡혀 있었다면 절대로 나올 수 없는 물건이다. 그러나 관점을 바꾸었더니 새로운 제품이 나온 것이다.

코카콜라는 여름 음료수이다. 주로 여름에 많이 마시는 음료수로 여름에는 매출이 많이 오르지만 겨울에는 매출이 오르지 않는다.

'어떻게 하면 겨울에도 매출이 많이 오를 수 있을까?'

120여 년의 역사를 가진 코카콜라도 한동안 이 문제를 놓고 많은 고심을 했다고 한다. 그러나 산타클로스가 이 문제를 단방에 해결해 주었다. 눈 내리는 겨울에 코카콜라를 마시는 산타클로스를 광고에 등장시키자 코카콜라의 겨울 매출이 크게 늘어난 것이다. 코카콜라는 여름에만 마시는 음료수가 아니라 겨울에도 마시는 음료수라는 관점을 소비자들에게 보여 준 것이다.

니우에가 발행한 피라미드형 기념주화

기념주화는 왜 꼭 동전처럼 원형이어야만 하는가? 타원형은 안 되는가? 사각형은 안 되는가? 5각형도 있을 수 있지 않은가? 피라미드 같은 사각뿔은 왜 안 되는 걸까?

모두가 주화는 원형이어야 한다는 고정관념 때문이다. 기념주화에는 원형만 있는 것이 아니라 각형(角形)도 있다. 외국에서는 이미 다양한 모양의 기념주화들이 나온다. 디자인도 다양하게 나온다. 그런데 우리는 왜 다양한 모양의 기념주화를 못 만들까? 바로 고정관념 때문이다.

우리도 관점만 바꾸면 다양한 모양과 다양한 디자인의 기념주화를 만들 수 있다. 충분히 새로운 수요층을 발굴할 수 있고, 새로운 시장을 개척할 수 있다. 다만 관점을 바꾸지 못할 뿐이다. 관점을 바꾸면 새로운 시장이 열린다. 새로운 세상이 열린다.[21]

---

21) 2014년 2월 월례조회 시에 했던 조회사 일부이다.

5
작은 배려가 큰 감동을
불러온다

전 세계적으로 약 40여 개의 조폐기관이 있다. 정부기관 형태도 있고 중앙은행 하부기관 형태도 있다. 공기업, 공공기관 형태도 있고 민간기업 형태도 있다. 그중에서도 독일의 지앤디(G&D)가 세계 제일로, 매출규모가 가장 크다.

나는 지앤디가 궁금했다. 어떻게 해서 글로벌 톱이 되었을까?

2012년 2월 4일, 독일 베를린에서 세계화폐박람회(WMF)가 열렸다. 나는 이 박람회에 참석한 뒤 G&D를 방문하기로 했다.

G&D는 150년 이상의 역사를 지닌 민간 기업으로, 종업원만 1만 명 이상이었으며 매출규모가 연간 약 2조 6천억 원에 달했다. 그들의 성장비결이 무엇이었을까? 그것을 알고 싶었던 나는

2월 6일, G&D 본사가 있는 뮌헨으로 날아갔다. 그날따라 무척 추운 날씨였다. 영하 17도나 되었다.

G&D는 작은 배려로 상대방에게 큰 감동을 불러일으켰다. 공항도착에서부터 나를 놀라게 했다. 비행기 기내에까지 올라와 우리 일행을 맞이한 것이다. 이처럼 비행기 기내에까지 올라와 맞이하는 것은 매우 이례적이고 특별한 경우이다.

그들은 우리 일행을 특별 에스코트 하면서 VVIP대접을 했다. 우리가 G&D의 주요 고객도 아닌데 말이다. 역시 세계 제일은 어디가 달라도 다르구나 하는 느낌을 받았다. 작은 배려로 상대를 감동시키는 모습이었다. 대부분의 경우 이해타산에 따라 근시안적 접근을 하는 것이 상례이다. 그러나 G&D는 그렇게 근시안적으로 보지 않고 멀리 내다보며 소위 인프라를 구축하는 것 같은 모습이었다.

첫날 저녁, 뮌헨의 보겐하우저 호프 식당(Bogenhauser Hof)에서 만찬을 가졌다. 이 환영 만찬자리에서 그들은 또 한 번 나를 감동시켰다. 만찬자리에 양국 국기를 걸어 놓은 것이다. 내가 무슨 정부 대표로서 협상하러 간 것도 아니고 단지 한 기업의 CEO로서 한 수 배우려고 방문한 것이었는데도 그들은 기업적 차원을 떠나서 국가적 차원으로까지 배려하는 모습이었다.

G&D의 총괄사장 슐레부쉬 박사(Dr. Walter Schulebusch), 루이젠탈 제지회사 사장 자이데만 박사(Dr. Wolfram Seidemann), 동 이

사회 의장 뵘 박사(Dr. Michael Boehm), 엔지니어링 담당 이사 자슈카 씨(Mr. Herbert Zascha), 이들은 매우 따뜻하고 정중한 태도로 우리 일행을 대해 주었고 4시간 동안 우리는 격의 없이 대화를 나누게 되었다.

슐레부쉬 총괄사장에게 세계 은행권 시장을 어떻게 전망하는지를 물어보았다. 그리스 등 일부 유로 존 국가들의 재정위기상황, 이에 따르는 국제금융시장 위기, 세계경기침체 등 국제환경이 좋지 않은데 향후 세계시장을 어떻게 보는지 물어보았다.

그는 예상과는 달리 세계 은행권 시장을 매우 긍정적으로 바라보았다. 그는 은행권 세계시장은 매년 2~3%의 성장이 있을 것이라며, 유로화도 내년 정도면 새로운 발행수요가 있을 것이고 달러화도 늘어나야 할 것으로 전망했다. 또한 중국과 인도 시장도 늘어날 것으로 전망했다. 매우 긍정적 시장전망이었다.

그러나 우리에게는 그림의 떡이었다. 유로 존은 유로 국가들이, 달러화는 미국이, 중국 시장은 중국이 다 해결할 것이니 우리가 할 수 있는 여지가 없었기 때문이었다.

만찬 자리에서 슐레부쉬 사장은 뜻밖의 제안으로 또 한 번 나를 놀라게 했다. G&D와 한국조폐공사는 매우 유사한 사업구조를 갖고 있으며, 한국은 매우 경쟁력이 높고 발전하는 나라이니 우리 서로 지나치게 경쟁하지 말고 상호 협력해 나가자는(not competition but cooperation) 것이었다.

그 순간 나는 속으로 깜짝 놀랐다.

'아니, 세계 제일의 G&D가 뭐가 무서워서 한국의 KOMSCO와 서로 경쟁하지 말고 상호협력하자고 하는 걸까? 과연 우리가 G&D보다 나은 점이 무엇이 있는가?'

순간 놀라움과 동시에 감동을 받았다.

'아, 역시 세계제일은 그냥 되는 것이 아니구나. 상대를 정확히 알고 면밀히 분석하고 서로 윈-윈 하는 방법을 모색하면서 세계 시장을 공략하는구나.'

그들은 우즈베키스탄에 있는 우리 자회사 GKD가 화폐용지 원재료를 생산한다는 것을 알고 있었다. 우리의 잠재력을 높이 평가해 주는 것에는 흐뭇했지만, 우리의 장단점들을 꿰뚫어보는 것 같아 오싹한 전율을 느꼈다.

6
지속적인 혁신의
결과다

2012년 2월 7일, 나는 G&D 본사를 방문했다. 슐레부쉬 사장은 회사 임원들을 배석시킨 가운데 본인이 직접 브리핑을 시작했다. 이 브리핑의 첫머리가 나를 강하게 때렸다.

"우리는 지속적인 혁신을 통해서 성장해 왔습니다! (We have grown up by the continuous innovations!)"

그리고 이어지는 그의 말은 나의 폐부를 파고들었다.

"오늘날의 지앤디는 지속적인 혁신의 결과물입니다."

지속적인 혁신! 한두 번이 아닌 수백 번, 수천 번에 이르는 지속적인 혁신! 1~2년이 아닌 100년 이상의 지속적인 혁신! 이것이 바로 G&D의 성장비결이자, 글로벌 톱으로 우뚝 설 수 있었던 비결이었다. 지극히 평범하고 당연한 말이었지만 이 평범하고 당

제1부 세 가지 키워드 : 3C

연한 진리가 오늘의 G&D를 만든 원동력이었던 셈이다.

　누구나 혁신을 얘기하지만 아무나 혁신을 이룰 수는 없다. 말로만 하는 혁신은 누구나 할 수 있으나 실천하는 혁신은 아무나 하기 어렵다.

　나는 이 브리핑을 들으면서 슐레부쉬 사장이 우리가 추구하고 있는 3C 4N을 얘기하고 있는 것만 같았다. 우리가 추구하는 비전과 방향이 G&D가 이제까지 추구해 왔으며 앞으로도 계속 추진해 나가는 것과 같은 것이었다. 우리도 지속적인 성장을 통해 글로벌 톱 클래스가 되려면 혁신, 즉 창신(創新, innovation)을 해야 한다. 그것도 1~2년의 단발성으로 끝낼 게 아니라 100년 이상을 지속적으로 창신해야 한다.

　그래야만 글로벌 톱 클래스에 올라설 수 있다. 창신, 또는 혁신이라고 하면 매우 어렵고 거창한 것을 연상하기 쉽다. 그러나 그렇지 않다. 우리 가까이 있는 것, 우리가 일상적으로 하고 있는 작은 일에서부터 창신은 시작되는 것이다.

　"나비 효과(Butterfly effect)"라는 것이 있다. 아마존 밀림의 한 구석에서 작은 나비 한 마리가 날갯짓을 한 것이 먼 나라 중국대륙에 커다란 폭풍을 불러올 수도 있음을 말한다. 지극히 작은 움직임이 공명이 되고 확장되어서 폭풍을 만들어 낼 수 있다는 것이다.

　혹시 말도 안 되는 소리 같은가? 그렇지 않다. 실제로 일어날 수 있으며 일어나기도 한다. 다만 그렇게 된다고 믿는 긍정적인 사람과 말도 안 되는 소리라며 부정하는 사람이 있을 뿐이다.

우리가 바꾸는 작은 일들이 나중에는 회사 전체를 뒤바꿔 놓을 수도 있다. 세계 10위권 밖의 KOMSCO를 지속적인 혁신을 통해 글로벌 톱 5로 만들 수 있다는 것이다. 마치 G&D가 해왔던 것처럼.

G&D 슐레부쉬 총괄사장과 함께

또 하나 인상 깊었던 것은 G&D의 매출구조였다. G&D의 국내시장 매출은 13%에 불과했지만, 해외시장 매출은 87%에 달했다. 해외시장 매출이 10%에도 못 미치는 우리와는 정반대였다.

역시 기회는 글로벌 시장에 있었다. 세계 제일이 되려면 글로벌 시장을 개척해야 한다. 그런데 글로벌 시장을 개척하는 것은 말처럼 쉬운 일이 아니다. 품질경쟁력을 갖추어야 하고 가격경쟁력을 갖추어야 한다. 그리고 남들보다 한 발 앞서서 새로운 제품을 시장에 내놓아야 한다.

이런 것들이 그냥 이루어지는가? 우리가 만들고 있는 제품, 우리가 일하는 방식, 우리가 젖어 있는 직장 문화 등에 대한 끊임

없는 의문과 개선노력이 있어야 이루어질 수 있다. 끊임없는 창신이 있어야 가능하다. 지속적인 혁신! G&D는 이것을 해왔다. 100여 년 이상 지속적인 혁신을 통해서 글로벌 톱 기업에 올라선 것이다.

우리도 지속적으로 창신을 해야 한다. 창신은 남이 하는 것이 아니라, 바로 내가 하는 것이다. 창신은 기술연구소에서만 하는 것이 아니라, 바로 내가 일하고 있는 현장에서 이루어지는 것이다. 창신은 큰일에서만 이루어지는 것은 아니라, 바로 내가 하고 있는 작은 일에서부터 이루어지는 것이다.

현실에 안주하고 만족하면 창신은 일어나지 않는다. 현실에 대한 문제의식과 개선노력이 있어야만 이루어진다. G&D가 우리에게 시사한 바는 매우 컸다.

7
루이젠탈과
부여

그날 오후, 우리 일행은 지앤디의 자회사인 루이젠탈(Louisenthal) 제지회사를 방문했다. 우리는 여기서 또 한 번 충격을 받았다. 제지시설이 무척 현대화되어 있었기 때문이다. 제지시설의 길이는 우리 시설의 절반 정도로 짧았으며, 인력 또한 우리보다 훨씬 적었다.

그런데 이상한 일이 있었다. 생산라인에 있어야 할 작업자들이 보이질 않은 것이다. 기계는 돌아가는데 사람들이 도통 안 보였다. 작업자들이 어디에서 일하느냐까 컴퓨터 통제실에서 일한다고 했다. G&D에서 일하는 작업자는 단 3명뿐이었다. 우리의 3분의 1이었다.

이야기를 들어 보니, 시설 가동이 모두 컴퓨터화 되어 있어서 인력이 절감된단다. 우리의 시설이 노동집약적 시설인데 반해 G&D는 노동절약적 시설이었던 것이다. 한 라인의 경쟁력이 우리의 3배 수준이었다. 한 라인 당 생산능력도 1분에 100m~120m를 생산했다. 우리에 비해 경쟁력이 거의 2배 수준에 가까웠다.

이것만으로도 놀라운 데 더욱 놀라운 것은 그들의 인건비 수준이었다. 제지시설 근로자들의 월 평균 임금이 1,300유로~1,700유로라고 한다. 우리 돈으로 환산하면 약 월 200만 원~250만 원 수준인 셈이다. 연봉으로 환산해 보아도 2,400만 원~3,000만 원 수준이다. 우리 임금의 절반이었다.

우리 일행인 송석현 사업처장, 이지영 과장과 나는 이 같은 말이 도무지 믿어지지 않았다. 잘못 들은 줄 알고 몇 번을 다시 물어보았으나 대답은 한결같았다. 독일 같은 나라에서, 글로벌 톱 기업인 G&D의 루이젠탈 제지회사의 근로자 임금이 그렇게 낮단 말인가? 놀라웠다.

또한 G&D는 여러 가지 새로운 기술과 새로운 제품들을 개발하고 있었다. 홀로그램이나 홀로그랩프드 포일을 개발한 것이다. 그리고 은행권도 일반 화폐용지보다 수명이 훨씬 더 긴 내구성 용지인 하이브리드 용지(hybrid banknote)를 개발했다.

하이브리드 용지는 용지의 앞뒷면을 코팅하여 폴리머 용지처럼 내구성을 높인 것이다. 감촉은 일반 면 펄프 용지와 같지만, 수명은 면 펄프 용지보다 훨씬 더 길다. 세계 유수한 여러 기업들이

면 펄프 용지를 대체할 수명이 긴 용지를 개발한 것이다. 또한 위변조가 어려운 보안요소를 갖고 있는 용지였다는 점에서 주복할 만하다.

슐레부쉬 사장은 은행권 시장에서 제일 중요한 것은 다름 아닌 보안 요소(Security features)라고 말하며, 남들보다 앞서는 남들이 따라 하기 어려운 보안요소를 개발해야 한다고 강조했다. 이처럼 G&D는 남들을 따라가는 것이 아니라 남들을 앞서가는 기술을 개발해 왔다. 남의 기술을 따라 하기가 아니라 남이 하지 못하는 세계 최초, 세계 최고의 기술을 앞세워 글로벌 시장을 공략한 것이다.

나는 여기서 다시 한 번 4N의 경영정책이, 새로운 기술개발(New Technology)이라는 경영정책이 중요한 정책임을 확인하게 되었다. 게다가 시설은 모두가 컴퓨터화 되어 있어서 노동절약적이고, 인력은 우리의 3분의 1 수준이며, 임금은 우리의 2분의 1 수준이고, 생산성은 우리의 2배 수준이다. 그들의 화폐용지 생산비는 우리의 절반 수준에도 못 미친다.

이런 시설로 만든 제품과 글로벌 시장에서 경쟁한다면 우리가 이길 수 있는 확률은 거의 없다. G&D가 여러 면에서 선진화되어 있을 것이란 추측은 했지만, 이렇게 차이가 나리라고는 생각지 못했다.

글로벌 시장을 공략하려면 우리도 제지시설을 전면 교체해야 한다. 그러나 투자비가 만만치 않게 들어간다. 수요처가 한정되어 있는 상황에서 시설현대화만 한다고 될 일은 아니다.

그러나 먼저 시설 현대화로 생산비를 대폭 줄여 놓고 글로벌 시장을 공략하는 전략도 가능하다. 문제는 투자비 조달과 시설현대화로 인해 남는 인력을 어떻게 할 것인가 하는 것이다. 나는 이 문제를 깊이 고려해야 할 과제라고 생각했다.

한국으로 돌아와서 제지시설의 현대화를 검토했다. 우리가 국내만 쳐다보지 말고 글로벌 시장으로 진출하려면 제지시설 현대화를 이루어야 하기 때문이다. 제지시설 현대화를 통해 생산비 인하 노력을 해야 가격경쟁력이 생기고 품질 경쟁력도 생긴다.

이러한 제지시설 현대화 과제는 역대 사장들이 모두 관심을 가졌던 과제였으나 제대로 실행되지 못했다. 과다한 투자비 조달이 문제였다. 투자재원으로서 이익금 적립이 거의 없는 상태에서 수백억 원에 달하는 투자비를 차입해서 조달해야 한다는 것에 문제가 있었다. 수요처도 문제였다. 국내 발권당국 수요만 쳐다보고 과다한 투자를 하기에는 비효율적이었다.

여러모로 검토해 보다가 결국 현재의 시설을 개선·보완해서 생산성을 높이는 방향으로 가닥을 잡았다. 제지시설을 전문으로 하는 '송스 페이퍼'라는 업체에 컨설팅을 맡겼다. 컨설팅 결과는 지금의 시설을 전면 개체하는 것이 좋지만 차선책으로 조금만 개선·보완해도 현재보다는 훨씬 생산성이 높아진다는 것이었다.

나는 몇 십억 원의 투자비가 소요되더라도 시설을 개선하고 보완하여 라인 당 생산인력을 줄임으로써 인건비를 절감하기로 했다. 그 결과 라인 당 인력을 20%~30%까지 줄였다. 그만큼 생산성이 향상된 것이다.

8
어떻게 글로벌 톱이
되었을까?

이번 G&D의 방문을 통해서 나는 세계 최고의 기업으로 성장하게 된 비결을 알 수 있었다.

첫째 비결은 지속적인 혁신(continuous innovations)이었다. 슐레부쉬 사장이 브리핑 첫머리에서 말한 것이 이 비결이다. 지속적인 혁신이 오늘의 G&D를 있게 만든 것이다. 지극히 상식적이고 원론적인 얘기이지만, 지속적인 혁신 없이는 글로벌 톱도 있을 수 없다.

둘째 비결은 글로벌 시장(global market) 공략이었다. 독일 내수시장은 우리들보다 엄청나게 크다. 그러나 그들은 내수시장에만 매달리지 않았다. 중앙은행만 쳐다보고 있지 않았다. 그러기에는

G&D의 꿈이 훨씬 더 크고 원대했다. 해외시장을 공략한 결과, 총매출액의 90%가 해외시장일 만큼 글로벌 톱이 된 것이다. 그뿐만 아니라 G&D는 세계 곳곳에 자회사, 지사를 갖고 있다.

셋째 비결은 노동절약적(Labor saving) 공장 운영이었다. 생산 공장의 컴퓨터화, 자동화를 통해 노동력을 줄이고 인건비를 절감하여 생산원가를 낮추었다. 이것은 대부분의 기업들이 추구하는 바이다. 그러나 이것도 쉽지 않다. 생산인력을 줄이려면 시설투자가 이루어져야 하며, 노동조합과의 합의도 중요하기 때문이다.

넷째 비결은 연구개발비(R&D)의 지속적 투자였다. 매출액의 10% 이상을 연구개발비에 투자 하면서 남보다 앞서는 새로운 기술을 개발했다. 자체 기술 개발뿐만 아니라 기술 확보를 위해서 기업의 M&A도 적극 시도했다. 우수한 기술을 갖고 있는 벤처기업이나 중소기업이 있으면 M&A를 통해 그 기술을 자기 것으로 만든 것이다.

다섯째 비결은 끊임없는 도전(Challenge)이었다. 새로운 시장에 도전하고 새로운 기술에 도전하였으며 끊임없이 새로운 제품을 만들어 냈다. 이 도전 정신이 G&D를 이끌어 왔다. 그들이 말하는 지속적인 혁신은 바로 이 도전정신 때문에 가능했으며, 이것이 없었다면 글로벌 톱으로 올라설 수 없었을 것이다. 그러나 그들은 아직도 배가 고프다. 그래서 더 많은 시장을 공략하고 더 많은 매출을 올리기 위해 부단히 도전하고 있는 중이다.

여섯째 비결은 지속가능성(Sustainability)이었다. 제지공장은 환경오염문제가 발생할 수 있어, 그들은 환경기준을 엄격히 준수했다. 특히나 물 관리를 철저히 했는데, 폐수가 원수보다 더 깨끗하다며 제지공장에서 나온 폐수를 그냥 마셔도 문제가 전혀 없다고 자신했다.

일곱째 비결은 민영 기업(Private company)이었다. 민영기업이었기 때문에 경영에 유연성이 매우 높았으며, 효율성을 중시하면서 경영을 할 수 있었다. 세계 조폐기관 중 글로벌 톱 클래스에 올라가 있는 기업들 중에는 민영 기업들이 많다. 물론 정부기관이나 공기업 형태가 있기는 하지만, 이들은 중국이나 러시아처럼 정부나 중앙은행이 시장을 보장하기 때문에 기업성에 별로 신경을 쓰지 않아도 되는 나라들이다. 정부기관이나 공기업은 관료주의적 사고와 행태에 매몰되기 십상이라, 민간기업의 효율성을 따라가지 못한다.

나는 G&D를 방문하고 나서 우리가 설정한 비전과 경영정책 방향이 옳았음을 다시 한 번 눈으로 직접 확인했다. 우리는 새로운 성장엔진을 찾아야 하고, 새로운 시장을 개척해야 하며, 새로운 기술을 개발해야 하고, 새로운 시스템을 만들어야 한다. 이렇게 하기 위해서는 도전과 변화와 창신이 필요하다.

나는 이 메시지를 조회 때마다 되풀이했다. 표현만 달리 했을 뿐 메시지는 늘 똑같았다. 이러한 외침이 우리 전 직원들에게 울림이 되고 공명이 되고 메아리가 되어 돌아오기를 기대했다. 메아리 없는 공허한 외침이 아니라, 우리 전 직원들의 가슴에 박히고 비전 속에 들어가 구체적 실천으로 나타나기를 기대했다. 이 공명이 회사를 바꾸고 글로벌 톱 5에 진입하기를 기대했다.[22]

---

22) 2012년 3월 월례조회 시의 조회사 일부

9
세계 제1의
잉크 회사

 2012년 5월 10일, 나는 협력관계를 맺고 성장 비결을 알기 위해 스위스 로잔에 있는 세계 제1의 잉크회사인 '시그파(SICPA S.A.)'를 방문했다. 시그파는 세계 보안 잉크 시장의 절대 강자로, 세계 시장의 80%를 장악하고 있는, 거의 독점적 기업이나 다름없다.

 시그파는 84년의 역사를 갖고 있는 회사로 종업원은 2,700여 명밖에 안되지만 전 세계적으로 24개의 지사와 16개의 공장을 갖고 있는 글로벌 회사다. 시그파는 세계 각국으로부터 좋은 잉크 안료(顔料)를 사와서 자기들만의 특화된 기술로 보안잉크를 만든다. 세계 각국의 조폐기관들은 은행권을 만들 때 반드시 시그파의 보안잉크를 사용한다.

시그파의 안톤 블라이콤(Anton Bleikohm) 회장과 필립 바로우(Phillip Barreau) 사장이 따뜻하게 영접해 주었다. 그리고 이어서 시그파의 제품과 기술력을 설명해 주었다.

잉크 제품에서의 가장 중요한 첫 번째 요소는 보안 요소(security features)라고 했다. 은행권이든 주민등록증이든 위변조 되어서는 안 되는 제품에는 위변조 방지를 위한 보안 요소가 많이 들어간다. 용지뿐만 아니라 잉크에도 들어간다. 시그파는 잉크에 특화된 보안 요소를 가미하고 있는 것이다.

두 번째는 내구성(durability)이라고 했다. 잉크는 오랫동안 휘발되지 않고 유지될 수가 있어야 한다. 내구성을 결정짓는 것은 바니싱(varnishing) 기술이라고 했다. '바니싱 기술'이란 잉크에 니스 비슷한 도료를 혼합하여 잉크 색상이 잘 지워지지 않도록 하는 기술이다. 이 바니싱 기술이 어느 정도이냐에 따라 그 잉크의 특성을 많이 좌우하는데, 시그파는 뛰어난 바니싱 기술을 갖고 있는 것이다.

그들은 새로운 보안 요소를 지속적으로 개발한다고 했다. 혁신에 혁신을 거듭하여 새로운 보안 요소를 개발한다는 것이다. 그들은 요판잉크(Intaglio ink), 광변색 잉크(OVI) 등 많은 보안 잉크를 개발하고 있다. 그들이 개발한 스파크(SPARK) 잉크는 17개국 52종의 보안 제품에 적용되고 있는데, 지금은 조금 더 업그레이드 된 스파크 토크(SPARK TALK)를 개발했고 네오맥(NEOMAC)이라는 잉크도 개발했다고 한다.

SICPA와의 MOU 체결

시그파의 성장 비결은 역시 혁신과 더불어 글로벌 마인드였다.
전 세계를 무대로 사업 활동을 하며 현지화 전략을 쓰고 있었다.
중국 상해 잉크 공장도 시그파와 중국이 합작해서 만든 공장으
로, 중국제품에는 당연히 시그파의 잉크가 사용되는 것이다. 시
장도 크지만 인건비가 싸서 생산원가도 저렴한 중국에서 경쟁력
있는 위치를 확보한 것이다.

블라이콤 회장과 바로우 사장은 KOMSCO와의 협력에 많은 기
대를 갖고 있었다. 그들은 우리가 개발한 잉크 안료를 수입해서
쓰고 있었기 때문이다. 시그파는 잉크의 원료가 되는 특수 안료
(顔料)를 사다가 그들만의 기술로 독특한 보안 잉크를 만들어 글
로벌 시장을 장악하고 있다. 조폐공사가 그만큼 특수보안잉크에
대한 기술력이 있다는 얘기이다. 그들은 우리가 새로운 잉크 안

료를 개발했는지에 대해 깊은 관심을 표명했다. 그리고 새로운 안료가 있으면 자기들과 협력하자고 제안했다.

나는 속으로 우리의 잉크 기술도 상당한 수준에 와 있으니 우리도 잉크 사업을 잘할 수 있지 않을까 하는 생각을 해 보았다. 그러나 우리의 현재의 잉크 생산시설로는 어려울 것 같았다. 좀 더 현대화된 시설개체 작업이 필요하겠다는 생각이 들었다.

그들은 샤보네(Charvonay) 잉크 공장을 견학시켜 주었다. 공장은 매우 자동화되고 컴퓨터화 되어 있어서 작업 인력이 몇 명 되지 않았다. 그리고 매우 친환경적이었다. 그 큰 공장에 냄새도 없었고 수질문제도 없었다.

우리의 잉크 시설과는 비교가 안 될 정도로 크고 훌륭해 놀라움을 금할 수 없었다. 하긴 글로벌 시장의 80%를 점하고 있는 회사와 국내 시장만을 바라보는 회사를 비교한다는 것부터가 무리일 것이다.

저녁에는 만찬이 있었다. 만찬 장소는 로잔의 어느 별장으로, 로잔 공대의 생물학 교수가 로잔 시에 기부한 것이라고 한다.

그런데 기부 조건이 매우 재미있었다. 첫째, 이 별장 내의 나무들을 잘 보호할 것, 둘째, 이 별장 내의 개구리들을 적극 보호할 것, 셋째, 이 별장 내의 개미들을 보호할 것이었다고 한다. 물론 기부자가 생물학자이니까 이런 조건을 붙였는지도 모르겠다. 하

제1부 세 가지 키워드 : 3C

지만 자연을 사랑하고 보호하려는 스위스인들의 마인드를 대변하는 재미있는 사례인 것 같았다.

스위스인들은 도전 정신과 근면성이 뛰어나다. 그들은 뛰어난 도전 정신과 근면성으로 경사도 45°~60°의 험한 산지도 포도밭으로 개간하였다. 좁은 국토를 매우 효율적으로 활용하고 있는 것이다. 작은 나라가 잘사는 비결은 역시 도전정신과 근면성이 아닌가 생각된다.

10
칭찬 릴레이

2013년 5월의 어느 날, 나는 부여 제지본부에 근무하는 분으로부터 면담 요청을 받았다. 이분은 이번 6월 말에 퇴직하시는 분이다. 몇 가지 드릴 말씀이 있다고 해서 사무실로 오라고 했다. 정년퇴직하시는 분이니 나이도 많았다. 직급도 간부급이 아닌 일반 4급 과장으로, 제지본부에서 생산된 용지를 수송차에 싣는 작업을 하시는 분이었다.

처음에 무슨 개인적 고충이 있으신가 보다 하고 생각했던 나의 예상은 보기 좋게 빗나갔다. 이분은 자기가 맡은 업무에서 12가지나 되는 "창신"을 하셨다고 했다. 사장님께서 "창신"을 주창하시는 것을 듣고, 재직 중에 하면 사장한테 아부한다는 소리를 들을까 봐 퇴직하면서 사장님께 말씀드린다는 말을 덧붙였다.

나는 이분의 얘기를 들으면서 창신은 멀리 있는 것이 아니라는 것을 새삼 실감했다. 내가 맡은 일에서, 아주 작은 일에서부터 창신이 이루어진다는 것을 몸소 보여 주는 사례였다.

나는 2013년 6월 월례조회 시부터 3C 4N의 경영철학에 맞추어 능동적이고 적극적으로 일하는 사람들을 공개하여 칭찬하기로 했다.

"오늘은 제지본부의 남덕현 과장을 칭찬하고자 합니다. 이분은 여러분들이 잘 아시는 바와 같이 제지본부 수송 팀에서 일하시다가 이제 이달 말이면 퇴직을 하시는 분입니다. 이분은 자기 맡은 업무에서 꾸준히 업무개선을 이루셨습니다. 아주 작고 소소한 것처럼 보이는 일이지만, 이것을 창신하는 노력을 하셨습니다. 이분은 자기가 맡은 업무에서 12가지나 되는 창신을 하셨다고 합니다.

예를 들면 수출제품의 나무 상자에는 제조일자와 제품상자 일련번호를 기입해야 하는데, 과거에는 매직펜을 들고 일일이 수작업으로 기입했었답니다. 자칫하면 오기가 나올 수 있고 제조일자와 일련번호가 일치하지 않는 경우도 생겼고, 또 글씨도 균일하지 아니하여 보는 데 애로가 있었다고 합니다.

남 과장님은 이것을 어떻게 하면 좀 더 쉽게, 그리고 명확하게 기입할 수 있을까 고심을 하던 끝에 날짜와 일련번호가 동시에 인쇄되는 인쇄방식을 고안했습니다. 이렇게 동시 인쇄를 하니까 날짜와 제품상자 일련번호 간에 착오가 생길 이유가 없어졌고 또 글씨도 크고 분명하여 읽기가 수월했다고 합니다. 작업시간이 훨씬 줄어들었고 업무능률이 올랐다고 합니다.

또 수출제품의 나무 상자를 지게차에 실어 올리는 것이 쉽지 않았다고 합니다. 지게차 앞날이 짧아 나무상자 밑으로 잘 안 들어가는 바람에 작업시간과 노력이 많이 소요되었다고 합니다.

남 과장님은 이것을 지게차 앞날을 바꾸어서 쉽게 들어 올렸다고 합니다. 그 결과, 작업시간과 노력이 훨씬 줄어들었답니다. 또 밤에 제품상자들을 트럭에 실어야 하는데, 작업공간이 좁고 어두워서 지게차에서는 앞이 잘 보이지 않아 작업하기가 여간 어렵지 않았다고 합니다. 그리하여 지게차 앞에 헤드라이트를 달아 앞을 밝힘으로써 이 문제를 해결했다고 합니다. 이런 것들을 12가지나 혁신했다고 합니다.

이처럼 혁신이란 멀리 있는 것이 아닙니다. 바로 우리 곁에 있습니다. 아주 작아 보이는 이런 일들을 개선해 나가는 것이 바로 혁신입니다. 일하는 방식을 바꾸는 것, 생각하는 방식을 바꾸는 것 또한 혁신입니다.

제가 오늘 남 과장을 여러분들께 칭찬 대상으로 올리는 이유는 혁신이라고 하면 거창한 것을 떠올리면서 어려워하거나 거부감을 갖는 분들께 혁신을 어려워 할 필요가 없다는 것을 말씀드리기 위해서입니다. 우리 모두 남덕현 과장님께 박수로서 칭찬합시다."

신선한 충격이었던 모양이다. 사장이 간부 직원도 아니고 잘나가는 본사 직원도 아닌 생산현장의 말단 직원을, 그것도 내일 모레 퇴직하시는 분을 공개 칭찬하니까 직원들은 모두들 "어?" 하고 놀라는 모습이었다.

이 후 나는 매월 월례조회 때마다 계속해서 공개 칭찬을 했다. 무척 반응이 좋았다. 남이 잘 알아주지 않는다는 소외감 같은 것이 있었던 분들이 사장이 나서서 공개적으로 칭찬을 하니 사기 또한 올라갔다.

"제가 열심히 일하시고 성과를 내시는 분들을 일일이 다 모르니, 여러분들이 나의 이메일로 칭찬대상자를 추천해 주기 바랍니다. 추천사유와 성과를 분명하게 밝혀 주시면 공개 칭찬을 하겠습니다."

이후 많은 분들의 추천이 있었다. 자천, 타천으로 많은 추천이 올라왔다. 개인을 추천하는 경우도 있었고 부서를 추천하는 경우도 있었다. 우리 팀을 칭찬해 달라, 우리 부서를 칭찬해 달라는 주문들도 있었다.

나는 이 모든 분들을 칭찬해 주었다. 모두들 열심히 일하신 분들이었기 때문이다. 여기에 일일이 거명하기에는 너무 많아 생략하지만, 이분들의 열정이 있기에 조폐공사는 앞날이 밝다고 본다. 희망이 있다고 본다. 그분들께 모두 감사의 마음을 전한다.

칭찬은 고래도 춤추게 한다고 한다. 작은 칭찬이 조직원들을 변화시키고 사기를 크게 올려 주었다.

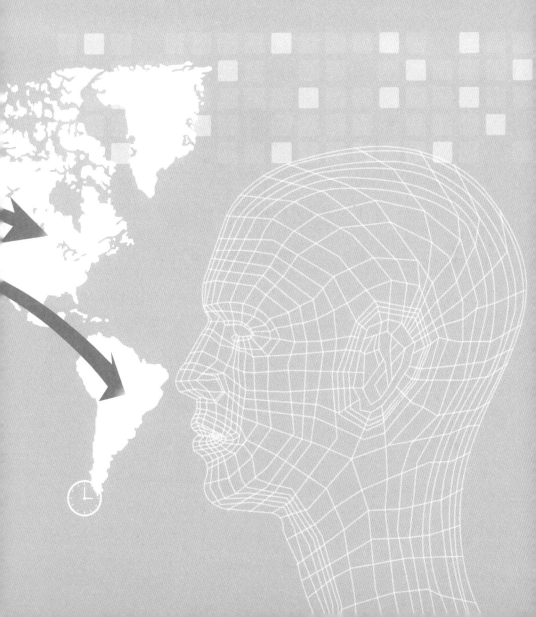

제2부

네 가지 전략
: 4N

새로운
성장엔진 발굴
(New Engine)

1
미래전략실?

새로운 성장엔진의 발굴은 나의 4대 경영전략 중 하나다. 과거 조폐공사는 땅 짚고 헤엄치기 식 경영을 해왔다. 경쟁은 없고 독점만 있을 뿐이었다. 한국은행이나 정부로부터 수주 받아 공급하기만 하면 되었다. 그러니 새로운 사업 발굴이니 미래 먹거리니 하는 말들은 먼 나라 일이었다.

사장으로 부임하고 보니 조폐공사의 경영환경이 달라져 있었다. 점차 화폐경제에서 신용경제로 옮겨 감에 따라 현금 수요가 줄어들었다. 주머니에 현금 대신 신용카드만 넣고 다닌 지 이미 오래다. 굳이 현금을 쓸 필요가 없다.
게다가 5만 원 권이 발행되고 나니 화폐사업량이 줄어들었다.

덩달아 10만 원 권 수표도 줄어들었다. 수표마저 급감하니 주력 사업이 줄어들 수밖에 없다.

또 근래에 편지를 쓰는 사람이 많이 줄어들면서 우표도 많이 줄었다. 핸드폰이 등장한 이후 문자 메시지, 카톡으로 연락하고 소통하기 때문이다.

'이러한 경영 환경의 변화 하에서 어떻게 살아남을 수 있을까?'

고민이 되었다. 기존의 사업에만 매달려서는 안 된다. 새로운 사업을 발굴해야 한다. 그러나 조직 내부에는 그러한 인식은커녕 그저 한국은행에 가서 화폐발주량을 많이 받아오는 것이 최고라는 안이한 생각들만 하고 있었다.

이래서는 안 되겠다는 생각이 들었다. 기업은 확대 발전되어야 하는데, 이런 식이면 축소·쇠퇴하는 길밖에 남아 있지 않다. 기존의 사양(斜陽) 사업 말고 새로운 성장사업을 발굴해야겠다는 생각을 했다. 미래를 대비할 새로운 먹거리를 찾아야 한다. 새로운 사업을 발굴하기 위해서는 이를 전담할 새로운 조직을 만들어야 한다.

'미래를 꿈꾸고 미래를 설계하는 조직이 필요하다!'

나는 『미래전략실』을 만들기로 했다. 미래전략실이 앞으로 공사가 살아갈 새로운 먹거리, 새로운 일거리를 찾도록 했다. 10년 ~20년, 더 나아가서는 40년 내지 50년을 길게 내다보고 공사가 살아갈 수 있는 방법을 찾아보라는 것이다.

종전에는 미래에 대해서 크게 생각하지 않고 그저 눈앞의 일에만 매달렸다. '10년 뒤의 우리 공사는 어떻게 될까? 20년 뒤에도 우리 공사는 건재할까?' 하는 생각들을 별로 하지 않은 것이다. 변화와 혁신에 대해서도 별로 생각하지 않았다. 왜 그럴까?

"우리는 공기업인데 설마 무슨 일 있겠어?", "돈이라는 것이 존재하는 한 우리는 존재하는 거야." 하는 안일한 생각에 사로잡혀 있었기 때문이다. 이런 안일한 생각이 미래에 닥쳐올 위기를 감지하지 못하게 하는 것이다.

나는 조직원들이 이러한 안일한 생각에서 탈피하도록 하기위해 우리가 얼마나 위기에 처해 있는가를 설명했다. 우리의 주력 사업인 화폐사업은 경제 환경의 변화로 본질적으로 축소되게 되어 있다.

연간 최대 20억 장을 제조할 수 있는 생산능력을 갖고 있지만 현실은 5억 장 전후에 머물고 있다. 최대 제조능력대비 4분의 1로 줄어든 것이다. 발권당국이 일시적으로 화폐발주량을 줄이는 것이 아니라, 경제 환경의 변화에 따라 과거 같은 대량 발주는 이제 어려운 것이다.

우리가 당면한 이 위기가 일시적 위기라면 참고 기다려 넘길 수 있다. 그러나 이 위기가 일시적 위기가 아니라 본질적 위기라면, 우리는 변해야 한다. 생존방법을 찾아야 한다.

나는 월례조회 때마다 세계 유명기업들의 흥망성쇠를 읊어댔다. 환경의 변화, 시대의 변화에 빨리 대응하지 못하고 변화와 혁신을 놓쳤기 때문에 역사의 뒤안길로 사라진 세계적 기업들의 이야기를 통해 변화와 혁신의 중요성을 강조한 것이다. 그리고 시장에서 사라지지 않고 살아남기 위해서는 멀리 내다보고 착실하게 준비해야 한다고 주장했다.

이러한 절박함과 위기감을 직원들에게 설파하면서 직원들의 문제인식과 의식전환을 호소했다.

2
미래 사업을
발굴하라

미래사업의 발굴, 추진을 위해 조직개편을 통해 2012년 1월 1일 자로 기획이사 산하에 미래전략실을 신설했다. 1실 3팀 11명으로 이루어진 미래전략실에서 우리의 미래 사업을 발굴하고 추진하도록 한 것이다.

그에 걸맞게 미래전략실장으로는 변화와 혁신 지향적인 사람을 발탁했다. 2급이었던 기획처 김영석 기획팀장을 1급 미래전략실장으로 발탁했다. 직원들도 미래지향적 마인드가 정립되어 있는 사람들로 충원을 했다.

우리는 위변조 방지기술을 갖고 있는 전문기업으로, 종합 보안 솔루션 기업(total security solution provider)이다. 이를 바탕으로 새로운 사업영역을 개척해야 한다. 미래사업을 발굴해야 한다.

윤봉호 기획이사, 김영석 미래전략실장 주도하에 미래사업 발굴을 적극 추진하였다.

미래 사업을 발굴함에 있어서 우리는 여러 단계를 거쳤다. 우선 먼저 미래 트렌드를 조사·분석했다. 미래시장, 미래 산업, 미래 기술, 정책 트렌드 등을 조사·분석하고 해외유관기관의 연구 동향을 조사했다. 독일의 지앤디(G&D), 네덜란드의 제말토(Gemalto), 영국의 데라루(De La Rue) 등 선진기업들을 연구토록 했다. 지앤디(G&D)는 인쇄에서 스마트카드로, 스마트카드에서 다시 디지털 보안 솔루션으로 사업영역을 확장해 나갔다. 정부를 고객으로 하는 B2G 사업에서 기업과 소비자를 대상으로 하는 B2B, B2C로 사업영역을 확장해 나갔다. 그리하여 모바일 보안 매출비중이 50%를 차지하면서 성장가도를 달리고 있다.

네덜란드의 제말토(Gemalto)는 단시간 내에 ID, COS, M2M 관련 보안솔루션 선도 기업들을 인수합병 하여 미래시장에 선제적으로 대응해 나가면서 성장하고 있었다. 반면 영국의 데라루(De La Rue)는 미래의 환경 변화에 대한 인식부족으로 카드 사업을 철수하고 화폐사업에 주력해 나가다 보니 신규 사업에 대한 기회를 잃고 있었다.

또 각종 리서치, 세미나, 전문보고서 등을 통해 미래 트렌드를 조사·연구하도록 했다. 미래 트렌드의 연구결과를 바탕으로 공사의 업(業)의 개념과 연관성 있는 미래사업 영역을 발굴하려고 노력했다. 발굴된 미래사업 영역 내에서 미래사업 모델을 발굴하고, 이를 사업화하기 위해 전략, 실행계획, 시스템 구축 등 인큐베이팅을 시작했다.

육성이 완료된 미래 사업은 론칭하여 실질적인 매출과 수익을 올리도록 했다. 이러한 단계를 거쳐 미래 사업을 추진키로 했다.

그리고 우리의 사업영역을 정부를 주요고객으로 하는 B2G 중심에서 기업과 소비자를 중심으로 하는 B2B, B2C사업으로 영역을 확장하고, 생산·제조에서 솔루션 서비스 분야로 확장하기로 했다. 또 공사의 업(業)과 연관성이 있는 미래기술 동향을 감안하여 보안, 인증, 위변조 식별로 미래사업 영역을 확장하기로 했다.

또 직원들로부터 미래 사업에 대한 아이디어도 모아 봤다. 2012년 2월~3월 전 직원을 대상으로 아이디어 공모전을 개최한 것이다. 이러한 아이디어 모집을 통해 직원들에게 미래 일거리에 대한 관심을 갖도록 유도했다. 실현가능성을 떠나서 많은 아이디어들이 모였다. 여기에서 M2M사업, 광결정 보안필름 등 총 14건의 미래사업 아이디어가 발굴됐다.

또 창의적이고 유연한 사고와 전문성을 지닌 젊은 직원 30명으로 "비즈 플래너(Biz Planner)"를 만들어 미래사업 발굴을 도모하도록 했다. 점심시간에 비즈 플래너들이 2층 식당에 모여서 아이디어도 제시하고 이에 대한 토론과 검증을 하도록 하였다. 또 비즈

뱅크, 프론티어 카페 등 토론방을 만들어 각종 토론을 통해 미래 사업을 발굴토록 했다.

그러나 이러한 내부적인 아이디어 모집과 토론만으로는 한계가 있었다. 전문성 부족으로 인해 상식적인 수준을 크게 벗어나지 못해서 미래성장사업을 찾기란 어려웠다. 그에 대한 방안으로 국내 200여 개 유망 벤처기업들의 신기술 개발 상황을 조사하기도 했다.

여러 가지로 신 성장 사업을 찾기 위해 노력하고 고심하다가 외부 전문기관의 컨설팅을 받아 보기로 했다. 나는 외부 컨설팅이나 용역에 대해서 별로 큰 기대를 하지 않는 편이다. 기대하는 만큼의 효과가 없기 일쑤이기 때문이다. 그러나 내부 아이디어만으로는 미래성장사업을 찾는 데 한계가 있다.

컨설팅 공모를 했더니 여러 회사가 응모를 해왔다. 여러 번의 심사 평가를 거쳐서 최종적으로 커니사(A.T. Kerney)가 선정되었다. 커니사는 종합보안전문기업으로서의 조폐공사의 전문성과 국내외 시장의 환경, 미래 트렌드, 내부 역량 등을 종합적으로 분석·검토하여 새로운 미래 사업을 제시했다. 신뢰보안서비스(TSM), 유헬스(U-health) 케어 등 7개 분야를 제시했다.

이를 대상으로 미래전략실이 중심이 되어 내부 토론을 거쳐서 몇 가지 미래 사업을 선정·추진하기로 했다. 이러한 노력으로 신뢰보안서비스(Trusted Services Management) 사업이 개발되어 추진

중에 있다. 이런 사업들은 당장 매출이 생기고 이익이 발생하는 사업이 아니라, 오랜 회임기간이 필요한 사업이다. 하지만 미래를 위해 준비하고 투자해야 하는 사업인 것이다. 오늘 당장 성과를 만드는 것이 아니라 내일을, 10년 뒤, 20년 뒤를 내다보고 미래를 대비하는 사업인 것이다.

3
TSM

디지털 시대, 모바일 시대의 도래에 즈음하여 지불거래수단의 변화를 어떻게 잡을 것인가? 이런 고민 끝에 찾아본 사업이 TSM 사업이다. 커니사에 컨설팅을 의뢰하여 몇 개 사업을 추천 받은 가운데 다가올 시대를 감안하였을 때 가장 설득력이 있는 사업이 신뢰보안서비스 사업, 즉 TSM(Trusted Services Management) 사업이 었다. 지금 우리나라는 물론이고 세계시장에서도 모바일 결제시장이 움트고 자라나고 있다. 아직까지는 크게 활성화되지 못하고 있지만 앞으로 크게 성장할 시장이다.

지금의 근거리통신(NFC)에 기반한 모바일 결제시장에서는 이동통신사와 신용카드사, 물류유통회사 등이 서비스 사업자들 간의 복잡한 이해관계와 주도권 경쟁으로 각각 개별적으로 움직이고 있어, 모바일 결제시장이 활성화되지 못하고 있다. 이동통신사는 자기들만의 고객정보를 관리하고 있고, 신용카드사나 유통회사는 그들 나름대로 고객신용정보를 관리하고 있다.

이들은 각자의 고객정보를 상호공유하지 않는다. 왜냐하면 철저한 고객정보 보안이 지켜지지 않으면 경쟁사들에 각자의 고객정보가 유출될 수 있어 영업에 큰 타격을 받을 수 있기 때문이다.

예를 들어 SKT나 KT, LG유플러스가 각자의 고객정보를 갖고 있는데, 이것이 공유될 경우 각자의 고객을 경쟁사에게 빼앗길 우려가 있다는 것이다. 이것이 각 이동통신사들이 각자 그들의 고객정보를 배타적으로 관리하고 있는 이유다.

신용카드사나 물류유통회사들도 마찬가지다. 이들도 같은 이유로 자기들의 고객정보를 철저히 배타적으로 관리하고 있다. 그런 이유로 모바일 결제가 제약을 받으며, 부분적으로만 이루어지고 있다.

이동통신사는 이동통신사대로, 신용카드사는 카드사대로 부분적으로 전자지갑(e-wallet)이니 전자쿠폰이니 ○○페이니, 하는 것들을 시행하고 있다. 또 이동통신사들은 일부 카드사와 제휴하여 부분적으로 모바일 결제서비스를 제공하고 있을 뿐 총체적인 모바일 결제서비스는 제공하지 못하고 있다.

만약 이들이 모두 신뢰할만한 제3의 기관이 개인정보의 발급·관리를 중개해 준다면, 스마트폰이나 모바일 기기를 이용한 모바일 거래가 훨씬 더 활성화될 수 있다. 이것이 바로 중립적인 신뢰 보안서비스(TSM)가 필요한 이유이다.

TSM사업은 바로 이러한 모바일 결제 시장의 문제점을 해결해 주는 사업이다. 요즘 화두가 되고 있는 핀테크(fintech) 사업의 일 종이다. 한쪽에는 이동통신사를 두고 다른 한쪽에는 카드사, 금 융기관, 유통사 등을 두고 가장 신뢰할 만한 한국조폐공사가 양 측의 고객정보의 발급 및 관리를 철저히 대행해 준다면, 모바일 결제시장은 더욱더 활기를 띨 것이다.

조폐공사는 위변조 방지를 위한 종합보안 서비스 기관(total security solution provider)이다. 위변조를 못하게 하는 기술력을 바탕 으로 돈과 여권, 주민등록증을 비롯한 ID카드를 만드는 신뢰보 안 서비스 기관이다. 기술역량은 충분히 갖추고 있다. 이동통신 사, 신용카드사 어디에도 기울지 않고 신뢰를 바탕으로 중립적으 로 중개역할을 할 수 있는 기관이라 더욱 적합하다.

또 모바일 결제도 일종의 새로운 개념의 전자화폐이다. 화폐제 조기관이 그 역할을 담당하는 것이 당연하다. 조폐공사는 TSM 이 필요로 하는 보안성, 신뢰성, 중립성, 공익성, 기술성을 모두 충족하는 기관이므로 가장 적합하다. 만약 제3의 기관인 조폐공 사가 중개역할을 하지 않고 그대로 둔다면 모바일 결제 서비스가 파편적·부분적으로 이루어져 시너지 효과를 낼 수 없을 것이다.

또 해외시장을 공략하기도 어려울 것이다. 독일의 지앤디

(G&D)도 이미 TSM사업을 추진 중에 있고, 네덜란드의 제말토(Gemalto)는 싱가포르, 홍콩의 TSM사업에 이미 진출하고 있다.

이러한 TSM사업을 미래전략실 주관 하에 추진해 왔다. 2012년 11월 사업모델을 발굴했고, 2013년부터 기본계획 및 추진전략을 수립했다. 우선적으로 모바일 상품권과 모바일 ID용 TSM 사업을 추진하며 민간전문가 세 명도 채용했다.

다만 정부부처의 협조와 관련 기관과의 협의 등의 문제점을 해결해야 하는 과제를 안고 있다. 이 TSM 사업이 잘 이루어지면, 2015년부터 2020년까지의 누계 매출액은 몇 백억원 이상으로 기대된다. 시간이 가면 갈수록 시장규모는 점점 더 커질 것으로 본다. 해외시장도 태동단계이므로 우리가 먼저 수행능력을 확보하여 해외로 진출한다면 더 많은 기회가 있을 것으로 본다.

나는 씨앗만 뿌리고 떠나겠지만, 모바일 시대를 맞이하여 조폐공사의 새로운 사업영역으로 성장하길 기대해 본다.

4
담배유통 추적관리
솔루션

조폐공사는 위변조 방지를 위한 종합보안 솔루션 기업으로서 공익성을 띤 위변조 방지 사업에 깊은 관심을 갖고 있다. 이러한 관심에 따라 새로운 성장 엔진 사업으로 개척되는 것 중의 하나가 바로 '담배유통 추적관리 솔루션'이다.

담배유통 추적관리 솔루션이란 밀수담배 등 불법담배 거래를 근절하고 세금탈루를 방지하는 시스템이다. 국내의 모든 담배에 "디지털 위변조 방지 필증"을 부착하여 제조에서부터 공급, 판매에 이르는 모든 과정에서 담배의 진위 여부 확인과 수량 관리를 통해 불법담배 거래를 근절하고 세금탈루를 방지하는 시스템이다.

2012년 11월 12일 세계보건기구(WHO) 담배규제기본협약

(FCTC) 제5차 당사국 총회가 서울에서 열렸다. 이 총회에서 담배 규제기본협약(FCTC) 부속서인 "의정서"가 채택되었다.

이 의정서에는 의정서 발표 후 5년 이내 당사국은 모든 담배제품에 추적 및 탐지시스템을 수립해야 하고 효과적인 추적 및 탐지가 가능토록하기 위해 독특한 고정식 식별표시를 모든 담뱃갑에 의무적으로 부착해야 한다는 사항이 포함되어 있다. 이에 따라 2013년 1월 우리 정부도 이 의정서 내용을 이행하겠다는 의지를 세계보건기구에 통지했다.

아직까지는 이 의정서를 비준하지 않고 있지만 우리도 곧 의정서를 비준하게 될 것이다. 그렇게 되면 우리는 모든 담뱃갑에 추적관리시스템을 의무적으로 부착해야만 한다.

이러한 국제적인 움직임을 미리 감지하고 우리는 2012년부터 준비에 들어갔다. 캐나다, 스페인, 러시아, 터키, 브라질 등 다수의 해외 조폐기관이 담배의 철저한 납세와 수량관리 그리고 불법담배 유통방지를 위해 이 사업을 수행하고 있었다. 우리는 외국의 사례를 참고하여 국내 환경에 적합한 기술과 시스템을 연구했다.

그리고 마침내 기술적으로 모든 시스템이 완성되었다. 이러한 준비를 바탕으로 정부에 대해서도 선제적으로 "디지털 위변조방지 필증"을 제안했다. 이 필증에는 미세문자, 부분노출 은선, 형광인쇄, 홀로그램 등 보안요소를 탑재하고 보안 코딩을 했다.

2015년 1월 1일부터 국산 담뱃값이 2,000원 올라 1갑당 2,500

원~2,700원하던 것이 4,500원~4,700원으로 올랐다. 담뱃값이 인상되면 밀수담배나 위조담배가 성행할 수 있다. 밀수를 방지하기 위해서도 "디지털 위변조방지 필증"이 필수적이다. 실제로 담뱃값이 인상되자 해외여행객이 면세 담배를 허용범위(1보루) 이상 가져오다 적발된 건수가 전년대비 768%나 급증했다고 한다. 특히 해외에서 대량으로 담배를 구입하여 국내로 들여오다 적발된 건수가 전년에는 6건이었으나 2015년에는 44건이나 되었다고 한다. (2015년 4월 관세청 보도자료) 이러한 사례들이 담배규제기본협약 의정서 이행문제뿐만 아니라 밀수담배나 위조담배의 방지를 위해서도 담배위변조방지 필증이 필요한 것임을 보여주는 것이다.

그러나 담배 제조회사의 부정적인 입장 등의 이유로 2015년 4월 현재 국내에서는 아직까지 담배규제기본협약(FCTC) 의정서가 비준되지 못하여 모든 담배에 위변조방지 필증이 의무적으로 부착되지는 못하고 있는 상황이다. 우리는 비준이 되기까지 점진적인 추진을 정부에 제안하고 있다.

비준이 전면적으로 시행되기 전까지는 먼저 연간 2억 갑 정도로 추정되는 면세담배부터 적용하자는 것이다. 그리고 점차 연간 70억 갑 정도로 추정되는 일반 시중 담배로 확대하자고 제안했다. 이런 점진적 추진방안을 정부에 제안하고 있으나 아직까지는 유동적이다.

그러나 우리에게도 의정서가 곧 비준되리라고 본다. 밀수담배나 위조담배의 근절을 위해서도 모든 담뱃갑에 위변조방지 필증을 의무적으로 부착해야 할 것이다.

5
우리는 왜 불리온
사업을 못할까?

　외국의 조폐기관들은 불리온(Bullion) 사업을 많이 한다. '불리온 사업'이란 골드바나 실버바, 금화, 은화 등을 생산·판매하는 금은 사업을 말한다.

　외국의 경우에는 금 현물에 대한 투자수단으로 금괴나 골드바, 금화, 은화를 많이 이용하고 있다. 반면에 우리나라는 금반지, 행운의 열쇠나 금 거북이 등 공인되지 않은 민간 귀금속 업체들의 금제품을 사용하고 있다. 자연스레 품질문제나 세금문제들이 있게 마련이다. 외국은 거래가 투명하고 품질을 믿을 만하지만, 우리는 음성적 거래가 많고 순도와 품질을 믿기 어려운 상황이다.

　전 세계 많은 조폐기관들이 불리온 코인(Bullion Coin), 즉 금화

(金貨) 사업을 하고 있다. 전 세계 15개국 이상에서 금화 사업을 하고 있으며, 미국(US Mint)의 경우 황금 독수리(Gold Eagle) 등 6종의 골드 코인과 2종의 실버 코인, 1종의 플래티넘 코인을 만들고 있다.

그리고 영국(The Royal Mint)은 여왕(Sovereign) 등 5종의 골드 코인과 4종의 실버 코인을 만들고 있으며, 캐나다(Royal Canadian Mint)는 단풍잎(Maple Leaf) 등 8종의 골드 코인과 2종의 실버 코인, 6종의 플래티넘 코인을 만들고 있다. 또한 호주는 10종의 골드 코인과 4종의 실버 코인, 6종의 플래티넘 코인을 만들고 있다.

서방국가들만 금화를 만들고 있는 것이 아니다. 중국도 황금 판다곰 등 5종의 골드 코인과 1종의 실버 코인을 만들고 있고, 말레이시아에서도 3종의 골드 코인을 만들고 있다.

불리온 코인은 그 나라 상징물을 디자인하여 유통주화와 같이 매년 년도 표시를 변경하여 발행하고 있다. 미국은 독수리, 캐나다는 단풍잎, 중국은 판다곰, 호주는 캥거루가 그 상징물이다.

미국 주화국(US Mint)의 경우 2011년도 총 매출액의 70%가 불리온 코인 사업이고, 기념주화는 14%, 국내 유통주화는 16%에 불과하다. 캐나다(Royal Canadian Mint)는 2010년도 총매출액의 89%가 불리온 코인 사업이고, 기념주화는 3%, 국내 유통주화는 6%에 불과하다.

이에 반해 한국조폐공사는 2011년도 주화처 총매출액의 약

70%가 국내 유통주화이고, 불리온 코인 사업은 하나도 없다. 그런데 우리는 왜 불리온 코인 사업을 하지 못할까?

조폐공사도 불리온 코인을 얼마든지 만들 수 있다. 우리도 국내 시장을 겨냥하는 것이 아니라 글로벌 시장을 겨냥해서 불리온 코인 사업을 할 수 있는 것이다. 그러나 불리온 코인 사업을 하려면 발권당국의 승인을 받아야 하는데, 우리 발권당국은 불리온 코인을 승인하지 않는다.

선진 조폐기관들은 불리온 코인 사업을 중요한 사업의 하나로 발전시키고 있다. 이들은 단순히 국내 판매용으로 불리온 코인을 만드는 것이 아니라, 해외시장을 겨냥하고 있다. 글로벌 불리온 코인 시장은 크고 넓은데 왜 굳이 국내시장만 쳐다보고 있겠는가?

우리가 불리온 코인 사업을 하게 되면 우선 좁게는 국내적으로 금반지, 황금열쇠, 황금돼지를 대체할 수 있을 것이다. 양성적인 금 거래로 조세포탈을 막아 국가세입을 늘릴 수 있고, 금 거래의 투명성을 제고하여 소비자들의 안심 거래를 뒷받침할 수 있을 것이다.

그리고 넓게는 국외적으로 우리의 고유한 디자인과 브랜드로 글로벌 시장 공략이 가능해진다. 수출을 통해 다른 나라 조폐기관들처럼 성장 동력이 될 수 있는 것이다. 불리온 코인 사업은 새로운 성장 엔진으로 발전할 수 있으며, '매출 1조 원 달성'이라는 조폐공사의 비전을 달성하는 데 크게 기여할 수 있을 것으로 예상

된다.

　그러나 나의 임기 내에 불리온 코인 사업은 추진되지 못했다. 앞으로 조폐공사가 중앙은행과 잘 협력하여 빠른 시일 내에 불리온 코인 사업을 활성화할 수 있기를 기대해 본다.

6
금 거래질서
확립을 위해

　국내 금(金)시장에는 음성적 거래가 많다. 무자료 거래나 밀수 거래가 많아 세금이 탈루되기도 한다. 좀 오래된 자료이긴 하나 국내 금 거래는 연간 120~150톤 정도로 추정되는데, 이 중 60~70%정도가 밀수금이나 고금(古金)으로 음성적 거래로 추정되고 있다.[23] 또한 거래되는 일부 금의 함량과 중량에 대해서도 의문이 제기되고 있다. 산업자원부 기술표준원의 「귀금속제품 실태조사(2006년)」에 의하면, 거래되고 있는 금의 함량부족이 78%, 중량부족이 5%, 품위 미각인이 38%나 되었다. 그래서 음성적 금 거래를 차단하고 품질을 보증할 필요성이 제기되었다.

---

23) 2008. 3. 기획재정부 보도자료: 귀금속, 보석산업 발전방안

이러한 배경에 따라 2013년 7월 22일 정부는 당정협의를 갖고 「금 거래 양성화 방안」을 확정 발표했다. 음성적 금 거래를 차단하여 무자료에 의한 조세포탈을 막고 품질에 대한 소비자의 불신을 해소하기 위해 금 현물시장을 개설하기로 한 것이다.

그 결과, 2014년 3월 24일 한국거래소 내에 KRX 금시장이 개장되었다. 금 현물시장이 활성화되려면 거래되는 금 지금24)(金地金, gold bar)의 품질 신뢰 확보방안이 필수적이다. 즉, 품질인증기관이 있어야 한다. 『위변조 방지기술로 신뢰사회를 구현하는 것』을 기업이념으로 삼고 있는 한국조폐공사에서 골드바에 대한 품질인증업무를 맡아야 하는 것은 당연하다. 공기업으로서 소비자들의 불신을 해소하고 신뢰를 구축하는 데 기여하면서 동시에 공사의 새로운 성장엔진을 확보하는 측면에서도 필요한 일이다.

이러한 정책추진에 대해 나는 선제적·적극적으로 준비하고 대응하기 위해 기술처의 채종천 팀장에게 이 일을 맡겼다. 금 거래 양성화 방안이 확정 발표되기 전부터 관계부처에 현황 파악과 사전 준비를 지시한 것이다.

우리 공사는 품질인증업무를 할 수 있을 뿐만 아니라 골드바를 보관, 관리하는 업무도 할 수 있다고 보았다. 우리 공사는 화폐를 제조, 보관하기 때문에 보안성이 탁월한 보관 장소를 갖고 있다.

---

24) 금지금(金地金): 금괴, 금덩어리. Gold bar, Gold bullion standard, Base metal

나는 이 두 가지 업무를 모두 우리 공사가 할 수 있다고 생각하고 추진했다.

그러나 보관 업무는 한국예탁결제원이 맡기로 했다. 예탁원도 보안성이 뛰어난 보관 장소를 갖고 있었기 때문이었다.

품질인증업무는 우리 공사에서 담당하기로 결정됐다. 우리 공사는 2006년에 KOLAS[25] 국제공인시험기관으로 인정받았고, 2009년에는 KAS[26] 공인제품인증기관으로 인정을 받았다. 품질인증을 하려면 시험분석능력, 제품인증능력과 규제수행능력을 갖고 있어야 한다. 우리 공사는 이 세 가지 인증능력을 모두 갖고 있기 때문에 품질인증기관으로서는 가장 적격인 것이다.

이제 조폐공사가 금의 순도와 중량 등 제품에 대해 품질인증을 함으로써 소비자들은 금의 품질에 대해 의심 없이 믿고 거래할 수 있게 되었다. 이것이 바로 신뢰사회를 구현하는 길로 한 걸음 나아가는 것이 아니겠는가?

KRX 금시장에서 거래되는 골드바에는 순도(999.9)와 중량(1,000g 등)은 물론 품질인증을 하는 보안요소가 들어 있다. 앞

---

25) KOLAS(Korea Laboratory Accreditation Scheme): 골드바 등 귀금속 제품의 성분을 시험 분석하는 능력을 인정하는 한국인정기구
26) KAS(Korea Accreditation System): 골드바 등 제품에 대한 인증능력과 규제수행 능력을 인정하는 한국제품인정제도

면에는 잠상마크와 렌티큘라가 들어 있고 또한 보안라벨이 붙어
있다.

여기에서 '잠상마크'란 보는 각도에 따라 이미지가 다르게 나타
나는 마크이다. 그리고 '렌티큘라'는 평면적인 이미지(2D)가 아니
라 입체적 이미지(3D)를 보여 준다. 'KRX'와 'KOMSCO'라는 글
자가 3D 이미지로 입체적으로 나타나는 것이다.

또한 보안라벨에는 QR코드, 요판미세문자, 골드자성잉
크 등 많은 보안요소가 들어있다. 뒷면에는 잠상마크와 KRX,
KOMSCO라는 글자가 들어 있다. 이러한 보안요소는 위변조방
지를 위한 조폐공사의 독특한 보안기술이다.

따라서 이러한 보안요소가 들어 있는 금은 소비자들이 안심하
고 믿고 거래할 수 있다. 아직은 금 거래 시장이 크게 활성화 되
지 않고 있으나, 앞으로 더욱 활성화되면 음성적 거래가 없어져
금 거래질서가 투명하게 확립될 것이다. 더불어 금의 품질에 대
한 소비자들의 신뢰를 얻게 될 것이다.

7
골드바 사업

불리온 코인 사업을 추진하지 못하게 되자 대안으로 떠오른 것이 바로 골드바 사업이다. 골드바 사업은 불리온 코인 사업과는 달리 발권당국의 승인 없이도 조폐공사가 독자적으로 추진할 수 있는 사업이기 때문이다.

조폐공사는 기념주화, 메달 등과 같은 특수 압인물을 오랜 기간 만들어 왔기 때문에 축적된 기술력을 가지고 있을 뿐만 아니라 공기업으로서의 공신력을 갖고 있다. 특히 음성적 거래가 많은 우리나라 금시장에서 신뢰할 수 있는 골드바를 판매한다면, 금 거래시장의 투명화와 활성화를 가져올 것이다.

게다가 과거에도 골드바는 아니었지만 금으로 문화재 재현품을 만들어 판 경험도 있다. 이러한 배경으로 골드바 사업을 개척해 보기로 했다. 영업개발단의 백상현 단장 주도하에 이 사업을 적극 추진했다.

조폐공사의 오롯 골드바(앞면)   조폐공사의 오롯 골드바(뒷면)

국내 골드바 사업에는 신한은행이 선두주자였다. 신한은행은 2010년 5월부터 은행 로고가 각인된 "신한은행 골드바"를 출시하였다. 그리고 LS니꼬 동제련에서 골드바를 공급받아 은행 고객들에게 판매하고 있었다.

신한은행은 이 골드바 사업으로 2년 4개월 동안(2010년 8월 ~2012년 11월) 5톤의 물량에, 3,500억 원의 골드바를 판매하였다. 새로운 수익사업이 된 것이다.

골드바는 주로 50~60대의 여유 있는 장·노년층들이 장기투자 목적으로 구입하고 있었다. 우리나라의 음성적인 금시장이 총 금시장의 60~70%에 달하고 있고, 규모도 3조 6천억 원에서

5조 5천억 원으로 추정된다고 한다.²⁷⁾

　이 시장을 주목한 은행이 바로 KB국민은행이다. KB국민은행은 신한은행에 이어 골드바 사업을 추진할 계획을 갖고 있었다. 우리는 KB국민은행과 협력하여 이 시장에 진입하기로 했다. 금 생산업체로부터 공급받아 우리공사가 품질관리, 금형제조를 하고 국민은행이 판매대행을 하는 구조로 추진되었다.

　그리고 2012년 12월 초, 우리는 금 생산업체, 국민은행과 골드바 및 실버바 제조 공급계약을 체결하고 골드바 사업을 개시했다. 2012년은 1달밖에 시간이 없어 54억 원의 매출밖에 올리지 못했으나 2013년은 무려 800억 원의 매출을 올렸다. 백상현 단장을 비롯한 영업개발단 실무팀들의 노고가 많았다.

　아직은 골드바 사업이 걸음마 단계이다. 그러나 어느 정도 정착되면 크게 늘어날 것이고, 우리의 고유 브랜드로도 판매할 수 있을 것이다. 동시에 국내만 아니라 해외에도 수출하는 길이 열릴 것이다. 불리온 사업이 공사의 매출 증대의 중요한 초석이 되기를 기대해 본다. 새로운 성장 엔진의 하나가 되기를 기대해 본다.

---

27) 2013년 국세청 통계자료

8

화폐도 산업이다

'세계주화책임자회의(Mint Directors' Conference)'라는 것이 있다. 이 회의는 주화나 메달과 관련된 각종 정보 교류를 위하여 1962년에 설립된 국제회의체로, 세계 44개국 48개 조폐기관의 장들이 정회원으로 활동하고 있다. 짝수 해에는 정기총회가 열리고, 매년 2월에 열리는 베를린 세계화폐박람회(WMF)와 매년 8월에 열리는 미국 화폐협회 전시회(American Numismatic Association)의 기간에는 정례회의가 열린다.

이 MDC 회의에서는 각 회원국들이 주화나 메달과 관련된 새로운 기술과 사업을 발표하며 상호 정보를 교류한다. 이 MDC에서는 세계 각국이 발행한 기념주화를 대상으로 참가자들의 투표로 가장 아름다운 코인을 선정하여 "올해의 코인 상"을 수여하고,

기술적으로 가장 우수한 코인에 "우수기술 코인 상"을 수여하기도 한다.

우리도 2002년 월드컵 기념주화가 올해의 코인 상을 받은 이력이 있으며, 2006년 한글날 기념주화가 우수 기술 코인 상을 받은 바 있다. 우리는 1986년 캐나다 총회 이후 MDC의 정회원국으로 활동하고 있으며, 2008년 5월에는 제25차 세계주화책임자회의(MDC)를 부산에서 주최하기도 하였다.

매년 2월 초면 독일 베를린에서 세계화폐박람회(WMF)가 열린다. 이 박람회에는 세계 각국의 조폐기관과 화폐수집상들, 그리고 화폐수집가들이 몰려온다. 이 박람회는 세계 각국이 자국에서 발행한 기념주화 등을 전시하고 판매하는 일종의 행사이다.

이 박람회에서는 아주 먼 옛날의 고(古)주화부터 최신 주화를 모두 만날 수 있어, 주화의 진화를 엿볼 수 있다. 다른 나라들이 발행한 기념주화의 디자인이나 품질, 기술적 진화 등도 함께 볼 수 있다.

유럽에는 베를린 WMF가 있다면 미국에는 미국 화폐협회전시회 (ANA)가 있다. 매년 8월 미국의 주요도시를 순회하면서 열리는 ANA에서도 각국이 발행한 화폐를 전시하고 화폐 관련 각종 정보를 상호 교류한다. 이 두 전시회가 세계화폐산업전시회의 양대 축이다.

그 외에도 싱가포르 코인쇼, 일본의 도쿄 코인쇼, 중국의 베이징 코인쇼 등이 개최되고 있다.

2012년 2월 4일부터 6일까지 세계화폐박람회와 세계주화책임자회의(MDC) 정례회의가 독일 베를린에서 열렸다. 나는 세계화폐산업의 동향을 알아보기 위해 이 회의에 참가했다. 박람회장에는 MDC회의 참가자, 화폐딜러들, 화폐 수집가, 관람객 등 많은 인파들로 발 디딜 틈이 없었다.

각국의 조폐기관들이 발행한 기념주화, 유통주화, 금화, 은화들이 전시되고 판매되고 있어, 세계의 주화를 한눈에 볼 수 있었다. 이 박람회를 보면서 나는 기념주화가 단순한 주화가 아니라, 하나의 훌륭한 상품이라는 것을 느꼈다. 그동안은 화폐수집에 큰 관심이 없어 잘 몰랐으나 이 박람회를 통해 전 세계적으로 큰 화폐시장이 있음을 알게 되었다.

국내 화폐 수집가들이야 고작 2~3만 명 정도이지만, 전 세계적으로는 1억 명 이상의 수많은 수집가들이 있다. 꽤 커다란 시장이 형성되어 있는 것이다. 시장이 있으니 하나의 산업으로 발전할 수 있을 것으로 보였다.

현용 화폐를 제작하는 것은 하나의 산업이다. 세계 은행권 총 수요량은 연간 1,650억 장 규모로 추정된다. 이 중에서 자체 제조가 아닌 외부발주 규모는 총 시장규모의 15% 수준인 248억 장 정도로 추정된다. 화폐용지 시장도 연간 총수요가 15만 톤 정도인데 이 중에서 42%인 6만3천 톤 규모가 외부발주 규모로

추정된다.[28]

잉크나 다른 ID 시장을 제쳐놓고 이것만 봐도 화폐시장은 막대한 규모이니 화폐는 산업인 것이다. 그래서 세계의 유수 기업들이 이 산업에 종사하고 있다. 국내시장 규모만 놓고 보면 협소한 시장이지만, 글로벌 시장을 놓고 보면 광대한 시장이 있는 것이다.

그리고 현용 화폐뿐만 아니라 기념화폐도 그 자체로서 시장을 갖고 있어 또 하나의 산업인 것이다.

2012년 5월 6일부터 11일까지 오스트리아 비엔나에서 세계주화 책임자회의(MDC) 정기총회가 있었다. 나는 이 총회에 참가하여 많은 다른 나라 조폐기관의 장들과 딜러들을 만났다. 나는 궁금했다.

'다른 나라들은 왜 기념주화 사업에 열심일까? 기념화폐사업을 얼마나 많이 하는 걸까? 우리는 왜 기념주화 사업이 부진할까?'

그래서 그들에게 물어보았다. 그들은 내가 생각했던 것보다 훨씬 더 많은 기념주화를 만들고 기념은행권도 만들고 있었다.

리셉션 장에서 마침 옆에 있던 안도라 공화국 조폐국장 퓌그데마사 씨(Mr. Ferdi Puigdemasa)에게 1년에 기념주화를 얼마나 만드느냐고 물었다. 그는 "1년에 10여 차례 발행한다."고 했다.

나는 깜짝 놀랐다. 안도라 공화국은 유럽 서남부 이베리아 반

---

28) IMF Report 2012. Pira International.

도의 피레네 산맥 동부에 있는 스페인과 프랑스와 국경을 마주하고 있는 조그만 내륙국이다. 인구라야 고작 85천 명(2012년) 정도이다.

'이 조그만 나라가 기념주화를 1년에 10여 차례나 발행한다고?'

1년에 고작 1~2회 발행하는 우리의 눈으로는 선뜻 이해되지 않았다. 인구도 적은데 그렇게 기념주화를 많이 발행해서 소화가 되느냐는 나의 질문에 대한 그의 답변 다시 한 번 나를 놀라게 했다.

"우리는 국내 소화를 목적으로 발행하는 것이 아니라 글로벌 시장을 보고 발행합니다."

우리의 눈은 국내시장에 머무르고 있는데, 이 조그만 나라는 국내시장이 아닌 글로벌 시장에 가 있었다. 우리는 단지 어떤 것을 기념하기 위한 주화일 뿐인데, 이 조그만 나라는 하나의 수출상품으로 보는 것이었다. 다른 나라들도 이와 크게 다르지 않았다. 모두들 국내 시장이 아니라 글로벌 시장을 염두에 두고 있었다. 그들은 화폐를 하나의 산업으로 인식하고 있는 것이다. 화폐시장에는 수요자도 있고 공급자도 있고 시장도 있다. 전방 산업도 있고 후방 산업도 있다. 우리가 하기에 따라서는 산업으로 성장할 수도 있고 못할 수도 있다.

우리도 이제는 "화폐도 산업이다"라는 인식이 확산되기를 기대해 본다. 화폐를 단순히 "지불거래수단"으로만 인식하는 단계를 넘어서 글로벌 시장을 공략하는 하나의 산업으로 발전될 수 있다는 인식이 확장되기를 기대한다. 1도만 고개를 들어 쳐다보면 새로운 하늘이 보이고, 1도만 고개를 옆으로 돌리면 새로운 세상이 보인다. 개척할 수 있는 새로운 세계가 있다. 고개를 들지 않고 돌리지 않는 자에게는 새로운 세상이 안 보이는 것이다.

9
화폐 박람회
이야기

2011년 9월 6일 내가 사장으로 취임하자마자 9월 16일부터 대전 컨벤션센터에서 제2회 대한민국 화폐박람회(Korea Money Fair)가 열렸다. 대한민국 화폐박람회는 전임 사장께서 2010년 10월 1일에 처음으로 열었다. 전임 사장께서는 언론과의 인터뷰에서 "우리 한국은 조폐제조기술상으로 세계적인 경쟁력을 가지고 있는데 대전·충청방문의 해를 맞아서 보안제품 시장의 저변을 확대하고자 하는 취지에서 처음으로 대한민국 화폐전시회를 개최하게 되었다"라고 하였다. 나는 화폐박람회가 의미가 있는 행사라고 생각했다. 화폐박람회는 화폐에 대한 모든 것을 일반인들에게 보여줄 뿐만 아니라 국내 화폐수집가들에게 다양한 세계 화폐를 볼 수 있는 기회를 제공하는 것이기 때문이다. 화폐시장을 넓힐

수 있는 기회가 될 수도 있고 나아가서 화폐산업을 발전시킬 수 있는 계기가 될 수도 있다고 생각했다.

2012년 제3회 화폐박람회의 오픈 행사

2012년 2월 베를린 세계화폐박람회(WMF)에 참관해 보니 글로벌 화폐수집시장은 상당히 큰 것이었다. 국내 화폐수집시장은 좁을지 몰라도 세계 화폐수집시장은 무척 큰 시장이었다. 또 세계주화책임자회의(MDC)에 참가해 보니 화폐시장은 무척 크고 넓다는 것을 다시 한 번 확인했다. 화폐도 산업으로 발전할 수 있겠다는 생각이 다시 한 번 강하게 들었다. 나는 화폐산업의 활성화를 위해서 대한민국 화폐박람회를 키우기로 했다. 우선 지역 박람회에서 전국 박람회로 변경하기로 했다. 대전 · 충청지역을 중심으로 하는 것도 의미 있는 일이지만 너무 협소하다는 생각이 들었다. 적어도 인구가 많은 서울에서 개최해야 보다 많은 사람들이 관람할 기회가 생기고 화폐수집 저변 인구도 확산될 수 있을 것이라 생각했다.

또 국내 박람회에서 세계 박람회로 바꾸기로 했다. 국내 화폐 중심으로 박람회를 하는 것이 아니라 세계 화폐 중심으로 박람회를 개최하기로 했다. 일본도 도쿄 코인쇼(Coin Show)를 하고 중국도 베이징 코인쇼를 한다. 싱가포르도 싱가포르 코인쇼를 하는데 한국엔 코인쇼 하나가 없다는 것이 말이 안 된다고 생각했다. 물론 국내 시장이야 협소하지만 여러 계기를 만들어 시장을 발전시켜 나가면 더 커질 수 있다고 보았다. 시장이 커지면서 화폐도 산업으로 발전할 수 있는 기회가 더 확장될 것이라고 보았다. 지금은 비록 국내 수집가들이 주 대상인 조그만 박람회에 불과하지만 우리가 노력하기에 따라서는 세계 수집가들을 대상으로 하는 세계박람회가 될 수 있을 것이라 생각했다. 현재로서는 우리의 화폐 딜러들은 너무나 영세해서 그들이 독자적으로 이런 박람회를 추진해 나가기가 어렵다. 당분간은 조폐공사가 100년을 내다보고 씨앗을 뿌린다는 심정으로 화폐박람회를 주관하고, 이 박람회가 어느 정도 궤도에 올라서면 국내 화폐상들이 주축이 되어 이런 박람회를 추진해 나갈 수 있을 것이라고 생각했다.

2012년 제3회 화폐박람회를 서울 무역전시장(SETEC)에서 열었고 2013년 제4회 박람회를 코엑스에서 열었다. 외국 조폐기관에서도 많이 참여했고 해외 딜러들도 많이 참여했다. 그들도 한국이 화폐박람회(KMF)를 개최한다고 하니까 관심들이 높았다. 국내 박람회에서 세계 박람회로 지향한다고 하니까 더욱 관심들이 높았다.

영국의 2012년 런던올림픽 기념
1㎏ 금화

2012년 제3회 때에는 18개국 52개 기관과 업체에서 참여했다. 이 때 영국의 1kg 런던올림픽 기념 금화가 전시되었다. 2013년 제4회 때에도 18개국 51개 기관과 업체에서 참여하였다. 이 때 세계 최대, 최고의 금화인 오스트리아의 1천 온스짜리 금화가 전시되었다. 세계가 이렇게 화폐를 산업으로 육성시키고 있다는 것을

오스트리아의 1천 온스 금화

이 박람회를 통해서 조금이나마 볼 수 있었다. 화폐박람회를 개최하면서 특히 풍산그룹 류진 회장께서 적극적으로 많은 후원을 해주셨다. 화동양행 이제철 사장도 적극 협조했다. 나는 KMF가 한국의 화폐박람회에서 세계화폐박람회가 되기를 꿈꾸었다. 독일의 WMF나 미국의 ANA같은 세계적인 박람회로 발전되었으면 하는 바램을 가지고 있었다. 그러나 아쉽게도 내가 퇴임하고 난후 KMF는 더 이상 개최되지 못하고 중단되고 말았다.

10
김연아 선수 기념주화가 외국에서
발행되었다고?

　김연아 선수는 국민 요정으로, 우리 모두가 환호하고 열광하는 피겨 스케이팅의 여왕이다. 7살 때 피겨 스케이팅을 시작하여 13살 때 국가대표로 선임되었고, 2010년 밴쿠버 동계올림픽에서 228.56점이라는 세계 신기록을 수립하며 금메달을 땄다.

　11차례나 세계 신기록을 갈아치우고 한국인 사상 처음으로 피겨 스케이팅 4대 메이저 대회(세계선수권대회, 4대륙선수권대회, 그랑프리 파이널, 올림픽)를 석권하여 그랜드 슬램을 달성한 국민적 영웅이다. 그녀의 빛나는 업적은 충분히 기리고 기억할 만하다. 지금도 우리 국민들의 가슴속에는 작은 영웅 김연아가 자리 잡고 있을 것이다.

조폐공사는 김연아 선수의 2010년 밴쿠버 올림픽 금메달 수상을 기념하기 위하여 기념주화를 만들고자 했다. 기념주화는 국가적인 행사나 기념일, 역사적 사건, 인물 등을 국민과 함께 기리기 위하여 발권당국이 발행하고 조폐공사가 제조, 판매를 전담하는 주화이다.

이러한 기념주화는 조폐공사가 자의적으로 만들 수는 없고 발권당국의 발행계획과 승인이 있어야 가능하다. 우리는 기념주화 발행이 매우 제한적이지만, 외국은 꽤 많은 양의 기념주화를 발행한다.

김연아 선수의 눈부신 업적을 기념하기 위하여 올림픽 금메달 기념주화를 발행하고자 했다. 그러나 발권당국의 승인을 얻지 못한 채 무산되고 말았다고 한다. 발권당국을 설득하기 위해 많은 노력을 기울였으나 끝내 설득하지 못했다고 한다. 그렇게 국내에서는 김연아 선수 기념주화가 발행되지 못 했다. (내가 부임하기 전의 일이다.)

투발루가 발행한 김연아 기념주화
(금화, 은화)

그런데 참 이상한 일이 벌어졌다. 우리나라가 아닌 외국에서 김연아 선수 금메달 수상을 기념하기 위한 기념주화가 발행 된 것이다. 분명 김연아는 한국 선수인데, 김연아 기념주화는 외국에서 발행되는 기이한 일이 벌어졌다.

남태평양에 「투발루」라는 작은 국가가 있다. 이 투발루에서 김연아 기념주화가 발행된 것이다. 그리고 아이러니하게도 이 기념주화가 거꾸로 수입되어 우리나라에서 판매되었다. 왜 이렇게 되었을까? 김연아 선수의 기념주화는 분명 의미가 있는데 우리나라에서는 발행하지 않으니 작은 나라 투발루에서 발행하여 우리나라로 들어온 것이다.

그러면 우리나라에서는 왜 발행하지 않았을까? 바로 기념주화에 대한 인식의 차이 때문이다. 외국은 기념주화를 기념상품처럼 많이 발행하지만, 우리나라는 기념주화 발행을 제한하고 있다. 기념주화는 수집가들이 수집하고 소장하기 때문에 일반 유통통화처럼 거래수단으로 쓰이지는 않는다.

이뿐만이 아니다. 놀라운 것은 우리나라에서 기념하고 발행해야 될 기념주화가 외국에서 발행된 일이 더 있다는 사실이다. "독도는 우리 땅!"이라고 우리는 외쳐대지만, 일본은 자기네 땅이라고 우겨댄다. 실효적 지배를 이유로 우리는 조용한 대응을 하는 동안 일본은 중고교 교과서를 개편하여 독도는 자기네 땅이라고 청소년들에게 가르치고 있고 온 세계에 떠들고 다닌다.

독도가 한국 땅임을 전 세계에 알리기 위해 독도 기념주화를 만들고자 했으나 역시 무산되었다. 정부의 외교정책 때문인지 아니면 발권당국의 견해 때문인지는 알 수 없지만, 독도 기념주화는 결국 외국에서 발행되고 말았다.

2005년도에 아프리카의 「우간다」라는 나라에서 발행되어 우리나라에 역수입되었다. 독도는 우간다 땅이 아니고 한국 땅인데 말이다.

우간다가 발행한 독도 기념주화(은화)

국민적 존경을 받아오던 김수환 추기경이 선종(善終)하셨을 때 많은 국민들이 추모하였다. 이러한 김수환 추기경 추모 기념주화 역시 2009년 아프리카 서부에 있는 「라이베리아」라는 나라에서 발행했다. 그리고 역수입되어 한국으로 들어왔다.

김수환 추기경은 라이베리아인이 아니고 한국인이다. 우리는 왜 김수환 추기경 선종 기념주화를 만들 수 없는 걸까?

우리는 6·25전쟁이라는 동족상잔(同族相殘)의 비극적인 전쟁의 기억을 갖고 있다. 이 땅에 다시는 전쟁이 없어야 된다는 것은 우리 모두의 염원이다. 2010년은 6·25전쟁 발발 60주년이 되는 해였다. 이 전쟁을 잊지 말자는 의미에서 60주년이 되는 해에 기념주화를 만들고자 했으나 역시 무산되었다.

6·25전쟁 발발 60주년 기념주화는 결국 「니우에」라고 하는 작은 나라에서 발행되었다. 6·25전쟁이 니우에에서 일어났는가?

그리고 2013년은 6·25전쟁 정전 60주년이었다. 6·25전쟁은 기술적으로는 종전(終戰)이 아니라 정전(停戰)상태이다. 종전이 아닌 정전상태로 60년이 흘러, 아직도 남북 간에는 긴장감이 감도는 평화가 유지되고 있다. 정전 60주년은 어떤 의미에서는 전쟁 발발 60주년보다 더 의미가 깊다.

우리는 6·25전쟁 정전 60주년 기념주화를 만들기 위해 6·25 전쟁에 참여한 참전 16개국과 공동보조를 취하려고 했다. 그러나 발권 당국의 승인을 얻지 못해 결국 만들지 못했다.

우리가 잊지 말아야 하고 기념해야 할 일들과 인물들에 대한 기념주화가 외국에서 발행되어 역수입되어 들어온다는 것은 참으로 이상한 일이다.

이 이상한 일에 대해 국회에서도 문제 제기가 있었다. 국회 기획재정위원회 김광림 의원이 이 문제를 제기한 것이다.[29] 2010년 및 2011년 정기국회 시 조폐공사와 한국은행에 대한 국정감사 시 이에 대한 문제를 제기했고, 기념주화 발행에 대한 제도적인 개선방안까지 마련했다.

아마도 발권당국에서도 나름대로의 고충과 애로가 있었으리라

---

29) 김광림의원 2010년도 정책자료집 PP.4-236~237, 4-319, 4-337~338, 김광림의원 2011년도 정책자료집 PP.5-140~141, 5-170, 5-203~205

생각된다. 그러나 우리도 기념주화에 대한 인식이 바뀌어 외국처럼 많이 발행되는 때가 어서 빨리 왔으면 좋겠다.

11

기념화폐 이야기

화폐에는 '기념화폐'라는 것이 있다. 어떤 역사적·국가적인 행사나 역사적 인물, 또는 그 나라를 상징하는 아이콘과 같은 것을 소재로 하여 기념화폐로 만드는 것이다. 기념화폐는 일반 유통화폐처럼 법화(法貨)이기는 하지만, 일반적으로 거래를 위한 지불수단으로 쓰이지는 않고 대부분 수집가들이 수집하고 소장하게 된다.

기념화폐는 액면가보다 높은 가격으로 수집가들 사이에서 거래되기 때문에 물건 사는데 기념화폐를 사용하는 사람은 없다. 따라서 발행되고 나면 대부분 수집가들에 의해 소장된다. 따라서 유동성에 별 영향을 주지 않는다. 그래서 다른 나라들은 기념화폐를 발행하는 데 우리처럼 제한적으로 하지 않고 비교적 기념상품처럼 발행하고 판매한다.

국내 화폐 수집가는 겨우 2~3만 명 정도이지만, 전 세계 화폐 수집가는 1억 명을 넘어선다. 그러니 이 시장도 매우 큰 시장인 것이다.

기념화폐는 기념 은행권과 기념주화로 나뉜다. 쉽게 말해 기념 은행권은 지폐이고 기념주화는 동전이다. 해외 각국은 기회가 있을 때마다 기념화폐를 발행한다.

기념 은행권은 전 세계적으로 21개국 이상에서 발행하고 있다. 중국, 일본은 물론이고 호주, 싱가폴, 홍콩, 필리핀, 대만, 스코틀랜드, 브라질, 루마니아, 쿠웨이트, 케냐, 모로코 등 다양하다.

중국은 2008년 베이징 올림픽을 기념하기 위해 기념은행권을 발행했고 일본은 2000년 밀레니엄을 기념하기 위해 기념은행권

중국 베이징 올림픽 기념은행권

을 발행했다. 호주는 1998년 호주정착 200주년을 기념하여 기념은행권을 발행했고, 스코틀랜드는 1997년 전화를 발명한 알렉산더 그라함 벨 탄생 150주년을 맞이하여 기념은행권을 발행했다. 사례를 들자면 끝도 없다.

그런데 한국은 어떤가? 아쉽게도 한 건도 없다. 발권당국이 기념은행권을 발행하지 않기 때문이다. 마침 2015년은 광복 70주년이다. 나는 광복 70주년에는 기념은행권이 발행될 만하다고 생각해 발권당국과 계속 협의토록 했다.

비록 내 임기 중은 아니지만 우리의 광복 70주년을 기념하기위한 최초의 기념은행권이 발행되기를 기대했지만 무산되고 말았다. 대신 기념주화가 발행되었다.

그렇다면 기념주화는 어떤가? 거의 대부분의 나라에서 기념주화를 만들고 있다. 기념주화의 종류도 다양하다. 몇 나라만 예를 들어 살펴보자.

캐나다는 연중 180여 종의 기념주화를 만들고, 중국은 30여 종이상의 기념주화를 만든다. 스페인은 약 30종정도 되고, 프랑스는 12종정도, 호주는 14종정도 된다. 일본도 해마다 7종정도의 기념주화를 발행한다. 캐나다 조폐국(Royal Canadian Mint)은 기념주화 판매액이 매출의 절반이 넘고 호주도 10% 정도 차지한다. 반면에 우리는 어떤가? 외국에 비해 매우 저조하다.

여기서 우리의 기념주화 발행실적을 잠깐 살펴보자.[30] 우리는 1971년 3월에 최초의 기념주화를 발행한 이래 2014년 말까지 총 44회에 걸쳐 132종의 기념주화를 발행했다. 43년 동안 연 평균 1회에 3종의 기념주화를 발행한 셈이다.

1971년 3월 2일에 사상 최초의 기념주화로 「대한민국 반만년 역사 기념주화」 금화 6종, 은화 6종을 발행했다. 이때는 독일 주화 제조업체에 의뢰되었는데, 실제로는 이태리 이탈캄비오사가 제조를 대행했다고 한다.

이후 1975년 2월 14일에 발행된 「광복30주년 기념주화」부터 조폐공사가 제조했다. 기념주화 발행실적을 보면 「88 서울올림픽 기념주화」 7종이 5차에 걸쳐서 발행되었고, 「2002년 월드컵 기념주화」 7종이 2차에 걸쳐서 발행되었으며 「2012년 부산 아시아 경기대회」 및 「2014년 인천 아시아 경기대회 기념주화」가 각 6종씩 발행되었다. 이러한 국제대회 기념주화가 우리나라 기념주화 발행실적의 상당부분을 차지한다.

그렇다면 2000년 이후를 한 번 보자. 2000년 이후 2014년까지 총 26회, 52종을 발행했으니 연 평균 1.7회, 1회당 2종의 기념주화를 발행한 셈이다. 외국과 비교하면 턱없이 적은 실적이다.

국회에서도 이 문제가 제기되었다. 종전에는 기념화폐 발행의

---

30) 한국은행 사이트(www.bok.or.kr)

근거가 없기 때문에 기념화폐 발행은 중앙은행의 고유 업무로 볼 수 없다는 중앙은행의 의견이 있어, 국회 기획재정위원회 김광림 의원이 한국은행법 개정안을 발의하여 기념화폐 발행근거를 신설했다.[31]

나는 기념주화 발행을 더 늘리고자 했다. 이제는 법적 근거도 마련되었으니 실무진들에게 당해 연도 기념주화를 당해 연도에 제안하는 단년도 방식에서 벗어나 적어도 3~4년 정도 중기적으로 계획을 세워서 발권당국과 협의토록 했다. 우리의 아이디어와 계획을 발권당국과 사전 조율하여 기념주화 발행을 늘리고자 한 것이다.

다행히도 발권당국이 이를 이해하여 주었다. 그리하여 2011년도에 2회, 1회당 1종에 그쳤던 기념주화 발행이 2012년도에는 4회에 9종, 2013년도에는 3회에 5종, 2014년도에는 3회에 11종으로 늘어났다. 큰 변화이다.

최근에는 디자인에서도 혁신적인 변화가 일어났다. 종전에는 원형 아니면 원형에 가까운 다각형(12각형)이었다. 그러나 2014년 12월 12일에 발행된 한국의 문화유산 기념주화에서 사각형, 삼각형이 등장했다. 해인사 장경판전은 장경판 형상의 사각형으로,

---

31) 한국은행법 제53조의 3: 한국은행은 널리 업적을 기릴 필요가 있는 인물이나, 국내외적으로 뜻 깊은 사건 또는 행사, 문화재 등을 기념하기 위한 한국은행권 또는 주화를 발행할 수 있다(2012.3.21. 본조 신설).

남한산성은 산의 형상으로 삼각형으로 만들어졌다. 혁신적이었다. 인식의 큰 변화이다.

장경판 기념주화(은화)   남한산성 기념주화(은화)

외국의 예를 보면 전통적인 원형과 다각형(8각형, 12각형 등)을 벗어나 다양한 디자인이 등장한다. 심지어는 피라미드 같은 사각뿔 디자인도 등장한다. 이것이 무엇을 의미하는가? 기념주화는 단순히 주화가 아닌 기념품 같은 특수 상품임을 의미한다. 독특한 디자인으로 수집가들의 수집욕구를 자극하는 것이다. 즉, 마케팅이 접목된 디자인이다.

나는 2012년도 세계화폐박람회(WMF)와 세계주화책임자회의(MDC)에서 이런 독특한 디자인을 보고 우리 실무팀에게 우리도 독특한 디자인을 만들어 보라고 주문했다. 이러한 디자인 혁신은 고정관념에 젖어 있는 보수적인 분들에게는 수용이 쉽지 않았다. 그러나 우리의 발권당국은 이러한 고정관념을 벗어나 혁신적인 디자인을 수용한 것이다.

　기념주화는 어떤 것을 기념한다는 의미도 있지만 우리의 화폐자산을 해외에 수출할 수 있는 방법의 하나이다. 독특한 디자인과 높은 품질로 해외시장을 공략할 수 있는 것이다. 앞으로 우리도 해외 조폐기관들처럼 기념주화를 많이 발행하고 금화와 은화도 많이 발행하여 크고 넓은 글로벌시장을 우리 시장으로 개척하는 시기가 오리라 기대해 본다.

12
660여 가지나
된다고요?

내가 처음 이 회사에 지원할 때, 나는 이 회사가 주로 돈 만드는 회사라고 생각했다. 이름도 조폐공사(造幣公社)이니 그저 돈 만드는 회사이리라 생각했던 것이다. 그 후 홈페이지를 살펴보면서 돈뿐만 아니라 여권도 만들고 주민등록증도 만든다는 것을 알게 되었다. 그러나 그 정도이겠거니 생각했다.

경제기획원(기획재정부 전신) 근무 당시 산하기관이라서 이 회사를 어느 정도는 알고 있었으나 속속들이 알지는 못했다. 사장으로 취임한 이후 각 부서별 업무보고를 받으면서 나는 깜짝 놀랐다. 조폐공사가 단순히 돈만 만드는 곳이 아니었다. 만드는 제품이 무려 660여 가지나 된다고 했다.

"뭐라고요? 660여 가지나 된다고요? 그렇게 많은 제품을 우리가 만든단 말입니까?"

"네, 그렇습니다. 물론 카테고리를 어떻게 잡느냐에 따라 달라집니다. 크게 잡으면 5~6 종류가 됩니다. 예를 들면 인쇄제품, 주화제품, 훈장 및 메달제품, 제지제품, 카드제품, 잉크제품 등입니다. 그러나 각 종류별로 보면 품목수가 다양합니다. 예컨대 돈만 하더라도 품목이 매우 많습니다. 동전만 해도 1원, 5원, 10원, 50원, 100원, 500원 이렇게 6개가 되고요, 지폐는 1,000원, 5,000원, 10,000원, 50,000원 이렇게 4개가 됩니다. 그러니 유통되는 돈만 보더라도 10개 품목이 됩니다. 게다가 기념주화를 만들면 또 기념주화가 여러 가지 나옵니다."

'아, 그렇구나! 그렇게 많은 것을 만들고 있었구나.'

나는 이렇게 많은 제품을 만들고 있다는 사실에 제법 놀랐다. 나도 몰랐고 아마 일반 국민들도 조폐공사가 이렇게 많은 제품을 만든다는 것을 모를 것이다. 나는 자못 궁금해졌다.

'도대체 뭘 만들길래 이렇게 품목수가 많단 말인가?'

들여다보니, 내가 몰랐던 품목이 너무 많았다.

첫째, 인쇄제품을 살펴보자.

인쇄제품에는 약 270여 가지가 있다. 여기에는 당연히 돈(지폐)이 있다. 은행권(지폐)도 4가지나 되었다. 우체국에서 사용하는 우표류도 조폐공사가 만든다. 보통우표는 물론이고 기념우표도 만든다. 정액 수표, 비정액 자기앞 수표, 약속어음, 우편환증서, 외화송금 수표 등 수표류도 만든다. 여기에 증지류, 증채권류도 만든다. 또 상품권류도 조폐공사가 만든다.

최근에 개발한 복사방해용지도 있다. 인감증명서나 비밀서류를 위변조 하려고 복사하면, 이것은 원본이 아니라 "사본"(COPY)이라는 글자가 나타난다. 당연히 위조임을 한눈에 알 수 있게 된다. 새로운 기술개발 제품이다.

두 번째는 주화제품이다.

주화제품도 20가지나 되며, 일반 동전도 6가지나 된다. 또 올림픽이나 박람회 같은 특별히 기념할 만한 일이 있으면 기념주화도 발행한다. 태국의 동전도 만들고, 리비아 동전도 만들고, I국 동전 등 외국 동전도 만든다.

세 번째는 기념 메달류이다.

메달류는 무려 315가지나 된다. 역사를 빛낸 인물이나 문화유산 시리즈 같은 기념메달이나 근정전 이야기나 창덕궁 이야기 같은 한국의 문화유산 시리즈 메달을 만든다. 또 대통령 퇴임 시 정부가 주는 「무궁화 대훈장」을 비롯해 외국 원수나 국빈에게 수여하는 훈장, 근정훈장, 산업훈장 등 훈장을 만든다.

네 번째는 용지 제품이다.

용지에는 국내용지와 수출용지의 두 가지가 있다. 조폐공사는 돈 종이를 만든다. 수표 종이도 만들고 우표 종이도 만든다. 다른 나라의 경우 조폐기관이 종이를 만들지 않는 곳이 많지만, 한국조폐공사는 종합보안제품 제조기관이기 때문에 돈 종이도 만든다. 물론 국내 지폐 용지만 만드는 것이 아니라 외국 지폐 용지도 만들어 수출한다.

다섯 번째는 ID카드 제품이다.

ID카드 제품도 52가지나 된다. 주민등록증뿐만 아니라 여권, 공무원증, 외국인 등록증도 만든다. 그중 외국인 등록증에는 "렌티큐라" 같은 새로운 위변조 방지 기술이 적용되어 있다.

여섯 번째는 잉크 제품이다.

은행권 등 인쇄에 들어가는 잉크는 시중에 유통되는 잉크가 아니라 위변조 방지를 위한 특수잉크다. 그래서 이런 잉크는 다른 데서는 못 만들고 오로지 조폐공사에서만 만든다.

보고를 받고 보니 그럴 듯했다. 조폐공사는 이토록 많은 제품을 만들고 있었기 때문에 공장을 세 군데나 갖고 있었던 것이다. 조폐공사는 제조업 공기업이다. 유일한 제조업 공기업이다 보니 자연 생산하는 제품 종류가 많았다.

이 모든 제품들을 가만히 들여다보면 모두 위변조 될 경우에 사회적·경제적으로 큰 피해를 입고 파장이 오는 제품들이다. 절대로 위변조 되어서는 안 되는 제품들이다. 신뢰가 무너지는 것이다. 그래서 조폐공사는 신뢰사회를 구현하기 위하여 범죄자들이 위변조를 못하도록 기술적으로 앞선 제품들을 만들고 있다. 위변조범들과 신뢰확보 전쟁을 하고 있다고 할 수 있다.

13
화폐사업의
안정성을 높여라

취임하고 나서 보고를 받아 보니 화폐사업 추진에서 몇 가지 문제점이 발견되었다. 그 첫 번째가 화폐사업의 안정성이 부족하고, 두 번째가 단가 협상이 잘 안 된다는 점이었다. 화폐사업의 문제를 보니 발주시기, 발주방식, 발주량에 문제가 있었다.

첫째로 화폐사업의 발주시기를 보니 너무 늦다. 중앙은행의 차년도 화폐발주량은 12월 하순경에야 통보가 온다. 연말 1~2주전에 통보가 오는 것이다. 이렇게 늦게 통보가 오면 조폐공사는 차년도 사업계획을 세우는 데 매우 힘들어진다. 예산수립도 힘들어진다.

발권당국도 아마 나름대로 고충이 있어 발주량 통보가 늦어지는 것 같다. 그러나 신년도를 1~2주 정도 앞두고 발주량 통보가 오는 것은 아무래도 너무 늦다는 생각이 들었다. 이것을 시정할 수는 없을까? 실무진들에게 물어봐도, 발권당국에 빨리 통보해 달라고 요청은 하지만 그래도 잘 안 된단다.

발권당국도 신년도 업무계획을 세우려면 연말이 다 되어야 될 것이고, 그래야 화폐발주량도 결정될 것이라는 점은 충분히 이해가 갔다. 그러나 이것은 발권당국이 조금만 신경을 쓰면 그리 어려운 일은 아니라고 생각했다. 나는 적어도 화폐제조 발주 시기는 신년도 1개월 전에는 통보가 와야 된다고 생각한다.

두 번째는 화폐 발주량의 변동 폭이 매우 심하다는 점이다. 지폐도 그렇지만 주화(동전)도 변동 폭이 크다. 예를 들면 은행권의 경우, 2007년도에는 20억 장을 발주했는데 2009년도에는 절반 수준인 9억 9천만 장, 2011년도에는 2007년도의 5분의 1 수준인 4억 1천만 장을 발주했다. 주화의 경우, 2007년도 5억7천만 장이었던 것이 2008년도에는 8억8천만 장으로 늘었다가 2009년도에는 5억8천만 장으로 줄었다. 또 2011년도에는 8억3천만 장으로 늘었다가 2012년도에는 6억 7천만 장으로 또다시 줄어들었다.[32]

왜 이럴까? 경제상황에 따라 통화정책과 통화 발행량도 달라질 수 있을 것이다. 그래도 특별한 요인이 없는 한 화폐발주량은 안

---

32) 한국조폐공사, 2013 통계연보 P.58

정적일 수가 있지 않을까 하는 생각을 하게 되었다. 예를 들면, 일정한 기준선을 설정하고 그 기준선에 경제상황에 따라 약간의 가감(±α)을 한다면 되지 않을까?

아주 단순하게 생각한다면 지난 몇 년간 발주량의 평균을 기준선으로 설정하고 거기에 경제상황에 따른 변수를 반영하여 약간의 가감(±α)을 한다면 어떨까 하는 생각을 해 보았다. 한때는 외부 전문연구기관에 용역을 주어서라도 안정적인 화폐발주량을 도출해 볼까 하는 생각도 했었지만 그만두었다. 별로 도움이 될 것 같지가 않았기 때문이다.

셋째로 발주방식이었다. 화폐 발주량은 1년 단위로 통보가 온다. 그런데 이것을 3년 단위로 하면 안 되는 것일까? 만약 3년 단위로 한다면 중앙은행도 조폐공사도 안정적으로 사업계획을 세울 수 있을 것이다. 매년 연말에 가서야 차년도 사업물량을 통보받으니, 여러 가지로 애로가 생기는 것이다. 이것도 3년 단위로 설정하고 특별한 변동요인이 생기면 그때 가서 수정하면 되지 않을까?

중앙은행 총재를 찾아가서 이 같은 애로사항을 말씀드렸다. 중앙은행 총재는 매우 합리적이신 분이라 이해하시고는 적극 도와주셨다. 실무적으로 애로가 많이 있을 텐데도 발주시기도 앞당겨주셨고 발주방식도 3년 단위로 설정토록 해 주셨다. 그리고 발주

물량에 대해서는 검토과제로 남겨 놓으셨다.

화폐사업의 안정성이 많이 개선된 셈이다. 한국은행에 감사를 드린다.

14
9년 만에
적자를 벗어나다

　조폐공사는 돈만 만드는 것이 아니라 정부가 수여하는 각종 훈장도 만든다. 일반주화(鑄貨), 기념주화, 기념 메달과 같은 압인물(壓印物)을 만드는 최고의 기술을 갖고 있기 때문이다.

　정부가 수여하는 훈장 중에서도 최고의 훈장은 「무궁화 대훈장」이다. 무궁화 대훈장은 우리나라 최고의 훈장으로서 대통령이 퇴임할 때나 외국 국가원수에게 증정하는 훈장이다. 그 외에도 건국훈장, 국민훈장, 무공훈장, 근정훈장, 체육훈장, 산업훈장, 문화훈장 등 12가지 훈장을 만든다.

　훈장 만들기 역사는 꽤 오래됐다. 한때 민간 기업에서 만들다가 조폐공사로 넘어왔다. 민간 기업에서 만들 당시 품질에 문제가 생겼기 때문이다.

전두환 대통령 당시의 일이다. 대통령이 훈장을 직접 수여하 는 자리에서 수상자에게 훈장을 증정하려고 하는 순간, 훈장 고리가 떨어져 버렸다. 정부 입장에서는 참 민망스러운 상황이 되어 버렸다. 무슨 나라가 훈장 하나 제대로 못 만들어 수여식장에서 훈장이 떨어지는 망신을 당한다는 말인가?

이후 최고의 압인 기술력을 가진 조폐공사가 1985년부터 정부 훈장을 만들게 되었다. 훈장은 은을 주재료로 하여 도금을 하고 칠보를 입힌다. 이 칠보기술이 나중에 기념주화에 적용되었다. 칠보를 입힌 기념주화가 등장하여 세계 여러 나라에서 호평을 받은 적이 있다.

훈장을 만들면서 조폐공사에는 한 가지 걱정거리가 생겼다. 자꾸만 적자가 발생한 것이다. 처음에는 적자까지는 아니었는데, 시간이 지나면서 정부가 제조원가를 제대로 보전해 주지 않아 해마다 적자가 발생했다.

2011년 9월, 내가 취임해서 보니 매년 적자가 발생하는 상황이었다. 왜 이렇게 적자가 발생하느냐고 물었더니, 정부가 제조원가를 제대로 반영해 주지 않아서 그렇단다. 훈장은 은(銀)을 소재로 만드는데, 은값의 등락이 심한데다 올라간 은값을 제대로 반영해 주지 않았다는 것이다.

그럼 제조원가를 줄이는 노력을 해야 하지 않느냐고 했더니, 그동안 많은 비용절감을 했음에도 불구하고 주재료인 은값의 상승폭을 정부가 제대로 반영해 주지 않아 불가피하게 적자가 발생한다는 것이다. 그럼 어떻게 해야 하는 것이 좋을지 물으니, 제조원가를 제대로 받는 방법이 최선이라는 것이다.

이 문제는 국회에서도 문제가 되었단다. 내가 부임하기 전인 2010년도 국정감사에서 국회 기획재정위원회 김광림 의원이 이 문제를 지적했다는 것이다. 정부가 사업을 발주하면서 원가를 제대로 보전해 주지 않아 기업으로 하여금 적자를 보게 만드는 것은 불합리하다는 지적이었다. 당시 기획재정부 장관은 답변에서 원가를 제대로 반영해 주겠다는 약속을 했다고 한다.

이러한 배경을 갖고 있는 사업임에도 불구하고 훈장사업은 여전히 적자상태였다. 2005년부터 2011년까지 지난 6년간 누적적자만 해도 24억 원이나 되었다. 2011년에는 무려 8억원 이상의 적자가 발생했다.

상황을 보니 2012년도에도 적자가 발생하게 되었다. 2012년도 정부예산(안)이 이미 국회로 넘어간 상태인데, 주재료인 은값의 상승분이 제대로 반영되지 않아 또 약 3억여 원의 적자가 발생하게 생긴 것이다.

할 수 없이 정부 예산당국과 국회 예결위원회 위원님들께 상황을 설명하고 적자해소를 도와달라고 간청하였다. 다행히도 예결위원님들께서 이해를 하고 재료비 인상분을 반영해 주었다. 나는 2012년도부터는 훈장사업이 더 이상 적자는 안 되리라고 생각했다.

그런데 2012년, 또다시 적자가 발생했다. 2012년 3월 어느 날 훈장사업 담당인 이흥균 국내이사가 금년에도 훈장사업이 또 적자가 발생하게 생겼다고 한다.

"그게 무슨 소리인가요? 재료비를 현실화하지 않았는가요?"

"행정안전부가 물량을 늘리는 바람에 다시 적자가 발생하게 되었습니다."

행정안전부가 발주과정에서 훈장사업비 총액 55억은 그대로 둔 채 물량을 3만 1천 세트에서 3만 4천 세트로 3천 세트를 늘려 버렸다. 총액은 그대로 둔 채 물량을 10% 늘린 것이다. 당연히 단가가 내려가면서 또 적자를 보게 되었다. 이흥균 국내이사가 행정안전부를 찾아가서 이런 법이 어디 있느냐며 아무리 항의를 해도 소용이 없다는 것이다.

실무진들은 행정안전부와의 씨름에 기진맥진해 있었다.

할 수 없이 내가 직접 행정안전부를 찾아갔다. 장·차관 등 높은 사람들을 만나서 얘기하는 것보다 실무담당자들을 만나서 설득하는 것이 더 효과적일 것 같아 기획조정실장과 의정관, 담당과장을 찾아갔다.

나는 훈장사업의 누적 적자 상황을 설명하고 2012년도 사업비 증액 배경을 설명한 후, 물량을 늘리려면 사업비 총액을 늘려서 적자를 면할 수 있도록 해달라고 요청했다. 그러나 돌아오는 대답은 "돈이 없다"는 것이었다.

하지만 연말이면 행정안전부에도 불용액이 남는다. 고작 3억여 원의 돈이 없다는 것은 말이 안 된다. 그러나 아무리 설득을 해도 소용이 없었다.

그렇다면 주재료인 은(銀)값의 변동 폭이 커서 적자가 발생하니 연초에는 개산급으로 계약하고 연말에 은값 변동 등 재료비를 정확히 계산하여 정산하자고 했다. 그런데 그것도 안 된단다. 아무리 설명을 해도 통하지 않았다.

한계를 느낀 나는 할 수 없이 한발 양보하기로 했다. 좋다. 이번에도 우리가 적자를 보고 납품을 하겠으나 내년에는 꼭 원가보전을 해 주기 바란다고 했다. 원가 보전을 위해 우리가 직접 노력할 테니 금년처럼 또 물량을 늘리는 등의 방식으로 적자를 보게 만들지는 말아달라고 부탁했다.

그러자 의정관이 내년에는 꼭 원가보전을 해 주겠다고 약속했다. 그래서 문서화하자고 했더니, 그것은 또 못하겠다는 것이다. 그럼 확고한 의지가 없는 것 아니냐고 따져 물었더니, 구두약속도 약속이라고 한다.

국장이 바뀌고 나면 지금의 구두약속은 또 하나의 물거품이 되리라는 것을 안다. 하지만 어쩔 수 없이 구두약속을 받고 물러나야만 했다.

결국 2012년 훈장사업은 2억원 이상의 적자를 보고 말았다. 나는 훈장사업이 더 이상의 적자를 보지 않도록 하기 위해 관계 당국을 찾아다니며 설명과 이해를 구했다. 다행히 2013년도에는 행정안전부가 물량을 늘리거나 하는 편법을 쓰지는 않았다. 그 결과 2013년도에는 적자를 탈피하게 되었다. 2005년 이래 9년 만에 적자에서 벗어나게 된 것이다.

앞으로도 계속해서 훈장사업이 적자를 보는 일이 없었으면 좋겠다.

15
전자주민등록증
이야기

　어느 나라든 자국민임을 증명하는 신분증 제도가 있다. 나라마다 이름과 양식은 달라도 독자적인 국민 신분증 제도가 있다. 우리나라에서는 만 17세 이상이면 주민등록증을 발급받는다. 주민등록증은 우리나라 국민임을 증명하는 동시에 국내에 주소를 두고 거주하고 있음을 증명하는 신분증이다.

　이 신분증 제도를 역사적으로 거슬러 올라가면, 조선시대의 호패부터 6·25 당시의 시민증·도민증 제도가 있다. 그리고 1962년 5월 주민등록법이 공포되면서 주민등록증 제도가 등장하게 되었다.

　그러던 중 1968년 1월 21일, 북한이 남파한 김신조를 비롯한 31명의 무장 게릴라 일당의 침투 사건이 발생하여 온 국민을 경악케 했다. 이 사건을 계기로 그해 11월 21일부터 만 18세 이상의 성인은 누구나 주민등록증을 발급받도록 되었고, 그 후 범죄예방이나 수사에 많은 도움이 되었다.

지금도 주민등록증은 신분확인 수단으로 쓰이고 있으며, 주민등록번호는 개인 식별번호가 되어 광범위하게 쓰이고 있다. 1968년도에는 주민등록번호가 12자리였으나 1975년 주민등록증이 일제히 갱신되면서 13자리로 바뀌어 오늘날까지 사용되고 있다.

이러한 주민등록증은 초기에는 종이로 만들었으나 지금은 PVC로 만들어진다. 주민등록증은 정부(행정안전부)가 발급하지만, 제조는 조폐공사가 담당한다. 주민등록증을 조폐공사가 만든다는 것을 아는 사람은 그다지 많지 않다. 주민등록증을 조폐공사가 만드는 이유는 조폐공사가 최고의 위변조 방지기술을 갖고 있기 때문이다.

주민등록증이 위변조 되면 부동산 사기, 금융대출사기, 인터넷을 이용한 각종 사기 등 여러 가지 경제적·사회적·법률적으로 많은 문제가 일어난다. 그래서 주민등록증을 위변조 하지 못하도록 위변조 방지요소를 많이 넣어서 만든다. 그럼에도 불구하고 현행 주민등록증은 만들어진 지 오래되어 위변조 사례가 많이 발생하고 있다.

현행 주민등록증은 1999년에 발급되었다. 발급된 지 15년이나 지난 것이다. 과거에 만들어진 주민등록증은 위변조에 취약하다.

시간이 흐르면서 사진의 변질이 심해지면서 사람을 명확하게 분별하기 어려운 경우도 많다. 또 사진을 바꿔치기 한다든가 인적 사항을 고쳐서 위변조하는 사례도 많이 일어난다.

그뿐만이 아니다. 주민등록번호, 지문, 생년월일, 주소 등과 같은 민감한 개인정보가 주민등록증에 그대로 노출되어 있어, 주민등록증을 분실할 경우 여러 가지 피해가 우려된다. 실제로 2009년에만 499건의 위변조 사례가 적발되었으며, 2010년 이후 3년 동안 주민등록증 위변조 적발 건수가 2,000여 건에 이르고 있다고 한다.

이러한 문제점을 개선하기 위해 정부(행정안전부)는 현행 주민등록증을 전자주민등록증으로 교체하기로 했다. 공청회 등 여론 수렴절차를 거쳐 2010년 9월 주민등록법 개정안을 국회에 제출했다.

전자주민등록증의 발급은 국가적으로 중요한 정책 사업이다. 따라서 제조기관인 조폐공사는 중요 정책 사업이 추진일정에 따라 차질 없이 수행되도록 대비해야 한다. 그러기 위해서는 사전 준비가 필요하다.

조폐공사는 새로운 전자주민등록증의 발급에 대비하여 수년전부터 발급장비 개선에 선투자 했었다. 그러나 내가 부임해서 와 보니 그 개정안은 처리되지 못한 채 잠자고 있었다. 전자주민등록증을 둘러싸고 추진하려는 정부와 반대하는 NGO들이 서로 대립하고 있었기 때문이다.

정부에서는 현행 주민등록증이 너무 오래됐고 위변조에 취약하며 인터넷 공간에서 주민번호의 오남용이 심화되고 있어, 위변조 방지를 위해 전자칩(IC칩)을 채택한 새로운 전자주민등록증이 필요하다는 논리를 내세웠다. 주민번호, 지문과 같은 민감한 개인정보는 모두 전자칩에 내장하여 도용 및 위변조를 못하게 만들어야 한다는 것이다. 전자칩에 내장된 개인정보는 본인 승인 하에서만 확인할 수 있기 때문에 안전하다는 것이다.

반대로 일부 시민단체들은 개인정보가 한곳에 집적되면 통합신분증이 되어 국가가 과도하게 개인의 프라이버시를 감시·통제하게 되며, 발급비용 등 사회적 비용만 늘어난다는 이유로 반대한다는 입장이었다.

이 전자주민등록증 사업은 국회에서 법안이 통과되어야만 시행할 수 있는 사업 인데, 이러한 의견대립으로 인해 국회에서 처리되지 못하고 있었다.

전자주민등록증 사업은 정부로서도 중요한 사업이지만, 제조기관으로서는 매우 중요한 사업이다. 신분증(ID카드) 사업은 화폐사업이 점점 줄어드는 상황에서 이를 대체할 중요한 사업이다. 발급장비까지 선투자해서 기다리고 있는데 사업추진이 안 되니 답답했다. 어떻게 빨리 처리할 수 있는 방법이 없을까?

16
아, 법사위!

2011년 9월 30일, 이명박 대통령께서 공기업 사장 10여 명을 면담하였다. 각자 돌아가면서 회사 상황과 문제점, 해결방안 등을 보고했다. 나는 이 자리에서 전자주민등록증 문제를 거론했다.

"현재 주민등록증 위변조 사례가 많이 일어나고 있습니다. 주민등록증 위변조는 국가적·개인적으로 많은 피해를 발생시키기 때문에 해결책이 필요합니다. 이런 피해를 줄이기 위해서는 전자주민등록증 도입이 시급합니다. 전자주민등록증 도입을 위한 주민등록법 개정안이 작년 9월에 국회에 제출되어 현재 계류 중입니다. 아직 논의가 잘 이루어지지 않고 있는 듯합니다. 법 개정이 이루어지면 조폐공사는 곧바로 발급할 수 있도록 준비에 만전을 기하고 있습니다. 연내에 법 개정이 이루어질 수 있도록 대통령님께서도 관심을 가져 주시면 고맙겠습니다."

이명박 대통령께서는 큰 관심을 가졌고, 배석했던 백용호 정책실장에게 점검해 보라는 지시를 내렸다. 나는 천군만마를 얻은 듯 큰 용기를 얻었다.

그 후 행정안전부가 적극적으로 움직이기 시작했다. 맹형규 행정안전부 장관이 국회 행정안전위원회를 방문하고 차관 이하 실무진들도 열심히 움직였다. 나도 제조기관의 장으로서 힘닿는 데까지 열심히 뛰었다. 행정안전위원회 위원장도 만나 뵙고, 법안심사소위원회 위원들도 개별적으로 만나 전자주민등록증의 필요성을 역설했다.

그러나 야당의 반대를 넘어서기 어려웠다. 야당 정책위 의장도 찾아뵙고 위변조를 방지하고 개인의 정보와 재산의 보호를 위해서도 전자주민등록증 도입이 필요하다는 점을 역설했다.

"우리나라는 2008년부터 여권에는 IC칩이 내장된 전자여권을 사용하고 있다. 여권보다 더 많은 전 국민이 사용하는 주민등록증이 여권보다 위변조에 취약하다는 것은 말이 안 된다. 공청회 등을 거쳐서 반대의견도 수렴하면 되지 않겠는가? 전자주민등록증 도입을 수용해 주기 바란다."라고 설득했다.

"약간 다른 이야기로 조폐공사의 문제이기는 하지만, 전자주민등록증 도입이 이루어지지 않으면 공사의 해외시장 진출에 장

220

애가 된다. 우리가 전자주민등록증을 도입하지 않고 있기 때문에 해외 신분증(ID카드) 사업 진출에 큰 장벽이 있다는 것이다. 우리가 ID카드를 수출하려고 하면, 너희 나라는 하고 있느냐고 물어온다. 아직 안 하고 있다고 대답하면, 너희 나라에서도 안 하는 것을 어떻게 만들어 수출하겠다고 하느냐고 반문한다."

"해외 전자신분증 사업 시장은 2009년에 18억 불이었다. 그리고 2014년에는 그보다 30억 불이 늘어난 48억 불로 추산된다. 이 큰 시장을 독일이나 핀란드 같은 전자신분증을 도입한 국가들이 선점하고 있다. 이 시장에 우리가 진출해야 한다."

"국내 도입이 안 되어 있다 보니 입찰에서부터 불이익을 받는다. 물론 조폐공사의 해외 수출 때문에 전자주민등록증을 도입하자는 것은 아니다. 다만 부수적으로 그러한 효과도 있다는 것이다." 이렇게 설득을 했다.

전자주민등록증 도입에 행정안전부가 적극적으로 노력하였다. 행정안전위원회 법안심사 소위원회에서는 야당의 주장을 대부분 수용 하였고, 우여곡절 끝에 이 법안이 통과되었다. 그리고 2011년 11월 23일, 드디어 주민등록법 개정안이 상임위인 행정안정위원회를 통과했다.

'상임위를 통과했으니 이제는 다 된 것이다.'

나는 안도의 한숨을 내쉬며, 준비에 만전을 기해야겠다고 생각했다.

그러던 어느 날, 국회 법사위에 나가 있던 주민등록증 준비사업단 김흥림 팀장에게서 다급한 연락이 왔다. 법사위에서 주민등록법 개정안이 상정 되지 않았다는 것이다. 그날 법사위에 분명 상정하기로 되어 있었는데 말이다. 이유는 모르겠다고 한다.

행정안전위원회에서 통과되었으니 별 문제 없이 법사위를 통과하리라고 생각했는데 의외였다. 왜일까? 법안이 너무 많아서 일까? 그리고 오늘이 이번 정기국회의 마지막 법사위 회의란다. 그래서 오늘 상정되지 않으면 내년 2월 임시국회로 넘어간단다.

'내년 2월 임시국회로 넘어가면 다들 총선 때문에 법안 심사에 관심이 없을 텐데……. 잘될까?'

행정안전부는 큰 아쉬움을 나타냈다. 어렵사리 상임위까지 통과했는데 법사위에서 발목이 잡히다니, 아쉽고 안타까운 마음이 컸던 것 같다. 아쉬움이 남기는 조폐공사도 마찬가지였다. 이제야 전자주민등록증 사업이 제대로 돌아가겠구나 싶었는데 법사위에서 제동이 걸리다니……. 기대감이 와르르 무너져 내리며 무척 아쉽고 안타까웠다.

행정안전부에서도 어쩔 수 없이 내년 2월 임시국회에서 다시 한번 시도해 보자는 입장이었다. 그러나 이 법안은 2월 임시국회에서도 법사위에서 논의도 해 보지 못한 채 깊은 잠에 빠졌다. 결국 18대 국회가 2012년 6월 말로 임기 종료되면서 전자주민등록증 도입을 위한 주민등록법 개정안은 그대로 폐기되고 말았다.

최근 주민등록번호 유출 같은 사고들이 많이 발생하면서 주민등록번호제도를 개선해야 한다는 의견도 상당히 많다. 현재의 주민등록증은 문제가 많으니 개선되어야 한다고 본다. 찬성하는 의견과 반대하는 의견들을 모두 수렴하여 적절한 사회적 합의를 이루어 개선되었으면 하는 바람이다.

새로운
시장 개척
(New market)

1
글로벌 시장을
공략하다

조폐공사의 비전인 매출 1조 원을 달성하여 글로벌 톱 5에 진입하기위해서는 국내시장 공략만으로는 어렵다. 해외시장을 공략해야 한다. 나는 2021년 해외수출 비중을 30%로 잡아 수출 규모 3,000억 원을 목표로 설정하고 글로벌 시장을 적극 공략하기로 했다.

글로벌 시장 공략을 위해 먼저 해외사업조직을 확대 개편했다. 1단 2팀 체제였던 해외사업조직을 2단 6팀으로 확대 개편한 것이다. 인력도 대폭 보강하였다. 도전적이고 영어도 잘하고 글로벌 마인드가 있는 사람들로 배치했다. 신입직원들을 많이 배치했다. 또한 해외사업 담당이사를 별도로 신설했다. 해외사업 담당이사는 해외사업 경험이 있어 수출과 영업이 무엇인지 알고 영어를 자유롭게 구사할 수 있으며 글로벌 마인드가 있는 사람을 공개 채용키로 했다.

두 번째로 시장정보를 확보하고자 했다. 그동안의 해외사업은 중국을 비롯한 동남아 시장이 중심이었다. 그것도 화폐용지와 주화가 전부였다. 그러나 글로벌 시장은 넓다. 중남미에도 있고 중동에도 있고 아프리카에도 있다. 왜 우리는 동남아에만 움츠려 있어야만 하는가? 더 넓은 글로벌 시장을 개척해야 하지 않는가?

해외시장을 개척하려면 시장정보부터 확보하여, 각 나라가 무엇을 언제 발주하는지부터 알아야 한다. 입찰공고가 나온 다음에 대응하기에는 너무 늦다. 입찰공고가 나오기 전에 시장정보를 알아야 한다. 나는 별도의 팀을 두어 글로벌 시장의 정보를 파악하기 시작했다.

세 번째로 각 지역별로 유능한 대리인을 발굴해야 한다. 우리가 해외 영업조직을 갖추지 않는 한 유능한 대리인을 발굴해야 한다. 해외시장 개척에는 대리인의 역할이 매우 크기 때문이다.

네 번째로 네트워크 구축이다. 각 나라의 조폐기관, 중앙은행, 정부 담당 기관 등과 네트워크를 구축하고 인맥도 만들어야 한다.

다섯 번째로 사전영업활동(Pre-marketing)이다. 그동안 우리 공사는 적극적인 해외 영업활동을 하지 않았기 때문에 글로벌 시장에서는 우리 공사가 어떤 역량을 갖추고 있는지를 잘 알지 못한다. 그런 그들에게 필요한 정보를 제공 하고 신뢰관계를 구축해야 한다.

글로벌 시장 공략을 생각하며

그러기 위해서는 우리 공사의 기술력과 역량을 알려야 한다. 그래서 홍보 브로슈어를 만들어 우리의 기술력과 역량을 널리 알리는 데 적극적으로 노력을 했다.

이러한 일하는 방식의 혁신이 처음에는 조금 낯설었지만 시간이 지나고 정착되면서 많은 효과를 가져왔다. 2011년 9월, 내가 취임했을 때 해외수출은 131억 원에 불과하였으나 2012년에는 430억 원, 2013년에는 440억 원으로 3배 이상 늘어났다. 우리의 시장은 국내시장과 동남아 시장만이 아니라 중남미, 중동, 아프리카, CIS국가들까지 넓혀졌다. 즉, 글로벌 시장이 된 것이다.

2
만리장성을
넘어라

2012년 4월 9일에서 12일까지 나는 중국 출장길에 올랐다. 화폐용지 수출을 늘리기 위해서다. 국내 화폐는 이미 정해져 있으니, 더 이상 늘릴 방법이 없었다.

해외시장을 두드려야 한다. 국제입찰이 뜨는 나라는 당연히 공략 하는데, 국제 입찰이 뜨지는 않지만 중국을 두드려 보기로 했다. 중국은 경쟁 입찰이 아니라 수의계약이기 때문이다. 단가도 다른 나라보다는 후한 편이었다. 2009년도에 우리는 중국에 3,000톤을 수출한 적도 있었다. 그러다가 갑자기 수출량이 확 줄었다. 중국은 과거같이 물량을 많이 배정해 주지 않았다.

실무진들이 나서서 물량을 추가확보하려고 엄청난 노력을 기울였으나 해결 되지 않았다. CEO께서 직접 나서서 중국 측 CEO

와 담판을 좀 지어 달라는 것이 실무진들과 현지 대리인인 원동투자의 요청이었다. 나는 직접 중국 조폐공사 사장을 만나서 담판을 지어야겠다고 생각했다.

4월 10일 10시, 조병호 해외사업단장, 윤정욱 대리와 현지 대리인인 전병우 원동투자 사장, 차영서 원동투자 상무를 대동한 가운데 중국조폐공사를 방문했다. 중국 측은 최대한의 예우를 갖춰서 우리를 극진히 영접하였다. 허린(賀林) 총경리(사장)도 만나고 아오휘쳉(敖惠誠) 동사장(이사회 의장)도 만났다. 한동안 서로 덕담도 건네고 탐색전을 펼친 다음 허린 사장에게 본론을 꺼냈다.

"중국과 우리는 매우 돈독한 우호관계에 있습니다. 그동안 한국조폐공사의 용지를 수입해 준 데 대하여 깊은 감사를 드립니다. 또 과거 조그마한 실수가 있었던 것도 안타깝게 생각합니다. 그러나 지금은 중국도 인정하듯이 최고의 품질을 갖춘 용지를 생산하고 있습니다. 중국은 위안화의 국제화에 따라 더 많은 돈을 찍어야 하므로 추가적인 용지가 필요할 것입니다. 용지는 한국으로부터 금년에 700톤 수입하는 것에 더하여 1,000톤을 더 수입해 주기 바랍니다. 또한 2013년에는 3,000톤을 수입해 주셨으면 합니다."

허린 사장은 약간 당황한 듯하였다. 예상은 했겠지만 너무 직설적인 나의 제안에 당황스러운 듯싶었다. 외교적 수사를 한참 하고는 첸야오밍(陳耀明) 부사장과 잘 협의하라는 식으로 밑으로 떠

중국 허린 사장과의 면담

넘겨 버린다. 그리고는 서둘러 자리를 떠났다.

'부사장하고 잘 협의하라고?'

약간 기분이 언짢았다. 그러나 나는 수주받기 위해 여기까지 온 사람이다. 불편한 기색을 보일 수는 없었다. 목표를 달성하기 위해서는 인내심이 필요하다.

아오휘쳉(敖惠誠) 동사장(이사회 의장)을 만나서 또 같은 얘기를 했다. 그의 대답은 이러했다.

"우리도 용지 자급자족을 위해 자체 시설을 확충하고 있습니다. 향후 1~2년 후면 자급자족 될 것입니다. 1~2년 정도 소량은 모르겠지만 대량으로, 중장기적으로는 곤란합니다. 2013년 이후에 대해서는 중국 인민은행에서 계획이 안 나와서 알 수 없습니다."

역시 대답은 신통치 않았다. 그러나 어디 처음 만나서 바로 확답을 주겠는가? 더군다나 중국 사람들에게는 만만디 기질이 있는데 말이다. 만만디를 상대하려면 내가 더 만만디가 되어야 한다.

이런 생각으로 나는 조바심을 내지 않고 더 느긋해지기로 했다.

　중국 측은 오후에 북경인쇄창을 보여 주었다. 1908년 청나라 시절에 미국에 의해 설립된 104년의 역사를 지닌 인쇄창이었다. 이 인쇄창에서 중국 화폐 소요량의 3분의 1을 제조한다고 한다. 오래되었지만 훌륭한 시설이었다. 화폐 제조를 위해 11개 라인이 운영되고, 1라인 당 4명이서 운영한다고 한다. 우리의 경산 화폐창과 비교했을 때 엄청 컸다.

3
사장님,
돌아오지 마세요

4월 10일 저녁 허린 사장이 우리 대표단을 만찬에 초대했다. 북경에 있는 '진취덕(全聚德)'이라는 140년 역사를 갖고 있다는 북경 오리집이었다. 비공식적인 자리라서 술도 몇 순배 돌면서 화기애애한 분위기가 이어졌다.

허린 사장의 부인도 동석했다. 나는 이 자리에서 허린 사장 부부를 화폐박람회에 초청했다. 10월 12일부터 14일까지 서울에서 한국화폐박람회(KMF)와 국제회의가 열리기 때문이었다. 허 사장은 이 초청을 흔쾌히 수락했다. 또 술이 몇 순배 돌고 재미있는 얘기들이 오갔다.

분위기가 매우 좋았다. 허 사장도, 나도 기분이 상당히 좋았다. 오전의 공식적이고 의례적이었던 대담 분위기와는 달리 상당

　　　　　　　　　　　　　제2부 네 가지 전략 : 4N

히 우호적이었다. 이 우호적 분위기를 몰아 본론을 다시 꺼냈다.

"내가 여기 오기 조금 전에 본사로부터 전화 한 통을 받았습니다. '사장님, 1,000톤을 확보했습니까?' 하고 묻길래 '아직 확답을 못 받았다'고 했습니다. 그랬더니 '그럼 사장님 돌아오지 마세요.'라고 합디다. 제가 1,000톤을 확보하지 못하면 한국에 못 돌아갑니다. 허 사장 집에 눌러 앉아 있든가 중국조폐공사 사무실에 눌러 붙어 있어야 합니다. 허 사장 사무실 옆에 내 자리도 하나 만들어 주세요."

허 사장도, 허 사장 부인도 "하~하~하~하~!" 하면서 박장대소를 했다.

" 제가 한국으로 가고 못 가고는 허 사장 결심에 달렸습니다. 제가 돌아갈까요? 아니면 여기 눌러 앉아 있을까요?"

허린 사장은 크게 웃으면서 "No problem! 돌아가실 때 만족하게 해드리겠습니다."하고 대답한다. 자리를 같이한 모든 사람들이 박수를 치며 환호했다. 나는 "쉐쉐(謝謝)"를 연발하면서 허 사장과 둘이서 술잔을 들어 팔을 감고 건배도 했다.

세부사항에 대해서는 실무진들끼리 협의하기로 했다. 그런데 술자리에서 이렇게 약속한 것을 과연 믿어도 될까? 비공식적이기는 하지만 중국조폐공사 사장이 한 말이니 믿기로 했다.

중국 측은 다음 날 쿤산(昆山)제지공장을 보여 주었다. 우리는 북경서 상해를 거쳐 쿤산으로 왔다. 첸 야오밍 부사장이 북경서 같이 날아와 처음부터 동행하면서 안내를 하며 극진한 대우를 하고 있었다.

중국은 인쇄공장만 6개, 제지공장이 3개, 주화공장이 3개였다. 쿤산 제지공장이 중간정도 되는데, 중국 화폐용지의 30%를 공급한다고 한다. 시설도 깨끗하고 설비들도 좋았을 뿐만 아니라 1분에 60m를 생산할 만큼 생산능력도 좋았다. 인구가 많은 큰 나라이다 보니 자연히 제조시설이 많을 수밖에 없다. 바오딩(保定)제지공장이 1~2년 후 준공되면 중국은 용지를 수입하지 않고 완전 자급자족한다고 한다.

저녁에 첸 야오밍 부사장이 우리 일행을 만찬에 초대했다. 나는 북경에서의 환대에 감사하다고 인사를 드리고 또 상해에까지 와서 이렇게 환대해 주어서 감사하다는 인사를 했다.

첸 야오밍 부사장은 "윤 사장님께서 사장 취임 후 처음으로 중국을 방문해 주셨고 또 정부에서 고위직에 계시면서 한중수교에 적극 기여하셨고, 또 선배(先輩)이시니 이 정도의 환영은 당연합니다."고 하면서 허린 사장이 윤 사장님을 잘 모시라는 특명을 내렸다는 한마디도 덧붙였다. 고마웠다.

다음 날 상해 잉크공장을 방문했다. 시설과 장비가 우리 잉크 사업부와는 비교도 안 될 정도로 크고 현대화·자동화·성력화되어 있었다. 연간 6,000톤 규모를 생산한다고 한다. 매우 인상적이었다.

잉크 공장을 견학한 후 오후에 잉크공장 대회의실에서 마지막 회합을 가졌다. 첸 야오밍 부사장은 나에게 중국 방문 소감을 물었다.

"본사를 비롯해 인쇄공장, 제지공장, 잉크공장을 모두 봤습니다. 시설도 크고 현대화되어 있었습니다. 시설뿐만 아니라 경영진과 임직원들이 모두 열심이어서 더욱 인상적이었습니다. 앞으로 중국조폐공사의 더 큰 발전이 기대됩니다. 그리고 이번 방중에 극진히 환대해 주신 데 대하여 깊이 감사를 드립니다. 앞으로 한·중 양 기관은 더욱더 긴밀한 우호 협력관계를 유지·발전시켜 나가기를 기대합니다."

이러한 나의 대답에 첸 야오밍 부사장은 공식적으로 수주문제를 거론했다.

"2012년에 1,000톤을 추가로 구매하겠습니다. 구체적 시기, 가격, 납품기일 등은 원동투자의 전병우 사장 및 실무진들과 한 달 내로 협의해 나가기로 합시다."

속으로 약간 걱정하고 있던 나는 허린 사장이 저녁 만찬자리에서 한 말에 대해 신의를 보여 주어서 참으로 다행이라고 생각했다. 나는 "쉐쉐(謝謝)" 하면서 깊은 감사의 뜻을 표했다.

나는 비공식적인 자리에서 첸 야오밍부사장에게 이런 말을 했었다.

"위안화가 머지않아 국제 기축통화로 자리매김할 것입니다. 이때 위안화 공급이 늘어날 수밖에 없을 겁니다. 비록 중국이 바오딩 제지공장을 준공한다고 해도 용지를 100% 자체 공급하는 것은 비효율적이라고 봅니다. 경제 환경의 변화에 따라 화폐수요가 늘어날 수도 있지만 줄어들 수도 있습니다. 이런 경우 100% 자체 공급에 의존하다 보면 유휴시설이 생겨 비효율적이 됩니다. 급격한 경기변동에 대응할 쿠션으로 약 10%정도는 해외에서 조달하는 것이 더 효율적일 것으로 보입니다. 화폐수요가 줄어들면 해외 조달을 안 하면 되고 국내공장은 그대로 돌아가게 됩니다. 한국의 제지창이 중국조폐공사의 또 다른 해외 공장이 될 수도 있습니다. 상호 협력하여 윈윈(win-win) 할 수 있도록 했으면 좋겠습니다."

그는 귀를 기울였지만, 그가 결정할 수 있는 사안은 아니었다.

나는 마지막 날 공식적인 자리에서 2013년에 3,000t을 발주해줄 것을 또 다시 요청했다. "2012년도에 1,000t을 추가 발주해준 데 대하여 깊은 감사를 드립니다. 2013년도에는 3,000t을 발주해주었으면 감사하겠습니다."라고 했다. 첸 야오밍 부사장은 "잘 알았습니다. 현재의 중국 용지 생산능력으로는 전량 자체 조달이 충분하지만 한국과의 우호 협력관계를 고려하여 검토해보겠습니다."라고 말했다. 내가 "허린 사장이나 첸 야오밍 부사장을 처음 만나 뵈었지만 마치 오랜 친구 같은 친밀감을 느낍니다." 고 했다. 첸 부사장이 " 나도 그런 친밀감을 느낍니다. 윤 사장님은 처음 만나 뵈었지만 마치 큰 형님(大兄)같은 느낌이 듭니다."고 했다. 상당히 높은 친밀감과 신뢰감을 표현한 것이다. 고마웠다. 이런 노력으로 7월 9일 중국조폐공사와 1,011t을 추가 공급계약을 체결하게 되었다. 2012년도에 중국으로부터 1,711t을 수주 받게 되었다.

4
3,000톤을
확보 하라

2013년도 용지 수출 증대를 위해 나는 또다시 중국을 방문하게 되었다. 지난 4월 중국에 가서 금년도 물량 1,000톤을 추가 수주해 왔더니, 실무진들이 자꾸만 사장님이 가셔야만 된다고 조른 탓이다. 허린 사장과는 초면도 아니니, 또다시 나서 보기로 했다.

2012년 11월 28일, 박용환 해외사업단장을 대동하고 북경으로 날아갔다. 2013년도에 3,000톤을 확보하기 위해서다. 먼저 중국이 자랑하는 바오딩(保定) 제지공장을 살펴보고 싶었다. 얼마나 큰지, 앞으로의 전망은 어떤지 알고 싶어서였다.

29일, 바오딩(保定) 제지공장을 방문했다. 이 공장은 1956년에 설립된 중국 최초의 화폐용지 생산 공장이었다. 독일의

G&D로부터 최신 시설을 들여와 시설, 장비가 모두 현대화되어 있었다.

현재 중국 화폐용지 수요의 50%를 공급하고 있단다. 현재 증설 중인 2개 라인은 2013년 상반기에 준공될 예정이라고 한다. 준공이 완료되면 세계 최대의 화폐용지 공장이 되는 것이다. 이 공장이 가동되면 연간 3만 톤 이상의 용지를 생산하게 되고 중국 화폐용지 수요의 75%를 충당하게 된다고 한다.

그뿐만이 아니다. 이곳 말고도 또 다른 제지공장이 더 있기 때문에 2014년에는 더 이상의 용지 해외수입은 없을 것이라고 한다. 큰일 났다. 중국이 우리의 주요 수출처인데 중국이 수입을 안하면 우리는 어디에 용지를 수출한단 말인가? 답답해졌다.

11월 30일, 나는 허린 사장을 다시 방문했다. 이젠 구면이고 어느 정도 서로를 알기 때문에 탐색전 같은 것은 필요 없었다. 간단히 서로 인사를 나누고는 단도직입적으로 상담이 진행되었다.

"내년도에 3,000톤을 주시기 바랍니다."

허 사장은 약간 당혹스러워 하다가 이내 대답했다.

"어제 바오딩 공장을 보셨지요? 내년 상반기에 증설이 완료됩니다. 증설이 완료되면 중국 수요를 모두 충당하게 됩니다. 더 이상 해외에서 용지 수입을 안 해도 됩니다. 그러나 윤 사장님이 직접 또 오셨고 양국 간의 우호 협력적인 관계를 고려해서 내년엔 금년도 물량 수준(1,700톤) 정도는 배정해 드릴 생각입니다. 또 원면가격이 하락했으니 단가는 인하 조정해 주시기 바랍니다."

나는 그를 설득해야만 했다.

"어제 바오딩 공장을 잘 봤습니다. 시설도 현대화되고 생산능력도 확충되어서 중국이 자급자족할 수 있을 것으로 봅니다. 그러나 안정적으로 가동되려면 적어도 1~2년 정도는 돌려야 될 것 아니겠습니까? 내년에는 해외수입을 좀 하셔야 될 텐데, 양국 간의 우호 협력관계를 고려하여 내년에는 우리에게 3,000톤을 주시기 바랍니다. 우리가 만든 화폐용지의 품질에 대해서는 중국조폐공사도 인정하고 만족하고 있지 않습니까?"

회의장 분위기가 제법 후끈 달아올랐다. 서로가 열을 식히기 위해 한참 다른 얘기를 하다가 또다시 본론으로 돌아와 협상을 시작했다.

나는 "품질 우수성은 중국이 인정하고 있으니 다른 나라 배정물량을 줄이고 한국 배정물량을 3,000톤으로 늘려 주세요."라고 압박했다. 허 사장은 중국 사람답게 노련한 사업가였다. 한참을 딴전을 피우던 그는 또 불쑥 이렇게 던진다.

"2,000톤까지는 양보하겠습니다. 그러나 그 이상은 어렵습니다."

'아, 조금 더 밀면 되겠구나!' 하는 감이 왔다. "2,000톤이 뭡니까? 3,000톤으로 합시다. 그래야 1,000톤밖에 차이가 안 나는데. 중국에서야 1,000톤이 아무것도 아니질 않습니까? 다른 나라 물량을 조금 줄이고 우리 물량을 늘려 주세요."

나는 계속해서 밀고 들어갔다. 허 사장은 좀 난처한 표정을 짓더니 "가격을 잘 조정해 준다면 3,000톤을 고려해 보겠습니다."라고 답했다.

옳지, 됐다.

"그러면 물량은 3,000톤으로 하고 가격문제는 실무선에서 검토하도록 합시다."

나는 막판 굳히기에 들어갔다.

"가격만 맞는다면 3,000톤을 수입할 용의가 있습니다."

절반은 성공한 셈이었다.

"그러면 일단 3,000톤을 수입하는 것으로 하고 가격협상은 실무선에서 협상하도록 합시다."

이렇게 양국 최고 경영자의 합의가 끝났다. 물론 이제 남은 가격협상이 매우 어려울 것이다. 그러나 그것도 밀고 당기고 협상을 하면서 우리에게 조금이라도 유리한 방향으로 끌고 오면 된다.

저녁에 열해당(悅海堂)이라는 음식점에서 만찬이 있었다. 중국 측에서는 허린 사장과 인민은행의 OO행장 조리(부총재보 수준)가 나왔고, 우리 측에서는 나와 원동투자의 전병우 사장, 차영서 상무, 박용환 단장이 자리를 같이했다. OO행장 조리는 원동투자의 전병우 사장과 가까운 사이여서 전 사장이 초청한 것 같았다.

이 자리에서는 중국 경제성장, G1 국가로의 등극 시기, 위안화의 국제통화로의 역할 가능성 등 여러 가지가 화제로 올라왔다. 나도, 전병우 사장도 한국조폐공사에 수입물량을 좀 더 배정해 달라는 식의 얘기는 한마디도 꺼내지 않았다. 허린 사장의 입장을 배려해서였다.

만찬이 끝나고 전병우 사장이 허린 사장을 배웅하면서 도대체 단가를 얼마로 생각하고 있느냐고 물으니까 "000불"하고는 달아나 버렸다. 중국에 용지를 수출하는 나라로는 러시아의 고즈낙(Gozanak)과 이태리의 파브리아노(Fabriano)가 있다. 이들의 수출 단가가 우리보다 낮은 수준이다. 허린 사장은 아마도 이들 회사들과 비슷한 가격을 요구하는 것 같다. 그래서는 안 된다. 전년도 수준은 유지해야 된다.

그러나 거래라는 것이 어디 우리 입맛대로만 정할 수 있겠는가? 독점적 공급자도 아닌데 말이다. 단가는 실무 협상에서 최대한 확보하도록 하고, 일단 3,000톤의 물량을 확보한 것에 만족해야 했다.

이 과정에서 이혜복 팀장을 비롯한 중국 담당자들이 많은 고생을 했다. 이혜복 팀장은 매일 같이 중국조폐공사의 국제부 사람들과 밀고 당기는 협상을 해야 했다. 그리고 중국과의 거래에 있어서 원동투자 전병우 사장의 역할이 매우 컸다. 전 사장의 중국 내 꽌시가 중요한 역할을 했던 것이다. 이러한 꽌시가 두 번에 걸친 중국과의 협상에서 큰 역할을 했다.

이후에 전병우 사장으로부터 들은 얘기다. 허 린 사장이 말하기를 자기는 중국조폐공사 사장을 10년 정도 하고 있는데, 그동안 한국조폐공사 사장은 3번이나 바뀌더라는 것이다. 무슨 사장이 그렇게 자주 바뀌느냐면서 "그동안 오셨던 분들은 그렇게 집요하게 달려들지 않았는데 이번에 오신 윤 사장은 스타일이 전혀 다르더라!"고 했단다. 집요하게 달려들더라는 것이다.

"매우 열정적이고 일에 대한 집념이 매우 강하더라."

라고 하더란다. 전병우 사장은 허 린 사장이 윤 사장에 대해서 상당히 호감을 갖고 있는 듯한 인상을 받았다고 했다.

어쨌든 힘겹게 만리장성을 넘었다. 3,000톤은 2013년 제지본부 총 작업물량의 약 60%를 차지하는 물량이다. 참으로 큰 성과이다.

나는 또 다시 2014년도 수주를 추진하였다. 2013년 10월 20일부터 26일까지 인도네시아 자카르타에서 환태평양 은행권 인쇄책임자회의(PRBPC)가 열렸다. 나는 이 회의에 참석한 허사장을 만나 다시 2014년도 수주문제를 협의하였다. 여러 가지 어려운 고비를 넘기고 어렵사리 허사장으로부터 만약 중국이 2014년에 용지를 수입할 경우 한국을 최우선적으로 고려하겠다는 약속을 받아냈다. 그런데 아쉬운 일이 벌어졌다. 2013년 말부터 허 린 사장이 자리를 옮길 것 같다는 정보가 돌더니, 2014년 2월에 들어서 허린 사장이 인민은행으로 가는 것이 확정되었다는 정보가 들어왔다. 그러다 나는 3월 초순, 조폐공사 사장직에서 퇴임하였다.

그리고 내가 퇴임한 후에 허 사장도 인민은행으로 자리를 옮기게 되었다. 2014년 용지 수입문제는 상호신뢰와 우정을 바탕으로 양국 최고경영자가 약속한 사안이었지만, 약속한 두 사람 모두 바뀌었으니 중국 입장에서는 부담이 없어진 상황이 되었다.

중국 측 신임 사장은 한국에 대해 전혀 관심이 없었다. 나중에 중국은 더 이상 한국으로부터 용지를 수입하지 않겠다는 서신을 조폐공사에 보내왔다고 한다. 원동투자의 전병우 사장이 많은 노력을 기울였지만 허사였다.

결국 2014년도에는 중국으로부터 전혀 수주 받지 못했다. 중국 용지수출이 중단된 것이다. 이로 인해 제지본부 일거리가 줄어들어 가동률도 떨어지고 매출이 줄어드는 등 큰 문제로 대두되었다. 무척 아쉬운 대목이다.

5
인도네시아 화폐 용지를
수주하다

중국 용지수출이 중단되면서 우리에게는 일대 비상이 걸렸다. 당장 제지본부의 일거리가 줄어들면서 3부제로 잘 돌아가던 제지본부가 1부제로 환원해야 하는 상황이 되었다. 작업일수가 줄어들면 매출액에도 영향을 미치지만, 그만큼 직원들의 수당도 줄어들게 되어 있다.

우리는 중국을 대신할 거대 시장으로 인도를 꼽았다. 인도 시장은 무척 크기 때문이다.

2013년 5월 아테네 국제화폐회의에 갔을 때, 나는 그곳에서 인도 중앙은행 관계자 및 딜러들을 만났다. 그들과 인도의 화폐용지 수출 건을 타진했었다. 인도에는 자국의 제지시설이 있지만,

일부는 해외에서 수입도 한다고 했다. 러시아 고즈낙 같은 곳에서 수입해 오는 것 같았다.

한국의 KOMSCO도 그에 못지않게 훌륭한 제지시설을 갖고 있으며, 중국 등 여러 나라에 수출하고 있다. 우리도 인도에 양질의 화폐용지를 공급하고 싶다는 의사를 밝혔다. 그러자 그들도 KOMSCO가 입찰에 참여해 주기를 원했다.

기초적인 자료들을 수집한 후 돌아온 나는 실무진들에게 인도 시장 공략을 추진하도록 했다. PQ를 획득하고 입찰방법, 물량, 과거수입실적, 권종, 규격 등을 면밀히 조사하여 진출할 수 있도록 한 것이다. 더불어 현지 대리인도 발굴토록 했다. 그러나 내가 재임하는 동안은 인도에 입찰이 없어서 실적을 만들지는 못했다.

우리는 인도네시아도 집중 공략했다. 인도네시아도 제법 큰 시장이기 때문이다. 인도네시아에는 '푸라(Pura)'라는 자국 회사가 있다. 그러나 자국 회사가 있음에도 인도네시아 중앙은행은 다른 나라 회사와 동일하게 국제 입찰에 참여 하도록 했다.

2013년 12월 20일, 인도네시아 중앙은행에서 6개 권종(2천 루피아~10만 루피아)에 총 8,530톤에 대한 입찰이 있었다. 한국의 KOMSCO를 비롯하여 인도네시아의 푸라(Pura), 이탈리아의 페드리고니(Fedrigoni), 러시아의 고즈낙(Goznak), 스위스의 랜드쿼트(Landqart), 미국의 크레인(Crane), 독일의 루이젠탈(Louisenthal)

의 7개사가 참여했다.

　치열한 수주전 끝에 우리가 2천 루피아, 5천 루피아, 1만 루피아의 3개 권종에 1,517톤을 수주하게 되었다. 나머지 고액권 3개 권종(2만 루피아, 5만 루피아, 10만 루피아)은 모두 예정가격 초과로 유찰되었다. 결국 우리만 수주한 셈이 되었다. 참으로 다행이었다.

　인도네시아 용지 수출은 매출액이 87억 원에 달했다. 제지본부 작업 일수도 110일 정도 되었다. 우리로서는 최초로 인도네시아 화폐용지를 수주한 것이다. 그동안 해외업무 담당자들의 노고가 많았다. 이 건은 2014년 2월 중으로 계약을 체결하고, 4월~10월 사이에 공급하기로 되어 있었다.

　우리들은 완벽한 제품을 제조·공급하기 위해 철저한 준비를 했다. 이제 인도네시아 시장 진출 기반을 확보했으므로 향후 계속해서 우리의 수출시장이 되도록 유지·관리해야 한다.

6
우즈베키스탄 정부와의 협상

우즈베키스탄의 수도 타쉬켄트에서 조금 떨어진 '양기율'이라는 조그만 도시에 자회사 GKD(Global komsco Daewoo)가 있다. GKD 는 조폐공사와 대우인터내셔널이 합작해서 설립한 현지법인이다. GKD는 당초 기대한 만큼 잘 돌아가지 않고 경영상 애로가 많았다. 나는 좀 더 정확한 실상을 파악하기 위해 2012년 5월 28일부터 GKD를 방문하기로 했다.

GKD 사장으로부터 보고를 받아 보니, 생산설비 문제, 린트 공급 문제 등이 있었다. 생산설비 문제는 내부적으로 해결할 사항이지만, 린트 공급 문제는 우즈베키스탄 정부와 협상해야 할 사항이다. 이 린트는 우즈베키스탄 정부가 직접 관리하기 때문이다.

린트(Lint)란 목화에서 면을 뽑고 나면 목화씨에 2~5㎝ 정도 길이로 가늘게 붙어 있는 솜털을 말하는데, 바로 이 솜털이 화폐용지 원료로 사용된다. GKD가 이 린트를 재가공해서 화폐용지 원료를 만드는 것이다.

GKD를 설립할 때, 우즈베키스탄 정부와 GKD는 특혜조건으로 린트를 공급해 주기로 계약을 체결했다. 2010년부터 2014년까지 5년 동안 연간 3만 톤씩 공급해 주기로 합의한 것이다. 가격은 면화 가격이 아무리 올라도 톤당 미국 달러화로 400달러에 공급해 주기로 했다. 그리고 만약 가격이 내려가면 내려간 가격으로 정산하는 것이다. 2010년 당시에는 국제 면화가격이 톤당 800달러에 달했기 때문에 상당한 특혜조건이었다.

그런데도 GKD의 수익성이 개선되지 못하는 이유 중의 하나가 이 린트를 제대로 공급받지 못하는 데 있었다. 첫째, 품질이 균일한 양질(A급)의 린트를 공급받아야 하는데도 그렇지 못했다. 이물질 함량이 무려 20%에 달했다.

둘째로 2010년부터 2014년까지 연간 3만 톤씩 총 15만 톤을 공급받기로 되어 있는데, 2011~2012년 현재까지 공장이 제대로 돌아가지 않아 쿼터 6만 톤을 제대로 공급받아 보지도 못하고 이미 소진되어 버린 것이다.

셋째, GKD 공장은 양기율이라는 소도시에 있는데, 린트는 인근이 아닌 1,200㎞나 멀리 떨어진 곳에서 가져와야 하다 보니 수송비가 많이 들어갔다. GKD 사장이 우즈베키스탄 정부의 실무진들과 수차례 협의했으나 끝내 해결되지 못했다.

나는 이 문제를 해결하기 위해 우즈베키스탄 정부와 직접 협상하기로 했다. 린트의 쿼터 배정은 대외경제성이 담당하고, 린트의 생산 및 공급 주체는 원면성이다. 우즈베키스탄 정부가 어떻게 나올 것인지 자못 걱정스러웠다.

2012년 5월 29일 오후 5시, GKD 사장과 김홍림 해외사업2단장, 러시아어 통역자 임선아 대리를 대동하고 원면성을 찾아갔다. 오모노프(Omonov) 장관과 담판을 짓기 위해서였다.

"공사는 투자협정서에서 정한 투자의무계획을 적극적으로 이행했습니다. 2013년까지 1,600만 불 투자의무에 대해 이미 1,735만불을 투자했고, 고용창출도 180명 이상 의무고용에 대해 320명을 고용하고 있습니다. 그러나 귀측의 사유로 GKD의 운영에 세 가지 문제점이 있으니 이 문제를 해결해 주기를 바랍니다."

라고 요청했다. 오모노프 장관은 처음에는 '무슨 소리냐?' 하는 반응이었다. 그것은 GKD 책임이지, 우즈베키스탄 정부 책임은 아니라는 반응이었다.

나는 다시 한동안 협정서 내용과 GKD의 의무이행 실적 등을 설명해 나갔다. 그리고 나중에는 이명박 대통령과 우즈베키스탄 카리모프 대통령과의 친선우호관계를 강조하며, 만약 장관께서

이 문제 해결을 안 해주시면 카리모프 대통령을 만나서라도 이 문제를 얘기하겠다는 말도 덧붙였다. 그랬더니 오모노프 장관의 태도에 변화가 생겼다. 문제를 해결해 주겠다는 것이었다.

"첫째, 린트의 불량률이 높다고 하니 불순물이 적은 A급 린트를 공급하겠습니다. 둘째, 린트의 공급량은 기간이 경과했더라도 총 쿼터 15만 톤은 보장하겠습니다. 사실 2년이 그냥 넘어간 것은 우즈베키스탄 정부보다는 GKD의 책임이 더 큽니다. GKD가 제대로 돌아가지 못했기 때문에 연간 할당량 3만 톤을 공급받지 못한 것입니다. 셋째, 수송거리가 멀어서 수송비용이 많이 든다고 하니 양기율 공장 가까운 곳에서 공급받을 수 있도록 하겠습니다."

우즈베키스탄 원면성
오모노프 장관과 함께

오모노프 장관은 이렇게 대답했다. 원면성 실무 담당국장까지 배석한 자리에서 내린 결론이다. 나중에 실무자들이 딴소리를 못하게 하기 위해서다. 결국 오모노프 장관과의 담판으로 원면부의 답변을 얻어냈다.

그다음 날인 5월 30일 오전 9시 30분, 나는 대외경제성 장관을 만나러 갔다. 대외경제성 장관은 여성인 사이도바(Saidova) 장관이었다. 또다시 원면성 장관에게 얘기했던 것처럼 GKD는 의무사

항을 충실히 이행했지만 귀측 사유로 GKD에는 세 가지 문제점
이 있다고 얘기했다. 총명하게 생긴 사이도바 장관은 내 얘기를
경청하더니 해결해 주겠다고 답했다.

우즈베키스탄 대외경제성
사이도바 장관과 함께

"첫째, 린트는 총 15만 톤을
약속대로 정해진 가격인 톤당
400불에 공급하겠습니다. 기간
보다 물량을 기준으로 공급하겠
습니다. 둘째, 기존 공급 린트
에 불순물이 많았다고 하니 불
순물이 나오지 않도록 양질의 A
급 린트를 공급 하겠습니다. 셋
째, 수송거리도 양기율 공장으로부터 300~350㎞ 이내에서 공급
해 주겠습니다."

이미 원면성 장관과 협의가 있었던 모양 인지, 원면성 장관과
같은 답변이었다.

그러면서 사이도바 장관은 우리에게 이런 주문을 덧붙였다.

"이러한 특혜조건의 린트 공급은 수출 증진을 위한 것입니다.
GKD는 90% 수출의무를 이행해 주기 바랍니다."

나는 당연히 90% 이상 수출할 것을 약속했다.

또 사이도바장관은 지난 5개월간 1,785톤밖에 생산하지 못한
이유가 무엇이며 누구의 책임인지 따져 물었다. 이에 나는 "생산
물량이 적은 이유는 공급받은 린트가 불순물이 20%를 넘는 불량

품이었기 때문입니다. 이런 불량품을 정선하기위한 정선시설의 설치와 가동에 시간이 오래 걸렸기 때문입니다."라고 설명했다. 사이도바 장관은 이해했음을 표시하면서 쿼터에서 미소진한 물량을 빨리 다 받아가라고 했다.

이렇게 해서 GKD의 문제를 우즈베키스탄 장관들과의 직접 담판을 통해서 해결했다. 사실 린트 총 쿼터 15만 톤을 기간 경과에 관계없이 특혜가격으로 계속 공급하겠다는 약속을 받아낸 것은 우리로서는 큰 수확이었다.

당시 원면가격 국제시세가 800불이었고 우리가 공급받는 가격은 400불이니, 무려 400불만큼 가격 차이가 난다. 미소진 물량 6만 톤을 가격 차이 400불로 계산하면 2,400만 불, 우리 돈으로 약 260억 원의 이익을 가져온 것이다. 우즈베키스탄 장관들과의 담판으로 260억 원을 벌어들인 것과 마찬가지이다.

7

우즈베키스탄
조폐공사와의 협력

　2012년 5월 29일 아침 우즈베키스탄 조폐공사(Davlat Belgisi)를 예방했다. 쿠다이 쿨로프(Khuday Kulov) 사장이 정문 앞에까지 나와서 영접해 주었다.

　쿨로프 사장은 여러 가지 많은 정보를 주었다. 우즈베키스탄 정부가 1,000숨(so'm) 화폐를 변경할 준비를 하고 있단다. 광폭 은선(隱線: 숨은 선)과 은화(隱畵: 숨은 그림)를 도입할 예정이고, 용지도 보안요소를 강화할 예정이라고 한다. 이러한 은행권 보안요소 강화와 관련하여 KOMSCO와 협력하고 싶다고 했다.

　또 증설할 제지 2호기를 내년에 입찰할 예정인데, 독일의 지앤디(G&D), 프랑스의 아조 위긴스(Arjo Wiggins) 등이 참여할 것으로 전망되니 KOMSCO도 참여하기를 바란다고 했다. 요판 잉크를

KOMSCO에서 소량 수입해 쓰고 있는데 부분적으로 적응이 잘 안 되다는 얘기도 덧붙였다.

그리고 2015년까지 전자여권 1,800만 권을 제작할 계획임을 밝히며, 현재 오버튜어(Overture), 아조 위긴스(Arjo Wiggins)에서 수입 중인데 KOMSCO도 참여해 보라는 조언 도 해 주었다. 자기들이 아프리카에 은행권 용지를 수출하고 있는데, KOMSCO와 협력해서 수출하는 것도 가능하다고 한다.

쿨로프 사장은 매우 우호적이다. GKD라는 자회사가 우즈베키스탄에 있는 영향이기도 하지만, 한국에 대해서 매우 우호적이다. 우리는 상호 협력하기로 하고 양 회사 간의 상호협력을 위한 양해각서(MOU)를 체결했다. 나는 쿨로프 사장을 한국화폐박람회(KMF)에 초청했다. 더욱 긴밀한 상호 협력을 만들어 가기 위함이었다.

나는 얼핏 사업 아이디어 하나가 떠올랐다.

'우즈베키스탄 조폐공사를 우리의 제지 하청업체로 두는 건 어떨까?'

우리는 인건비가 비싸고 용지 가격이 높아 경쟁력이 약하다. 그래서 해외수주는 우리가 하고 용지 제조는 인건비가 싼 우즈벡 조폐공사에 위탁 가공하는 방식으로 하면 어떨까 하는 생각을 해 보았다. 쿨로프 사장에게 슬쩍 물어보았더니, 그도 찬성이다.

그러나 한편으로는 과연 우즈베키스탄 조폐공사의 용지가 품질을 보장할 수 있을지, 또 납품일자를 잘 지킬 수 있으며 우리의 수지 타산이 맞을지 등 여러 가지 생각을 하게 되었다.

결국 이 아이디어는 연구하고 검토해야 할 과제가 많아 나의 임기 중에는 실현되지 못했다.

8
바바노프 총리와의
면담

그동안 우리가 진출하지 못했던 중앙아시아의 체제전환국가 (CIS)들을 새로운 시장으로 개척해 보기로 했다. 이들 국가들은 화폐나 여권, 국민신분증(NID) 같은 것들을 자체 조달하는 경우도 있지만 서방국가들로부터 수입하는 경우도 있었다.

나는 우즈베키스탄을 방문한 차에 이웃한 키르기즈스탄을 방문하기로 했다. 그리하여 2012년 5월 31일, 키르기즈스탄의 수도 비슈케크로 날아갔다.

나는 비슈케크에 도착하자마자 중앙은행 무카예브나(Ms. Asankozhoeva Zina Mukaevna) 총재를 만났다. 화폐 수출의 길을 열기 위해서였다. 그리고 KOMSCO를 소개하고는 화폐 공급에 참여할 기회를 갖고 싶다고 했다.

무카예브나 총재는 현재는 2011년부터 2015년까지 영국의 데라
루(De La Rue)가 공급하고 있고, 2014년 말에 새로운 계약을 계획
하고 있다고 하면서 한국도 국제 경쟁 입찰에 참여의사가 있으면
참여해도 좋다고 했다. 주화는 현재 카자흐스탄에서 제조·공급
하고 있으며, 계약기간은 2016년까지란다. 총재는 KOMSCO가
기술력도 높고 수출실적도 많으니 향후의 국제입찰기회에 적극
참여해 달라는 말도 잊지 않았다.

사실 나는 키르기스스탄의 전자여권이나 국가신분증(NID) 사업
에 더 큰 관심이 있었다. 현지 대리인인 에코 이알티(Eco ERT)의
김성수 사장을 통해 파악된 사실인데, 키르기스스탄은 국가신분
증(NID) 사업을 추진하고 있었다. 지금은 현지 업체인 인텔 링크
스(Intel Links)사가 맡아 하고 있는데, 2013년 2월에 만료될 예정
이라고 한다.

마침 키르기스스탄 바바노프(Omurbek Babanov) 총리와 외교부
장관 등 4명의 장관을 포함한 대표단 40여 명이 한국을 방문한다
고 하였다. 한-키르기스스탄 비즈니스 포럼과 평화와 번영을 위
한 제주포럼에서 바바노프 총리가 기조연설을 하기 위해 5월 31
일부터 6월 2일까지 한국을 방문 중이었다. 마침 내가 우즈베키
스탄과 키르기스스탄을 방문 중인 기간과 일치했다.

6월 2일 바바노프 총리 및 대표단을 위한 오찬을 한국조폐공사

사장으로서 내가 주관하기로 되어 있었다. 나는 이 오찬 주관을 위해 6월 1일 국가등록청장을 만난 후 귀국 준비를 하고 있었다.

그런데 느닷없이 키르기스스탄 총리실로부터 귀국하지 말고 현지에서 기다리라는 연락이 왔다. 바바노프 총리가 일정을 앞당겨 귀국할 예정이니, 나를 귀국하지 말고 비슈케크에서 만나자는 것이다. 나는 귀국일정을 연기하여 바바노프 총리를 기다렸다.

키르기스스탄 바바노프 총리와 함께

2012년 6월 2일 바바노프 총리는 도착하자마자 곧바로 국무회의를 소집하여 국정을 논의하였다. 이 국무회의 때문에 당초 약속시간보다 약간 늦은 오후 6시 30분에 총리 집무실에서 바바노프 총리를 면담하게 되었다. 김흥림 해외사업2단장, 러시아어 통역자 임선아 대리, 현지 대리인 에코 이알티 김성수 사장도 배석했다.

바바노프 총리는 42세(1970년생)의 젊은 나이로 민간기업 CEO도 하고 국회의원, 제1부총리를 지낸 후 2011년 12월부터 총리직을 맡고 있었다. 그는 우리를 보고는 약간의 미소를 머금으며 입을 뗐다.

"KOMSCO 사장이 비슈케크에 와 있다는 말을 듣고 서울에서

보다 여기서 만나 보려고 일찍 귀국했습니다. 한국에서 김황식 국무총리께서 윤 사장님에 대한 말씀을 하셔서 잘 알고 있습니다."

그리고는 키르기스스탄의 여권, 주민등록증, 발급시스템을 전반적으로 개선하려 한다고 하면서 많은 것을 주문했다. 바바노프 총리가 제안한 것을 정리하면 다음과 같다.

첫째, 여권과 주민등록증을 새로 발급하고자 한다. 현재는 여권과 주민등록증을 민간 기업이 맡아 하고 있는데, 앞으로는 정부가 100% 제작·발급하고자 한다. 우선 공백여권 공급 입찰과 내년 2월에 있을 주민등록증(NID카드) 입찰에 KOMSCO가 참여해 주기 바란다.

둘째, 일반여권, 주민등록증(NID카드)의 발급장비를 내년 8월 31일까지 공급받고자 한다. KOMSCO가 발급장비 공급에도 참여해 주기 바란다.

셋째, 국민등록 시스템 입찰이다. 전자정부 수립을 위해 출생증명, 주민등록, 여권발급 등을 통합하는 시스템을 구축하고자하니, KOMSCO가 참여해 주기 바란다.

넷째, 이러한 여권, 주민등록증(NID카드)의 제작·발급을 위한 합작회사를 설립하고자 한다. KOMSCO와 합작회사를 설립했으면 좋겠다. 키르기스스탄 정부 지분 51%, 파트너 회사 지분 49%로 설립했으면 한다.

다섯째, 주민등록 프로그램 구축이다. 프로그램 구축에 한국

정부가 적극 도와줬으면 좋겠다. 한국정부에서 자금 원조는 물론, 전문가도 파견해 줬으면 좋겠다.

여섯째, 도로 교통감시 카메라에 관심이 있다. 차관을 도입하여 합작회사를 설립하고자 하며, 지분구조는 키르기즈스탄 51%이다. 관심 있는 업체를 주선해 주기 바란다.

국가 등록 시스템 전반에 관한 프로젝트들로, 너무나 많고 굵직한 것들이었다. 사실 나는 공백여권이나 국가신분증(NID카드)을 공급하고자 했는데, 총리의 주 관심은 키르기즈스탄에 조폐공사와 같은 회사를 합작회사로 설립하고자 하는 데 있었다. 내가 생각했던 것보다 훨씬 더 크고 복잡한 제안이었다. 나는 이렇게 대답했다.

"총리님께서 한국을 직접 방문하셔서 한-키르기즈스탄 협력관계 증진을 위해 적극 노력하시고, 돌아오시자마자 쉬지도 않고 바로 국무회의를 열어 국정을 논의하시는 모습에 깊은 감명을 받습니다. 한국은 유엔이 선정한 전자정부 1위 국가입니다. 한국의 국가등록시스템을 벤치마킹하여 새로운 시스템을 만드신다면 분명 국가운영에 매우 유용할 것이라고 생각합니다.

사실 저는 공백여권과 공백주민등록증 카드 공급에 관심이 있었는데, 총리님께서 제안하신 프로젝트들이 매우 포괄적이고 새로운 내용들이어서 충분히 검토해 봐야 할 것 같습니다. 특히 공백여권이나 주민등록증 공급문제, 발급장비 공급문제, 발급시스템 공급문제는 입찰에 적극 참여하고자 합니다. KOMSCO가 키르기즈스탄의 국가등록 시스템 구축에 조금이라도 기여했으면 하는 바람입니다.

그러나 주민등록 프로그램 구축에 대한 한국정부의 자금 지원이나 전문가 지원 문제는 저의 소관사항이 아니라서 답변 드리기 어렵습니다. 돌아가서 한국정부와 협의하여 보겠습니다. 또한 합작회사 설립문제는 검토가 필요한 사안 이므로 돌아가서 충분히 검토하겠습니다.

이 모든 프로젝트들이 총리님께서 깊은 관심을 가지신 사업이니 적극적으로 검토하겠습니다. 총리님께서 KOMSCO에 대해 이토록 깊은 관심을 가져 주심에 깊은 감사를 드립니다."

바바노프 총리는 공기업과 협력하고 싶다고 하면서 KOMSCO가 그 역할을 담당해 주기를 요청했다. 그러면서 총리께서는 "어떤 사항이든 의견이나 제안이 있으면 내 명함에 적힌 이메일로 연락해 주기 바란다."는 말을 덧붙였다.

나는 깜짝 놀랐다. 그래도 일국의 국무총리인데, 이메일로 연락해도 좋다고 허락하는 것을 보고 깜짝 놀랐다. 나는 되물었다.

"그래도 되겠습니까?"

바바노프 총리는 "그렇습니다. 언제든지 좋습니다."

라고 답하였다. 참으로 열린 마음이다. 젊고 유능한 총리라 그런지 열린 마음으로 다가서고 포용하려는 자세가 매우 인상적이었다.

나는 귀국하여 바바노프 총리가 얘기한 주민등록 프로그램 지원 문제에 대해 행정안전부와 총리실에 각각 보고했다. 그리고 우리 공사로 돌아와 관련된 사안들을 검토하기 시작했다.

그러던 중 2012년 8월 초, 국제경쟁입찰이 진행됐다. 공백 신분증 부문에 관한 입찰이었는데, 연간 전자여권 10만 권, 일반여권 30만 권, 주민등록증 50만 장으로 연간 23억 원 정도였다. 발급시스템, 생체정보수집, 인구등록 및 사무자동화 시스템으로 BTL(Build, Transfer, Lease) 방식으로 5~7년간 분할지급 방식이었으며, 각종 증명서 발급사업으로 연간 16여 종에 150만 건 정도였다.

그러나 8월 23일, 입찰 취소가 있었다. 키르기즈스탄의 내부 사정으로 인해 내각이 해산되고 바바노프 총리가 해임되면서 국가등록청장도 해임되었던 것이다. 바바노프 총리가 실각하면서 국가등록사업도 표류하였다.

그로부터 1년이 넘게 흐른 2013년 11월 19일, 키르기즈스탄의 아탐바예프 대통령이 방한했다. 나는 롯데호텔 만찬장에서 아탐바예프 대통령과 인사를 나누고, 수행한 경제부총리도 만났다.

경제부총리도 KOMSCO에 대한 각별한 관심과 협력을 요청했다. 이것은 단순히 KOMSCO에 대한 것이라기보다는 한국에 대한 각별한 관심과 협력의 요청이었다고 생각한다. 그 후 나는 퇴임하게 되었고, 키르기즈스탄 사업은 결국 빛을 보지 못하고 말았다.

9
이라크 주민등록증 사업
이야기

　나는 해외시장을 전 방위적으로 개척하기로 했다. 주로 중국이나 동남아에만 국한되어 있었던 협소한 우리의 해외시장을 전 세계로 넓혀 나가고자 한 것이다. 이러한 전략에 따라 그간 관심권 밖에 있었던 중동권 시장도 공략하기로 했다.

　나는 중동권 국가를 비롯한 모든 국제입찰 정보의 모니터링과 현지 대리인 선정 등을 추진했다. 그러던 중 우리의 국제입찰정보 모니터링에 이라크 주민등록증 사업이 검색되었다. 또 두바이에 소재한 PMK Middle East의 박영철 사장이 이라크가 주민등록증(NID 카드) 사업을 추진한다는 정보를 입수해 왔다.

　지금까지의 수출은 주로 주화와 화폐용지 수출이었지, 주민등록증 사업은 추진되지 못하고 있었다. 그런데 세계 시장을 보면

NID 카드 시장이 화폐시장보다 훨씬 더 크다. 이 크고 넓은 시장을 개척하지 못하고 있었던 것이다. 새로운 분야로 NID 카드 시장을 공략하기로 결정했다.

그런데 이라크 주민등록증 사업은 카드만 제조하는 것이 아니라 발급 시스템까지 공급하는 것이었다. 따라서 시스템 업체가 아닌 조폐공사로서는 시스템 업체와의 협력이 필요했다.

국내에 여러 시스템 업체가 있었지만 그 가운데 포스코 ICT가 글로벌 주민등록증 시장에 진출하고자 하는 의지가 강했다. 그리하여 조폐공사가 주 사업자가 되어 공백 카드 공급을 담당하고 포스코 ICT가 시스템 구축을 담당하며 현지 업체인 AGC가 시스템 운영 및 유지보수를 담당하는 컨소시엄을 구성하였다.

해외에서 주민등록증 같은 NID 사업을 수주하려면 전자주민등록증 및 전자 여권을 공급한 실적(Reference)의 확보가 필수적이다. 선진 기업들이 그들의 기득권 시장을 보호하기 위해 쳐 놓은 일종의 진입장벽이다. 그들은 많은 실적을 보유하고 있었지만, KOMSCO 같은 신규 진입자에게는 실적이 없으니 진입하기가 어렵다.

우리나라에서라도 공급실적이 있으면 좋으련만, 그것도 막혀 있다. 우리나라는 주민등록증에 전자 칩(chip)이 들어간 전자 주민등록증이 도입되지 않고 있기 때문에 전자주민등록증의 공급실적이 없는 것이다. 이것이 NID 사업의 해외진출에 큰 장애요인으로 작용했다.

전자 여권은 우리나라가 2007년에 이미 도입했다. 하지만 전자 여권의 핵심인 전자여권 표지(E-cover)와 전자칩 운영체계(COS: Chip Operating System)는 조폐공사 것이 아닌 외국산을 쓰고 있다. 조폐공사는 전자여권 표지(E-cover)와 전자칩 운영체계(COS: Chip Operating System)에 대한 독자 기술을 갖고 있으면서도 이를 제조·공급하지 못하고 있다.

비록 KOMSCO는 공급실적이 없지만 대한민국의 국가 기업으로서 공신력이 높다는 점을 적극 강조하기로 했다. 또한 현지 업체와의 제휴를 통해 현지 시장을 개척하기로 했다. 향후 다른 해외시장에 대비한 실적을 만들기 위해서 이라크 주민등록증 사업 수주에 적극 임하기로 전략을 세웠다.

이라크 주민등록증 사업은 공백카드 500만 장의 공급과 현지 발급용 사이트 구축 및 시스템의 공급 등을 2년 이내에 완료하는 내용이었다. 입찰가격을 결정하는 데 있어서는 3개 업체 컨소시엄이므로 각자의 이익 조정이 필요했다.

조폐공사는 컨소시엄 주사업자라는 점을 감안하여 조폐공사의 몫인 공백카드는 최소 이익을 확보하는 선에서 가격(안)을 책정하였다. KOMSCO가 최소 이익을 책정하자, 협력업체들도 이해와 상호 신뢰를 바탕으로 수주를 위한 최소 이익을 확보하는 선에서 타협하여 약 8천만 불을 최종 입찰가격(안)으로 책정하였다.

2012년 8월 12일, 드디어 고대하던 국제 경쟁 입찰이 시작되었다. 독일의 지앤디(G&D) 등 선진국 기업을 중심으로 19개 컨소시엄이 참가했다. 그만큼 가격 경쟁이 치열했고 정보탐색전이 치열했다. 나는 마음을 졸이며 발표를 기다리고 있었다.

그리고 마침내 현지에서 연락이 왔다. 우리가 최저가(Lowest) 입찰자란다. 우리는 환호했다. 사상 최초로 주민등록증(NID 카드) 시장에 진출할 수 있게 된 것이다.

뚜껑을 열고 보니, 독일의 지앤디(G&D)가 2억 5,200만 불, 프랑스 탈레스(Thales)가 2억 200만 불, 독일 뮐바우어(Muehlbauer)가 1억 700만 불을 제시했다. 우리가 8천만 불(860억 원)이었으니, 가격경쟁력이 월등히 높았다. 우리가 우선 협상대상자가 된 것이다.

나는 이라크로 가서 계약을 체결할 준비를 하고 있었다. 이라크 정부와 날짜만 잡히면 바로 날아갈 생각을 하고 있었던 것이다. 우리가 최저가 입찰자이니까 당연히 우리가 우선 협상대상자가 되었다고 생각했다. 그런데 어찌 된 일인지 계약하러 오라는 통보가 없다. 계약을 차일피일 미루는 것이다.

'이상하다. 왜 그럴까?'

무슨 사정인가 알아보아도 시원한 답변이 없다. 그러다가 나중에는 사업 내용이 바뀐다는 얘기도 들렸다. 명색이 국제 경쟁 입찰인데, 입찰 결과가 나온 지 4개월이 넘도록 아무런 결정도 하지 않은 채 넘어가 버린 것이다.

　그동안 우리는 공식 서한도 보내고 김홍림 해외사업 2단장을 비롯한 관계자들이 현지 출장도 갔으나 소득이 없었다. 현지 대리인과 포스코 ICT도 정부 관계자들을 만나고 알아보고 했으나 시원한 답변을 듣지 못했다. 그렇게 2012년을 넘기고 말았다.

10
이라크의 재입찰

2013년 2월 말, 포스코 ICT에서도 현지에 가서 이라크 내무차관을 만나는 등 많은 노력을 했으나 아직 이라크 정부의 정책이 결정되지 않았다는 답변 아닌 답변만 듣고 왔다.

답답한 마음에 2013년도 3월 말, 컨소시엄 3개 업체가 대표단을 구성하여 이라크 내무부를 방문하기로 했다. 해외사업이사를 대표로 하여 이라크 정부 관계자들을 만나 보게 한 것이다.

2013년 3월 31일 김철진 이사는 이라크 내무부 계약국장 자하드 장군(General Jahad)을 만났다. 이라크의 주민등록증 사업에 대한 계약건이 RFP가 개봉되고 나서도 지연됨에 따라 여러 가지 문제가 발생하고 있다는 점을 얘기하면서 유감을 표명했다. 그리고 내무부 차관의 면담을 요청했다.

자하드 국장은 우리의 입장을 충분히 이해한다는 입장이면서도 전혀 예상치 못한 새로운 얘기를 했다. 이라크 정부가 사업내용을 바꾸기로 했단다. 단순 카드의 공급이 아닌 이라크 현지에 카드 공장을 세우는 것을 주 내용으로 하는 새로운 조건의 사업이란다.

그러면서 상부지시에 따라 재입찰을 실시할 계획이며, 1차 입찰시 상위 4개 업체인 한국의 KOMSCO와 독일의 지앤디, 불란서의 탈레스, 독일의 뮐바우어를 대상으로 제한경쟁입찰을 다시 실시할 예정이라고 했다. 제안서에는 주민등록증 생산시설과 투자계획 및 기술지원 프로그램에 대한 내용이 포함되어야 할 것이라는 말도 덧붙였다.

2013년 6월 중에 새로운 입찰 공고를 할 계획이라고 일방적으로 통보받은 것이다. 결국은 재입찰을 위해 계약을 미룬 것이다. 참으로 안타깝기도 하고 아쉽기도 했다.

우리 대표단은 4월 4일 내무부 장관 대행 알 아사디(Mr. Adnan al-Assadi) 내무부 차관을 면담하였다. 사업 내용을 변경하게 된 배경으로 아사디 차관은 이라크 전후 복구 사업으로 전쟁미망인 및 원호 가족을 위한 취업용 공장 건설과 운영에 있음을 강조하면서 KOMSCO가 적극 참여해 줄 것을 요청했다.

김 이사는 1차 입찰이 무효화 된 점에 대해 유감을 표명하고 이라크가 현지 ID공장을 설립할 경우, 우리는 기술적·인적 지원 등을 포함한 모든 지원을 충실히 할 것이라는 점을 밝히고 KOMSCO의 기술력과 정부기업으로서의 공신력 등을 강조하였다. 알 아사디 차관은 기술고문인 자와드(Major General Jawad) 씨를 소개하였다.

우리 대표단은 자와드(Jawad) 기술고문과 타신(Major General Tahseen) 사업총괄 책임자를 통해 좀 더 자세한 얘기를 들을 수 있었다. NID 사업에는 쿠르드 지역을 포함하여 전국에 발급 사무소와 복구(Backup)센터를 건설하는 내용이 포함될 것이라는 얘기였다.

생산기준은 신분증(ID카드)이 연간 500~700만 장, 전자여권이 연간 50만 장 정도로, 사업내용이 확 바뀌고 더 포괄적이고 더 복잡해졌다. NID 카드 공장 설립, 전국 단위의 발급사무소 구축 등 사업내용이 크게 달라진 것이다.

2013년 6월 18일, 재입찰 공고가 있었다. 입찰 공고 내용은 다음과 같았다.

『국가 데이터 센터(National Data Center)를 설치한다. 주민카드(NID카드) 발급소를 전국 25개소에 구축하고, 국가 데이터 센터와 정보교환이 가능하도록 시스템을 구축한다. NID카드는 PC 재질로 공백카드 1,000만 장을 공급하고 메모리는 64KB 이상의 비접촉식 칩을 내장한다. 보안요소는 홀로그램 등 7종 이상 적용되어야 한다. 그리고 주민등록번호체계를 도입한다.

이러한 목표를 달성하기 위한 시스템, 장비, 소프트웨어, 인적 트레이닝, 정비를 위한 모든 자원을 포함한다. 현행 이라크 국민 정보를 전자 데이터베이스에 통합하고 열손가락 지문 및 홍채를 저장하고 인식할 수 있는 시스템을 구축한다. 본 사업을 수주한 업체는 경찰 전몰자 협회(Police Martyrs)와 협력하여 ID 생산 공장 건립을 함께 추진한다.』

2차 입찰은 사업규모가 크게 확대되고 방식이 달라졌다. 1차 입찰 시에는 없었던 주민등록증 생산 공장 건립이 주 내용이었다. 사업 구역으로 지정되지 않았던 쿠르드 지역이 포함되었고, 주민등록증 공급 수량도 5백만 장에서 1천만 장으로 확대되었다.

우리는 이라크 내무부로부터 이라크 내에 ID카드 생산 공장 설립 및 운영에 대한 제안을 별도로 제출해 줄 것을 요청받아 별도 제안서도 제출했다.

우리는 사업의 내용과 규모가 변경됨에 따라 비용을 재산정하여 가격(안)을 제시했다. 실무진에서는 가격(안)을 1억 1,989만 불로 만들어 왔다. 나는 실무진들이 만들어 온 가격에서 10만 불을 내리려고 했다. 왠지 10만 불 정도는 낮추어야 될 것 같은 생각이 들었다.

많은 논의를 한 결과, 우리는 1차 입찰에서 선진국 기업들이 2억 불 이상 가격 제시를 했는데 2차 입찰은 사업내용이 더 확대되었고 복잡해졌기 때문에 2억 불 밑으로 내려오기는 어려울 것이라는 결론이 나왔다. 1억 2,000만 불선은 그들이 따라올 수 없는 안정권이므로 10만 불이라도 더 확보하는 것이 유익하다는 쪽으로 의견이 모아졌다.

10만 불을 내릴까 말까 고심하던 나는 결국 1억 1,989만 불을 입찰가격으로 결정했다.

2013년 6월 20일, 입찰결과가 발표되었다. 독일 지앤디는 1억 1,983만 불을 제시했고, 한국의 KOMSCO는 1억 1,989만 불, 불란서의 탈레스는 1억 2,921만 불, 독일의 뮐바우어는 1억 6,999만 불을 제시했다. 놀랍게도 독일의 지앤디가 우리보다 6만 불이나 낮았다.

1차 입찰에서 2억5,200만 불을 제시했던 지앤디가 우리보다 6만 불이나 낮은 가격을 제시하다니! 우리는 충격과 놀라움에 휩싸였다.

'아, 처음 생각대로 10만 불을 깎을 걸……'

아쉬움과 안타까움이 쓰나미처럼 밀려왔다. 어떻게 우리와 6만 불이라는 근소한 차이가 날 수 있을까? 아무리 생각해봐도 추론이 안 된다. 우리의 가격을 미리 알지 못하고서는 불가능한 일이다. 순간 아차! 뭔가 잘못됐다는 생각이 들었다. 아마도 정보가 유출된 것 같다는 생각이 들었다. 국가 간의 첩보전을 뺨치는 입찰 정보전이다. 우리는 정보유출을 고려해 현지 작업을 요르단에서 했다. 우리가 작성한 제안서는 아랍어로 번역을 하여 공식적으로 제출해야 한다. 아랍어로 번역하는 것은 현지 대리인인 TSI 측의 도움을 받아서 했다. 이 과정에서 정보유출이 있었지 않았을까 하는 추론만 해볼 뿐 확인할 방법이 없었다. 아쉬움도 크고 미련도 컸다.

그런데 독일의 뮐바우어가 독일 지앤디의 입찰제안서에 문제가 있음을 제기하고 나섰다. 각종 입찰관련서류도 지앤디 독일 본사가 아닌 두바이 지사가 제출했다. 두바이 지사는 ID 생산시설도 없고 생산 경험도 없을 뿐만 아니라, 가장 중요한 ID 제조시설 제안서에는 금액도 표시되어 있지 않았다.

그러나 이라크 정부는 침묵하고 있었다. 가격요소가 제일 중요하겠지만, 이라크 정부는 기술력과 공신력 등을 종합적으로 평가하여 결론을 내리겠다고 했다. 우리는 종합평가를 기대해 보기로 했다. 우리의 기술역량과 한국의 공기업으로서의 공신력을 설명하여 종합평가에서 우위를 확보하고자 한 것이다.

2013년 7월 27일부터 8월 2일까지 해외이사를 단장으로 한 컨소시엄 대표단이 다시 이라크를 방문하였다. 경찰전몰자협회(Police Martyrs) 의장인 자와드(Jawad)씨를 방문하여 국가주민등록증 제조시설에 대한 우리 측의 제안내용을 설명하고 우리 공사의 기술력과 공신력을 강조하였다.

2013년 7월 중순, 강창희 국회의장께서 이라크를 방문하였다. 강 국회의장께서 이라크 말리키(Nouri Kamel al Maliki) 총리를 면담할 시 이라크 주민등록증 사업에 한국의 공기업인 KOMSCO가 참여했고 KOMSCO는 기술력, 공신력이 매우 우수하니 잘 살펴봐달라는 말씀도 하셨다. 또 8월에는 만약 우리가 수주할 경우 이라크의 전자정부 구축에 한국 정부가 적극적인 협력을 하겠다는 행정안전부 장관의 서신도 송부하였다.

그러나 이러한 바람과 노력이 무색하게도 2013년 9월 5일, 이라크 정부는 독일 지앤디가 최종 사업자로 선정되었다는 서한을 보내왔다.

결과만 보면 참 이상하다. 지앤디가 1차 입찰에서 떨어지자 사업내용을 변경하여 2차 입찰을 추진했고, 2차 입찰에서도 지앤디에 문제가 있음에도 불구하고 그대로 밀어붙인 것이다.

나중에 들리는 바로는 지앤디가 사업을 포기할 의사를 나타냈으나 이라크 정부의 강경한 대응으로 인해 그대로 사업수행을 하기로 했다고 한다. 아마 그 가격으로 사업을 추진하기가 쉽지 않았을 것이다. 또 현지 치안 불안도 걱정거리였을 것이다.

나는 현지의 치안 불안 등 국가적 리스크를 감안하면 수주 못한 것이 오히려 전화위복이 됐을 수도 있다는 생각도 들었지만, 그래도 아쉬움이 크게 남는 사업이었다. 글로벌 국가주민등록증 사업에 최초로 실적을 쌓을 수 있는 좋은 기회였는데, 안타깝게도 놓친 것이다.

11
리비아를 공략하라

　리비아는 무아마르 카다피가 지난 1969년 이래 42년간 철권통치를 해온 나라이다. 튀니지에서 시작된 민주화 시위로 아랍의 봄이 오자, 리비아에서도 카다피 정권의 퇴진을 요구하는 시위가 곳곳에서 일어났고 마침내 2011년 8월 카다피 정권이 붕괴되었다.

　장기 독재 정권이 붕괴되고 나면 화폐개편이 있을 수도 있다고 생각한 나는 실무진들에게 리비아를 비롯한 아랍권의 정권교체 국가들을 대상으로 화폐개편 정보 수집을 지시했다. 이들 나라뿐만 아니라 모든 타깃 국가들에 대해 입찰정보가 나온 뒤에 대응하지 말고 입찰정보가 나오기 전에 선제적인 마케팅을 할 것을 지시했다.

이에 따라 우리는 시장정보를 입수하기 위해 국제입찰정보 사이트는 물론, 재외공관, 코트라, 민간종합상사 등을 통해 정보를 낱낱이 수집했다. 그 결과, 리비아가 유통 주화를 새로 만들려 한다는 정보가 입수되었다. 그리고 2012년 3월, 우리는 주 리비아 대사관의 협조를 받아 리비아의 현재 사용 중인 유통 주화를 입수하여 기술적 분석을 실시하고 제조가능성까지 확인하였다.

그해 4월 해외이사를 비롯한 실무진들이 직접 현지에 가서 리비아 중앙은행 부총재와 발권국 관계자들을 만나 주화와 은행권에 대한 선제적 사업제안을 하였다.

KOMSCO의 제조시설, 생산능력, 기술수준 등을 소개하고 우리가 현재 태국 등을 비롯해 여러 나라에 주화를 수출하고 있다는 점과 한국의 정부 기업으로서의 신뢰성을 강조하였다. 이러한 노력에 따라 2012년 11월, 우리는 리비아의 신규 주화 4종에 대한 입찰참가자격(PQ)을 획득하였다.

우리는 입찰 공고가 나오기 전인 2013년 1월, 선제적 마케팅을 하기로 했다. 리비아의 신규 주화의 디자인과 기술규격에 대한 우리 의견을 리비아 중앙은행에 제안한 것이다.

리비아의 문화와 역사를 바탕으로 디자인을 설계했고, 아랍어 글자체에 대한 인식 및 압인(壓印) 적성 등을 고려하여 만든 아름다운 디자인을 제시했다. 그리고 리비아가 사용하는 도금주화를 기본 규격으로 제시한 후, 도금주화보다 한 단계 업그레이드 된 동합금 주화를 별도로 제안하여 기술적 차별성을 부각시켰다.

동합금 주화는 도금주화보다 품질이 우수하다. 녹이 슬지 않고 자판기에 사용하기가 용이한 동합금 주화의 특성과 장점을 강조하였다. 리비아 중앙은행에 동합금 주화의 장점을 미리 각인시켜 놓기 위함이었다.

12

리비아 주화 수주에
성공하다

2013년 3월 18일, 리비아 중앙은행에서 국제경쟁입찰이 있었
다. 1/2디나르(Dinar), 1/4디나르(Dinar), 50디르함(Dirham), 100
디르함(Dirham) 4개 화종에 대한 입찰이었다. (1디나르가 1,000디르
함이다.)

이 국제입찰에 한국의 KOMSCO 이외에도 영국 조폐국(The
Royal Mint)과 캐나다 조폐국(Royal Canadian Mint), 프랑스 조폐국
(Monnaie de Paris)이 참가했다. 모두 다 쟁쟁한 조폐국들이다.

우리는 신규 주화의 새로운 디자인과 기술규격을 제시하면서
입찰에 참가하였다. 리비아가 원하는 도금주화를 기본 안으로 하
고, 제2안으로 동합금주화(Alloy)를 제시한 것이다. 당일 개찰 직
후 바로 입찰자들의 가격발표가 이어졌다.

50Dirham   100Dirham

1/4Dinar   1/2Dinar

조폐공사가 수출한 리비아 주화

영국 조폐국(The Royal Mint)이 최저가 입찰자였다. 영국은 우리와 비교가 안 될 정도의 낮은 가격으로 들어왔다. 1/4디나르에서만 우리와 근접했을 뿐 다른 화종에서는 현격히 차이가 났다. 1/4디나르에서는 영국 조폐국은 우리보다 겨우 3.2달러가 낮았다.

이 가격이면 영국 조폐국은 원가보전도 안 될 것이다. 아마도 영국 조폐국은 이익은 생각지 않고 영업 손실이 나더라도 일거리 확보에 주력한 것 같다. 영국 조폐국도 최근 사업물량이 줄어들어 어려움을 겪고 있는 것으로 알려졌다. 요즘 경향을 살펴보면, 선진업체들도 이익 확보보다는 일거리 확보에 우선하는 모습이다.

그런데 입찰 결과 발표 후, 리비아 중앙은행은 별다른 이유도 없이 재입찰을 실시한다고 밝혔다.

2013년 4월 28일, 재입찰이 진행되었다. 리비아는 1차 입찰 시와는 달리 주화 규격을 변경하였다. 1/2디나르와 1/4디나르는 동합금 주화로 하고 50디르함과 100디르함은 도금주화로 하겠다는 것이었다. 우리가 동합금 주화의 장점을 적극 홍보한 전략이 통하지 않았나 하는 생각이 들었다.

수량도 조정하여 당초 7,200만 장이었던 것을 1억 6,000만 장으로 확대하였다. 우리는 변경된 제안에 맞추어 가격을 다시 산정하는 등 준비에 여념이 없었다.

그리고 가격 발표일 바로 전날인 6월 24일, 기술제안이 있었다. 이날 리비아 중앙은행 관계자가 현지에서 입찰업무를 총괄하던 정우원 중동아프리카 팀장에게 "KOMSCO는 리비아 주화에 적용할 수 있는 새로운 기술 제안은 없느냐?"고 물었다.

우리 팀은 보안요소를 적용한 기술제안을 준비해 가지 않은 상태였다. 그러나 정우원 팀장은 당황하지 않고 "우리도 있다."고 대답했다. 그리고는 정 팀장은 잠상기술33)과 레터링(Lettering)기술34)을 생각해 냈다. 레터링 기술을 적용하면 우리 공사가 레터링 시설이 없기 때문에 제조비용이 높아져 경쟁력이 없다고 판단하여, 레터링은 제외하고 잠상기술만 제안하기로 했다.

정 팀장은 즉시 본사와 연락하여 잠상기술 적용 시의 가격 견적을 새로 받아 밤새 새로운 가격 견적서를 작성하였다. 잠상기술이 적용된 새로운 디자인과 새로운 보안요소를 적용함에 따라 가

---

33) 잠상기술: 보는 각도에 따라 문양이 다르게 보이도록 각인하는 기법. 첨단 보안 기술요소이다.
34) 레터링기술: 주화의 측면에 글자를 각인하는 기술

격이 높아졌다. 그러나 타 업체들과의 차별화를 위해 추가로 잠상기술을 적용하는 안을 제안하였다.

우리 팀은 잠상기술을 적용한 우리 제안의 품질적 우수성과 기술적 차별성을 최대한 부각시켰다.

2013년 6월 25일, 입찰결과 발표가 있었다. 입찰결과 가격에서 영국의 조폐국이 최저가 입찰자였고, 우리는 4개 화종(貨種) 모두에서 2~4위가 되면서 탈락위기에 몰렸다.

그러나 포기할 수 없었다. 입찰 가격이 영국 조폐국과 근소한 차이로 2위를 한 1/4디나르 주화만이라도 수주해야겠다는 생각이 들었다. 가격에서 1등을 한 영국 조폐국은 새로운 기술제안을 하지 않았다. 캐나다 조폐국과 프랑스 조폐국은 새로운 기술제안을 했지만, 어떤 새로운 기술제안을 했는지 알려지지 않았다.

우리는 리비아 중앙은행 관계자들에게 우리의 기술적 차별성을 직접 설명하고 우리 공사의 디자인과 품질의 우수성을 강조하는 등 적극적인 홍보를 펼쳤다. 주리비아 한국대사관, 해외건설협회 리비아지부장의 적극적인 도움도 받았다.

그 결과 리비아 중앙은행 입찰위원회에서 우리의 제안을 깊이 검토한 후 잠상기술을 적용한 우리의 제안을 수용하기로 했다. 비록 가격이 좀 높더라도 KOMSCO의 제안을 받아들인 것이다.

우리는 1/4디나르 1개 화종(貨種)만이라도 수주하기를 바라고 있었는데, 리비아 중앙은행은 4개 화종(貨種)(1/2디나르, 1/4디나르,

50디르함, 100디르함) 모두를 우리에게 주었다. 실로 놀라운 쾌거였다. 새로운 디자인과 새로운 기술을 적용한 결과물이었다.

그러자 영국 조폐국과 프랑스 조폐국이 강력하게 반발하였다. 자기들이 가격이 더 낮다고 주장하며, 자국 대사관까지 동원하여 어필한 것이다. 그 바람에 최종 발표일 직전까지도 상당한 진통을 겪었다.

그러나 우리도 적극적으로 대응했다. 대사관, 해외건설협회 등 중앙은행과 연결고리가 있는 네트워크를 총동원하여 대응했다. 그 결과, 리비아 중앙은행이 우리의 손을 들어 주었다. 우리가 수주하게 된 것이다.

이번 수주는 정우원 팀장이 새로운 잠상기술을 제안하면서 얻어낸 결실이다. 100디르함과 50디르함은 도금주화였지만, 1/2디나르와 1/4디나르는 동합금 주화였다. 수량이 1억 6,000만 장에 금액은 118억 원에 달하는 것이었다. 실로 대단한 성공이었다.

13
리비아 주화 수주의
성공요인

리비아 주화를 수출하면서 우리 공사는 많은 것을 얻게 되었다. 첫째, 중동권 국가에 발판을 마련한 것이다. 리비아 주화가 호평을 받으면서 이웃 다른 나라들도 KOMSCO에 관심을 갖게 되었다. 리비아측 관계자들도 만약 KOMSCO가 리비아 주화사업을 성공적으로 수행하면 다른 아랍권 국가들이 KOMSCO에 대해 매우 우호적인 관심을 가질 것이라는 말을 자주 했었다.

둘째, 잠상기술을 현용 주화에 처음 적용하면서 주화부문에 새로운 지평을 연 것이다. 앞으로 잠상기술을 적용한 주화를 선호하는 국가들이 생겨난다면, KOMSCO가 잠상기술 적용의 선두주자가 될 것이다.

셋째, 도금주화 기술을 개발한 것이다. 1/2디나르와 1/4디나르는 동합금 주화였지만, 50디르함과 100디르함은 도금주화였다. 도금주화를 만들기 위해서는 스틸 소전(素錢, Coin Blanks)35) 제조업체와 스틸 소전에 도금할 도금 전문업체를 구해야 했다. 우리는 소전을 만들지 않고 있고 또 소전에 도금하는 소전도금 시설을 보유하고 있지 않기 때문이다.

리비아 주화 수주를 위해 우리는 2013년 초부터 도금 전문업체를 물색했다. 도금한 소전에 우리가 만든 디자인을 압인하여 도금주화를 만들기 위해서다. 도금을 잘못하면 압인 시에 도금부분이 깨지기도 하고 벗겨지기도 한다. 그래서 도금 기술이 중요하다. 우리 기술연구원이 소전도금 기술을 개발하여 중소기업에게 기술전수를 하였다. 이렇게 기술개발을 통해 도금주화의 국산화에 성공한 것이다. 이로써 중소기업과 동반성장할 기반을 다진 것뿐만 아니라 향후 세계 도금주화 시장에 진출할 수 있는 역량을 기른 것이다.

그렇다면 리비아 주화 수주 성공요인은 무엇이었을까?

첫째, 선제적 마케팅(Pre-marketing)이다.

㈜리비아 대사관, 코트라, 민간종합상사 등과 긴밀한 협력 체제를 구축하여 사전 정보 수집을 하였다. 또 리비아 중앙은행을 대상으로 한 선제적 마케팅을 통해 리비아가 주화를 발주할 것이

---

35) 소전(Coin Blanks): 금액이나 문양이 압인되지 않은 공백상태의 동전.

제2부 네 가지 전략 : 4N

라는 정보를 입수하고, 입찰 실시 이전에 입찰참가자격을 미리 얻었다.

또 우리가 새로운 디자인과 새로운 기술을 적용한 안을 그들에게 적극적으로 제시함으로써 그들의 관심을 끌었을 뿐만 아니라 주화의 소재별 장단점을 분석하여 동합금 주화를 대안으로 제시하였다. 이러한 선제적 노력들이 수주 성공의 한 요인이었다고 본다.

둘째로 창의적 접근을 들 수 있다.

우리는 리비아가 민주화 혁명이후 새로운 모습을 국민들에게 보이기 위해 카다피 시절의 주화와는 차별화되는 새로운 주화를 만들고자 할 것이라는 점에 착안하고, 창의적인 접근으로 새로운 디자인과 새로운 잠상기술을 적용한 동합금 주화를 제안 했다.

디자인은 기술연구원 디자인팀의 김재민 씨가 맡아 했다. 리비아의 문화와 역사, 아랍어 서체를 탐구하여 달과 별 그리고 액면가 등 주요 소재를 중첩적으로 아름답게 디자인했다.

그리고 가격입찰 전날 있었던 기술제안에서 기존 주화와 더불어 타 업체들과의 차별화를 위해 정우원 팀장이 생각해 낸 새로운 기술이 잠상기술이었다. 이 기술은 위변조를 방지하는 첨단 보안 기술로, 2012년 여수 엑스포 기념주화에 한 차례 적용한 적이 있다.

잠상기술이 적용된 주화는 보는 각도에 따라 리비아의 상징인

별이 보이기도 하고 초승달이 보이기도 한다. 리비아 국민들에게는 완전히 새로운 모습의 주화인 것이다. 이 제안은 완전히 창의적 접근이요, 새로운 기술로 다른 나라에서는 미처 생각하지 못한 아이디어이다.

그들이라고 해서 잠상기술이 없겠는가? 다만 우리가 먼저 생각해 낸 것이다. 마치 콜럼버스의 달걀 세우기처럼 말이다. 이러한 창의적인 접근이 리비아 주화의 수주에 성공할 수 있었던 중요한 요인이었다고 본다.

셋째로 도전과 열정이었다.

도금주화를 만드는 것은 그야말로 새로운 도전이었다. 도금주화는 가벼운 메탈에 도금을 한 주화로, 가격이 비교적 저렴하다. 우리는 도금주화를 쓰지 않고 있고 또 우리가 수출한 나라들도 도금주화가 아니었기 때문에 도금주화는 우리가 만들어 보지 못했다. 도금주화를 만들려면 도금주화 소전(素錢)을 공급받아야 하는데 도금주화 소전을 구하는 것이 어려웠다.

우리의 주화 소전 공급업체인 풍산금속이 도금용 스틸 소전을 공급해 주기로 하면서 소전업체문제는 해결 되었다. 또 우리에게는 도금 시설이 없어서 소전 도금업체를 찾아야 했는데, 우리 실무진들은 전국을 다 뒤져 현대도금을 발굴했다. 이 중소기업을 상생협력기업으로 등록하고 도금기술을 전수하여 도금문제를 해결할 수 있었다. 도금을 잘못하면 압인 시에 도금이 깨질 수도 있

고 벗겨질 수도 있다. 이런 문제점들을 우리 기술팀들이 현대도
금에 기술전수를 하여 잘 해결할 수 있었다. 이제는 값싼 도금주
화도 우리가 제조할 수 있게 된 것이다. 도금주화의 여러 어려운
고비를 도전적 자세와 열정으로 극복해낸 것이다. 이런 것이 또
다른 성공요인이었다고 본다.

14
페루 은행권

　그동안 해외수출은 주로 화폐용지 사업과 주화사업이었다. 그러나 지폐도 만들고 잉크, 주민등록증이나 여권과 같은 ID제품도 만드는데 왜 이들 제품들은 수출을 못 할까? 적극적으로 시장 개척을 하지 않은 탓이 아닐까?

　시장도 동남아 중심이었다. 중동지역이나 아프리카, 중남미, CIS국가 등 개척할 시장은 참으로 많다. 그런데 왜 이런 지역에는 수출을 하지 못할까? 게다가 많은 개발도상국에서는 아직도 화폐를 수입해서 쓴다. 그런데 이 시장의 80~90%를 글로벌 메이저 업체 5~6개가 다 차지한다. 우리는 왜 이런 시장을 차지하지 못할까?

　그래서 나는 전방위적으로 세계 시장과 품목을 조사 할 것을 지시했다. 그리고 우리가 수출이 가능한 품목과 가능한 국가들을 정리했다. 전략적으로 공략하기로 한 것이다.

조폐공사가 수출한 페루 은행권

더불어 중남미 시장의 개척을 위해 해외사업이사를 칠레, 페루 등 여러 나라로 보내며 사전 마케팅(pre-marketing)을 했다. KOMSCO의 제품과 기술력을 알리기 위한 홍보 브로슈어를 만들어 필요한 나라에 뿌렸으며, 현지 대리인도 선정했다. 현지 정부 관계자들도 만나고 현지 대사관에도 협력을 구하고 코트라(kotra)의 협조도 구했다.

이렇게 글로벌 역량을 강화하여 발굴한 것이 페루 은행권이었다. 페루는 그동안 영국 데라루(De La Rue)가 지폐를 공급하여 왔다. 데라루는 글로벌 메이저 업체 2~3위에 들어가는 막강하고 유명한 영국 민간회사다.

그런데 우리라고 못하란 법이 있나? 우리도 한 번 해 보자 는 마음에 중남미 시장도 개척해 보기로 했다. 칠레, 페루 등 잠재시장인 나라들을 노크해 본 것이다.

페루중앙은행 관계자들이 먼저 입찰참가자격(PQ)을 획득하라고 한다. 그래서 우리는 PQ를 획득했다. 2012년 4월, 페루 중앙 은행에서 은행권 사업에 참여할 의사가 있으면 제안 의향서를 제출하라는 연락이 왔다. 제안 의향서를 제출하고 6월, 해외이사와 미주팀 유창현 과장이 페루 중앙은행을 방문하여 기술력과 역량을 중점으로 우리 공사를 소개 했다. 반응은 기대 이상이었다.

8월 2일~3일, 이틀 동안 입찰이 이루어졌다. 입찰에 참여했지만, 이 입찰은 입찰보증금 유효기간의 효력문제가 발생하면서 입찰이 무효화되고 말았다.

그리고 11월 12일~13일, 2차 입찰이 있었다. 이 2차 입찰에서 우리는 영국의 데라루(De La Rue)를 제치고 낙찰을 받았다. 페루 은행권 50 누에보 솔 305백만 장을 97억 원에 수주하는 쾌거를 올린 것이다.

은행권 수출은 1995년 방글라데시 은행권 수주 이후 17년 만에 처음이었다. 그리고 중남미 시장 진출은 공사 역사상 처음이었다. 새로운 중남미 시장을 개척하는 데 황문규 팀장을 비롯한 실무진들의 많은 수고가 있었다.

그런데 이 페루 은행권 수주를 놓고 찬반논란이 일었다. 노동조합이 반대를 했다. 현장 직원들이 '과연 우리의 기술력으로 영국 데라루(De La Rue)가 만들던 돈을 우리가 만들 수 있을까?' 하는 불안감을 갖고 있었던 것 같다.

제2부 네 가지 전략 : 4N

그들의 반대 이유를 좀 더 구체적으로 살펴보면, 첫째 페루 은행권의 경우 요판 인쇄의 심도(深度)가 7미크론인데 우리는 5미크론 밖에 해 보지 않았다는 점이다. 어떻게 7미크론을 할 수 있겠느냐? 할 수 없다는 것이다.

두 번째는 손율(損率)이다. 입찰 시에 손율을 5.9%로 계산했는데, 실제로는 그 두 배인 10% 이상의 손율이 나올 것이라는 주장이다. 따라서 공헌이익이 나오기 어렵다는 것이다.

세 번째는 조합원인 작업자들의 작업 강도가 높아진다는 것이다. 안 해 보던 새로운 일을 하면 작업자들의 노동 강도가 높아진다는 것이다.

그러나 노조와의 많은 토론을 거치면서 이 불안감도 곧 사라졌다. 우리 연구원에서 페루 은행권을 정밀 분석하여 우리의 기술력으로 해낼 수 있음을 확인한 것이다.

또 기술 총괄 담당인 이흥균 국내이사가 생산기술자와 같이 페루 현지에 가서 기술검토를 하고 우리 측 요구사항을 제시한 결과, 페루 중앙은행이 받아주었다. 이렇게 하여 기술적으로 문제가 없다는 것이 확인되었다.

기술력 문제의 논란이 사라지면서 노동조합도 협력적 분위기로 돌아섰다. 우리도 "할 수 있다." "하면 된다." "해보자"라는 분위기로 전환되었다.

결과적으로 우리는 페루 은행권을 성공적으로 제조했다. 요판 심도 7미크론도 우리 기술력으로 해냈다. 손실률도 당초 예상보다 절반 정도 낮은 것으로 나왔다. 또한 작업자들의 노동 강도도 크게 높아지지 않았다. 작업자들이 좀 더 많은 공헌이익을 내기 위해 현장에서의 혁신노력을 더욱더 강화하였다.

이 페루 은행권을 수출하면서 우리는 많은 부수효과를 얻었다. 첫째로 남미시장에 교두보를 마련했다는 점이다. 남미 국가들에 KOMSCO의 존재감을 알림으로써 다른 나라 시장 개척에 하나의 좋은 신호탄을 쏘아 올린 것이다.

페루 은행권을 수주하고 나니, 각국 조폐기관과 글로벌 메이저 업체들이 KOMSCO를 다시 보기 시작했다. 2013년 5월 그리스 아테네에서 열린 국제화폐회의(CC)에 참가했더니, 실제로 많은 나라 대표들이 페루 은행권 수주를 축하하면서 격려 인사를 보냈다.

해외 수출을 추진하다 보면 거의 대부분의 나라들이 수출실적을 요구하기 때문에 실적이 없으면 시장 진입자체가 어렵다. 선진 메이저 업체들이 쳐 놓은 진입장벽인 것이다. 은행권에도 이러한 진입 장벽이 있었는데, 이것을 넘는 효과를 본 것이다.

둘째는 기술력의 향상이다. 페루 은행권을 하면서 몇 가지 기술적인 효과를 얻었다. 페루 은행권의 원도(原圖) 데이터를 분석해 요판 인쇄의 깊이가 깊은 은행권을 제조할 수 있는 기술 수준을 확보했다. 요판 인쇄 심도 7미크론까지 할 수 있게 된 것이다.

페루 은행권에는 이색성 형광 잉크가 있는데, 이것은 외국 업체가 독점적으로 생산한다. 그러다 보니 가격이 매우 높았다. 그런데 우리 연구원이 새로운 이색성 형광잉크 제품을 자체 개발하였다. 덕분에 비용을 크게 줄일 수 있게 되었다.

또 잘 마모되지 않는 요판 잉크를 개발하여 품질 향상을 시킴으로써 국내 은행권에도 확대 적용할 수 있게 되었다. 지폐 용지에 "픽셀 워터마크"라는 숨은 그림이 들어가는 기술을 개발해 생산에 적용했다.

이러한 노력의 결과로 페루 은행권을 수주함으로써 97억 원의 매출을 올리게 되었고, 남미시장에 진출 교두보를 마련하였으며 기술력의 향상을 가져오는 효과를 보았다. 많은 것을 얻은 셈이다.

15
해외사업의 위축

어느 조직에서나 공통적으로 있는 것이 있다. 이른바 '개혁저항세력'이다. 이 개혁저항세력이 사정기관에 투서를 했다. 페루 은행권을 저가수주해서 공사에 손해를 입혔다는 것이다. 내가 퇴임한 직후 이 투서 때문에 공사는 무려 3달 동안이나 사정기관으로부터 혹독한 조사를 받았다.

우리는 해외시장이 얼마나 가격경쟁이 치열한지 너무나 잘 알고 있다. 해외사업을 안 해본 사람들은 잘 이해를 못한다. 전통적인 국내 독점사업만 해본 사람들에겐 도무지 이해가 되지 않는 사업인 것이다. 그러나 회사 상황을 조금만 깊이 고민하고 글로벌 시장상황을 조금만 살펴보면 이해가 된다. 국내 사업량은 줄어들어 일거리가 줄어든다. 일거리가 없으면 직원들 월급도 주기 힘들어진다. "노느니 염불 한다"는 말이 있다. 노는 것보다 일하는 것이 더 필요한 것이다.

공헌이익(貢獻利益)이라는 개념이 있다. 일반인에게는 다소 낯선 용어이지만 경영학이나 회계학에서는 공인되는 개념이다. 즉 재료비나 변동비를 충당하고도 남는 이익으로, 이미 가지고 있는 인력과 시설을 놀리지 않고 운용해서 물건을 만들어 팔아서 재료비, 변동비를 충당하고 남으면 이익이 된다는 의미다. 이러한 공헌이익이 나는 만큼 고정비가 줄어드는 효과가 있어, 회사로서는 이익이 되는 것이다. 공사는 공헌이익이 나면 수출하고 공헌이익이 안 나면 절대 수출하지 않는다. 글로벌 시장은 경쟁이 치열해서 공헌이익만 확보해도 다행인 것이다. 작업추진과정에서 비용절감이나 기술개발을 통해 공헌이익을 더 만들 수도 있다.

이 페루 은행권도 입찰 당시 4억 원의 공헌이익이 나는 것으로 추정되었다. 생산현장에서는 기술개발이나 비용절감을 통해 공헌이익을 더 만들자는 분위기도 조성되었다.

이익이라는 것은 혁신을 통해서 비용절감을 해나가면 생기는 것이다. 실제로 고(故) 정주영 회장이 사우디아라비아 주베일 항만공사를 할 때 적자가 나는 사업이라고 임원들이 반대를 많이 했다지만, 공사추진 과정에서 기발한 혁신을 통해서 비용절감을 했고 사업을 성공적으로 완수한 바가 있다. 이것이 바로 경영이다.

페루 은행권도 결산을 하고보니 공헌이익이 당초 예상 4억 원을 뛰어넘는 7억 원에 가깝게 나왔다. 만약 제조과정에서 작업자들의 인쇄실수만 없었다면 10억 원을 넘는 공헌이익이 나올 수도 있었다.

개혁저항세력은 페루 은행권 수주에 대해 필요성과 당위성을 인정하면서도 음해성 투서를 한 것으로 보인다. 민간기업 같았으면 시장선점을 위해서든 일거리 확보를 위해서든 때로는 적자 보고도 수주하며 적극적 마케팅을 펼친다. 공기업이다 보니 그저 정부나 발권당국이 발주하는 것만 잘 받아서 공급하면 되지, 적극적 마케팅이니 수출업무니 하는 것에 매달릴 필요가 없다는 무사 안일한 의식들이 저변에 깔려 있는 것 같았다.

이 페루은행권 수주에 대해 3개월에 걸친 사정기관의 집중적이고 혹독한 조사가 있었으나 전혀 문제될 것이 없다는 결론이 내려졌다. 괜한 음해성 투서 때문에 페루 은행권 담당이었던 황문규 팀장, 김철진 이사는 큰 성과를 내고서도 3개월여에 걸친 조사로 기진맥진했다. 이러한 사정기관의 조사로 의욕이 꺾여 수출업무가 크게 위축되었다.

내가 퇴임한 후, 결국 해외사업팀의 축소와 전문 인력의 전출 등으로 인해 해외사업이 크게 약화되었다. 이에 따라 해외수출이 감소하였다. 공사로서는 큰 손실이었다. 안타까운 일이었다.

16
우리와 협력합시다

우리가 페루 은행권을 수주하고 나니 전 세계의 조폐 관련업체들이 한국조폐공사를 주목하였다. 막강한 영국의 데라루가 수주하던 것을 KOMSCO가 가져가다니! 'KOMSCO가 글로벌시장에 공격적으로 진출하는구나.' 하는 생각들을 하는 모양이었다.

2013년 2월 초순의 어느 추운 겨울날, 생면부지의 외국인이 나를 찾아왔다. 정장도 아닌 허름한 여행복 차림이었다.

'외국인들이 자유분방하다고는 하지만, 외국 CEO를 처음 예방하면서 이렇게 여행복 차림으로 나타날까?'

그런데 그의 설명을 듣고 나서야 사정을 알게 되었다. 모스크바에서 아에로플로트(Aeroflot)를 타고 올 때 정장이 들어 있는 가방을 화물로 보냈는데, 그것이 잘못되어 다른 곳으로 가 버렸다고 한다. 비행기를 타다 보면 가끔씩 일어나는 항공사의 실수이다.

그는 매우 미안해하며 자기소개를 했다. 그는 맥스피던 씨(Mr. Dane McSpedon)로, 미국 CPI(Currency Partnership International)의 대표라고 했다. CPI는 각국 조폐기관들의 해외마케팅을 도와주는 업체로, 해외영업망을 갖지 못한 업체들을 대신하여 해외영업을 도와주는 업무를 수행한다고 한다.

영국 데라루에서 해외영업이사를 오랫동안 하다가 나와서 각국 조폐기관들의 해외마케팅을 도와주는 회사를 차렸다는 맥스피던 씨는 이번에 KOMSCO가 페루 은행권을 수주했다는 소식을 듣고 많이 놀랐다고 했다. 그는 축하한다고 인사를 했다. 페루 은행권은 영국 데라루가 하던 사업인데 데라루를 제치고 KOMSCO가 수주했으니 대단하다는 것이었다. KOMSCO를 다시 보게 되었다고 했다. 그러면서 중남미 국가의 중앙은행에는 오랫동안 친분을 쌓아 온 인맥이 많다며 자기들의 인맥과 영업망을 자랑하기 시작했다. 영국 데라루에서 근무할 때부터 쌓아 온 인맥이기 때문에 상호신뢰성도 높고 정보 또한 빠르다는 것이다.

만약 KOMSCO가 중남미 국가에 진출하고자 한다면 CPI를 대리인으로 선정해 줄 경우, 자기들이 열심히 해서 수주를 많이 하도록 하겠다는 제안을 했다. 과테말라가 곧 은행권을 해외 발주할 계획이니, 자기들과 협력하자는 것이다. 또 콜롬비아도 조만간 발주 계획이 있는데, 자기들과 협력하면 수주 가능성이 매우 높다고 했다.

그는 또 다른 제안을 했다. 2015년 10월에 한국에서 PGA 프레지던츠 컵(President's Cup) 대회가 열리는데, 그 기념주화의 해외판매권을 넘겨 달라는 것이었다. 나는 미처 알지 못했던 사항이라 어떻게 아느냐고 물었더니, 자기 친구가 PGA 프레지던츠 컵 조직위원회 주요 포스트에 있기 때문에 잘 안다고 했다.

PGA 프레지던츠 컵은 미국 PGA가 주관한다. PGA 프레지던츠 컵 대회는 1994년에 시작된 대회로, 격년으로 열린다. 오직 남자 선수로만 구성되며, 미국 선수 12명과 비유럽출신의 선수 12명이 겨루는 골프 대회이다. 미국과 유럽이 격년으로 대항전을 펼치는 라이더 컵 대회와 함께 세계 2대 남자 골프 대항전으로 불리고 있다.

그런 2015 PGA 프레지던츠 컵 대회가 아시아에서 처음으로 한국에서 열린다는 것이다. 여러 가지로 의미 있는 대회이고, 또 이런 역사적인 대회가 한국에서 열린다면 우리도 기념주화를 만들 만 하다는 생각이 들었다.

나는 이 문제를 해외사업 실무진에게 검토시켰다. 그러나 그들의 의견은 별로 호의적이지 않았다. 우선 남미시장을 개척하는데 CPI의 도움 없이도 우리가 개척할 수 있다는 것이다.

거기다가 CPI가 제시하는 10%의 수수료가 너무 높아 수용하기가 어렵다는 것이었다. 설령 협상을 통해 내려간다고 해도 크게 내려갈 것 같지 않으니 큰 실익은 없을 것 같다는 실무진들의 판단이었다.

해외시장에서는 치열한 가격경쟁을 해야 하는데 단 한 푼의 수수료라도 높으면 가격경쟁력에서 떨어질 수밖에 없었다. 또 맥스피던 씨의 말대로 인맥으로 수주해 올 가능성을 믿기가 어려웠다.

2015 프레지던츠 컵 기념주화에 대해서는 관심은 있지만, 발행 여부는 한국은행과 협의해야 할 사항이었다. 한국은행에서도 지금부터 기념주화를 발행하겠다는 계획을 확정하지 않고 아마도 2015년이 되어서야 발행 여부를 결정할 것이다. 이 문제는 중앙은행과 시간을 갖고 협의를 해나가야 한다.

결국 맥스피던 씨에게는 좋은 제안을 해주어서 감사하다는 말과 앞으로 상호 이익이 될 수 있다면 서로 협력해 나가자고 했다. 실무적으로 계속 협의를 진행하도록 했다.

CPI가 우리와 협력하든 안 하든 간에 KOMSCO가 국제사회에서 크게 부각되고 있다는 점을 알 수 있었다. 그리고 KOMSCO가 경쟁력 있는 글로벌 기업으로 비추어지고 있다는 사실에 뿌듯했다.

17
잉크사업 이야기

조폐공사는 종합보안 솔루션 기업으로, 위변조 방지를 위한 보안 잉크도 조폐공사가 만든다.

위변조 방지를 위한 보안 잉크에는 여러 종류가 있다. 인쇄방식에 따라 평판 잉크와 요판 잉크로 나뉘는데, 평판 잉크는 평판(平版)위에 인쇄할 때 쓰이고 요판 잉크는 요철판(凹凸版)위에 인쇄할 때에 쓰인다.

또 특성에 따라 우리가 흔히 보는 형광잉크에서부터 적외선잉크, 시변각잉크, 광변색잉크, 감열변색잉크 등 10여 가지가 넘게 있다. 적외선 잉크는 적외선에 비추어보면 색상이 나타나는 잉크이고, 시변각잉크는 보는 각도에 따라 색상이 달라 보인다. 광변색잉크는 자연광에 노출되었을 때 색상이 달라 보이고, 감열변색

잉크는 온도에 따라 색상이 달라 보인다. 이러한 보안잉크는 화폐뿐만 아니라 우표, 주민등록증, 여권 등 위변조에 민감한 분야에 쓰이고 있다.

전 세계 화폐 잉크 시장은 무척 크다. 2014년 기준 약 10억 유로(약 1조 2,000억 원)의 시장규모다. 이렇게 큰 시장을 두고 우리는 왜 공략하지 못하고 국내용 잉크에만 매달려 왔을까? 왜 현실에만 안주해 왔을까?

글로벌 시장을 개척하고자 했던 나는 용지와 주화, 은행권뿐만 아니라 잉크도 당연히 수출 되어야 한다고 생각했다. 충분한 잉크 기술력을 갖추고 있는 조폐공사는 2008년 방글라데시에 평판 잉크를 수출한 이후 단 한 번도 잉크 수출을 하지 못했다.

우리가 개발한 잉크의 원료가 되는 안료(顔料)를 세계 최고의 잉크 회사인 스위스의 시그파(SICPA)에 판매하고 있다. 그런데 왜 잉크 수출을 못한단 말인가?

나는 잉크도 수출해 보자고 독려했다. 2012년 2월에 요판 잉크를 일본의 토판(To ppan)에 3,000kg을 수출했고 우즈베키스탄 조폐공사에 6,000kg을 수출하기로 했다.

요판 잉크 기술을 갖고 있는 나라는 한국, 일본, 중국 정도로 알려져 있는데, 요판 잉크는 은행권에 광범위하게 사용되고 있다. 우리는 4세대(4K) 요판 잉크 기술까지 보유하고 있고, 4세대를 크게 향상시킨 5세대 요판잉크(5KA) 기술까지 갖고 있을 만큼 상당한 요판잉크 연구능력을 가지고 있다. 5세대 요판 잉크(5KA)는 우리가 수출한 페루 은행권에 부분적으로 적용되었다.

또 우리가 개발한 잉크 안료로는 CSP, SF-1, SF-2에 이어 루나맥(LUNAMAG)까지 있다. 루나맥은 담색자성(淡色磁性) 안료로서 차세대 안료이다.

우리는 뛰어난 잉크의 연구개발능력과는 달리 제조시설은 낙후되어 있다. 그래서 스위스의 시그파를 돌아봤을 때, 그리고 중국 조폐공사의 상해 잉크공장을 돌아봤을 때 놀라움을 금치 못했다. 규모도 엄청났고 모든 시설이 자동화·IT화 되어 있었기 때문이다.

한국조폐공사의 설비는 그동안 국내용으로만 운용되어 왔기 때문에 크게 개선할 필요가 없었다. 그러나 세계시장에 잉크를 수출하려면 제조·생산시설이 크게 개선되어야 한다. 설비 시설을 개선하려면 투자비가 많이 들어가는데, 투자비 조달이 간단치 않았다.

그래서 국내 잉크제조업체를 활용하여 위탁생산을 하려고 했으나 우리의 잉크는 특수보안잉크라서 수요 물량이 일반 잉크처럼 대량이 아니라 선뜻 나서는 업체가 없었다. 이러한 한계 때문에 결국 잉크 수출은 크게 이루어지지 못했다. 아쉬움이 남는 사업이다.

18
이집트 잉크 수출에
실패하다

2012년 6월, 이집트 중앙은행이 잉크를 수입한다는 정보가 입수되었다. 2013년 3월에 있는 이 입찰은 평판 잉크와 요판 잉크를 약 230톤 정도를 수입하겠다는 내용이었다.

나는 이집트 잉크 수출에 드라이브를 걸었다. 해외사업단, 연구원을 연계하여 이집트 잉크를 수출하도록 독려했다. '시돔 (Sidhom)'이라는 현지 업체를 대리인으로 선정하여 현지 정보를 입수하고 대응하도록 했다.

동시에 이집트 잉크의 특성을 연구하도록 하고 테스트도 실시하도록 하였다. 이집트는 중동지역이어서 수송 시 기온변화 등에 따라 잉크의 물성(物性)이 변할 수 있어 정밀한 테스트가 필요했기 때문이다. 연구원에서 시험용 잉크를 제조해서 적도를 넘어가도 물성에 변화가 없는지 직접 점검해 보기도 했다.

이러한 노력으로 2012년 11월과 2013년 2월의 사전 품질 테스트를 통과하여 입찰참가자격을 얻었다. 2013년 3월 10일~15일에 입찰이 있었다. 그 후 4월의 실험실 테스트와 5월의 시험 인쇄에서 모두 합격하여 가격입찰에 참가할 수 있게 되었다. 우리 공사가 목표한 권종은 L.E. 200(파운드)와 L.E. 50(파운드)였다. 2014년 1월에 1차 가격협상이 있었다.

이집트 중앙은행은 독특한 방식으로 입찰을 진행했다. 3라운드에 걸친 가격협상을 한 것이다. 그리고 매번 각 입찰자들의 입찰가격을 공개하여 가격 인하를 공개적으로 유도했다. 경쟁자들의 1차 입찰 가격이 공개되기 때문에 2차 입찰에서는 경쟁 가격을 의식하여 입찰 가격을 내리지 않을 수 없게 하는 것이다. 참으로 묘한 입찰방식이었다.

이것을 보면서 우화 하나가 생각이 났다. 길거리에서 꼬마 원숭이 둘이서 큰 고깃덩이 하나를 놓고 서로가 자기 것이라고 우기며 싸우고 있었다. 이때 여우가 나타나서 자기가 공평하게 나누어 주겠다고 중재에 나선다. 여우는 고깃덩이를 두 쪽으로 나누면서 한 쪽은 크게 다른 쪽은 작게 잘랐다. 그리고는 "어? 공평하지 않네?"라고 말하면서 작은 쪽을 자기가 먹었다. 다시 남은 쪽을 한 쪽은 크게 다른 쪽은 작게 잘라서 작은 것을 자기가 먹고 하여, 결국은 여우가 모두 먹어치웠다는 우화이다.

결국 입찰자는 먹을 것이 없고 이집트 혼자만 덕을 보는 결과가 올 것만 같았다. 우리는 이러한 3라운드 입찰방식에 대응해 각 라운드별로 가격대를 설정하고 조건을 설정한 대안을 갖고 입찰에 임했다. 다른 경쟁자들도 마찬가지였을 것이다.

이 입찰에는 스위스의 시그파(SICPA), 독일의 그라이츠만(Gleitsmann)과 같은 세계적인 기업들이 참가했다. 이들은 우리 공사를 견제하기 시작했다. 라운드가 계속될수록 가격인하 공세가 이어졌다. 치킨게임이 시작된 것이다.

그들은 그들의 시장을 내어주지 않기 위해 손실을 보더라도 이 시장을 지키겠다는 전략이었다. 우리는 공헌이익이 발생하지 않으면 수출하지 않는다는 원칙이 있다. 따라서 공헌이익이 안 나오는 수준으로까지 가격이 내려가면 더 이상 가격을 낮출 수가 없다.

결국 우리는 이집트 잉크 수출에 실패했다. 도저히 선진기업들의 가격 인하 공세를 견뎌낼 수가 없었다. 시그파가 우리의 공헌이익도 안 나오는 수준으로까지 가격을 내렸기 때문이다. 거기에 더하여 환차손 문제도 발생했다. 환율이 급락하는 상황에서 환차손까지 감안하면 도저히 공헌이익을 낼 수가 없었다.

잉크 시장에서 시그파는 우리의 협력사인 동시에 경쟁사가 된 것이었다. 협력사라 할지라도 시장 확보에 있어서는 인정사정이 없었다. 글로벌 시장의 냉엄하고 험난함을 다시 한 번 실감하는 입찰이었다.

19
자회사 GKD

　사장으로 취임해 보니 조폐공사에 해외 자회사가 하나 있었다. 우즈베키스탄의 수도 타쉬켄트에서 조금 떨어진 양기율이라는 소도시에 GKD라는 자회사가 있었다. 화폐용지는 면(綿)펄프로 만드는데, 이 면 펄프를 싸게 안정적으로 공급받기 위해 자회사를 설립했다고 한다.

　그동안에는 면 펄프를 전량 수입해서 썼는데 면 펄프 값이 올라가니 원가부담이 늘어나 문제가 되었단다. 이에 따라 수입 원자재를 안정적으로 확보해야 할 필요성이 제기되면서 세계 면화 생산국 6위인 이곳 우즈베키스탄에 면 펄프 공장을 설립하게 된 것이라고 한다.

이것도 2006년 연수차 우즈베키스탄에 갔던 직원이 현지 면 펄프 제조회사를 알게 되어 이를 인수하는 아이디어를 제시해서 시작하게 되었다고 한다.

우즈베키스탄의 '코고지(O'ZBEK QOG'OZI)'라는 회사가 제지 공장과 면 펄프 공장을 갖고 있었는데 회사가 넘어가게 되었다. 이때 우리 공사는 이 중 양기율에 있는 면 펄프 공장을 인수하기로 하였다고 한다. 단독으로 인수한 것이 아니라, 우즈베키스탄에 진출해 있던 대우 인터내셔널과 합작하기로 했단다.

이에 2009년 5월 대우 인터내셔널과 조폐공사가 컨소시엄을 구성하고 해외사업 추진협력에 대한 양해각서(MOU)를 체결하였다. 조폐공사와 대우 인터내셔널은 2010년 9월 13일에 'GKD(Global Komsco Daewoo)'라는 현지법인을 설립하였다. 사장은 조폐공사에서 파견하고, 관리본부장(부사장 역할)은 대우 인터내셔널에서 파견하기로 했다.

자본금 1,100만 불로 조폐공사가 715만 불(65%), 대우인터내셔널이 385만 불(35%)을 각각 부담하기로 하였다. 양사의 실사팀들이 양기율에 있는 코고지사의 면 펄프 공장을 현지실사 및 타당성 조사를 거친 후 1,920만 불(219억 원 정도)을 10년간 균등 분할 상환하는 조건으로 인수하게 되었다. 인수 당시 GKD와 우즈베키스탄 정부는 본 사업에 대한 특혜조건을 합의하였다.

1) 4대 세금(법인세, 재산세, 도로세, 인프라세)을 7년(2010년~2016

년)간 면세한다. 2) 린터(Linter)[36]가격을 15년(2010년~2024년)간 내수가로 구매할 수 있는 것을 보장한다. 단 내수가가 미화 400불 이상일 경우 초기 5년(2010년~2014년)간은 400불로 구매할 수 있는 권한을 보장한다. 3) 린터는 초기 5년간 연간 3만 톤을 보장한다. 4) 토지 영구사용권을 보장하고 배당금 송금을 위한 환전 및 송금 권리를 보장한다.

이러한 특혜조건은 우즈베키스탄 대통령령으로 제정, 공포되었다. 우즈베키스탄 정부의 확실한 정책의지를 제도화한 것이다.

또한 GKD의 주요 의무사항도 있었다. 1) 공장 시설의 현대화에 2010년~2013년까지 1,600만 불을 투자한다. 2) 생산능력을 2011년~2012년 말까지는 연간 1만 톤, 2013년 말까지 연간 2만 톤을 확보한다. 3) 생산제품의 90% 이상은 다른 나라에 수출해야 한다. 4) 정상적인 생산 이후부터는 총 고용인원의 95% 이상을 현지인을 고용해야 하고, 완전한 생산능력이 확보된 2013년 이후에는 180명 이상의 현지인을 고용해야 한다. 5) 이러한 투자협정서 유효기간(10년) 중에는 연 2회 투자의무 이행에 관한 보고서를 제출한다.

이러한 특혜조건과 의무사항으로 GKD는 출발하였다.

---

36) 린터(Linter): 목화에서 면을 타면하고 난 후 씨에 붙어 있는 작고 가느다란 솜털. 화폐 용지 원료로 쓰인다.

20
계륵(鷄肋) 같은 존재

초기에 GKD 사장을 비롯한 현지 경영진들의 애로가 무척이나
많았다. 현지법인의 설립부터 우즈베키스탄 정부와의 협상 등도
어려웠지만, 공장의 시설과 장비도 기대만큼 돌아가지 않았다.
직원으로 채용한 현지인들의 교육, 훈련도 쉽지 않았다.

오랫동안 사회주의 체제에서 살아온 사람들이라 시장경제에 익
숙하지 않았다. 근로의욕이 높지 않았고, 이직률이 높았다. 어제
왔다가 오늘 가 버리는 사람들도 허다했다.

이처럼 시설과 장비가 제대로 돌아가지 않는데다가 직원들도
열심히 일하는 분위기가 아니었으니, 현지 경영진들이 얼마나 애
로가 많았겠는가? 고생이 무척 많았다.

내가 사장으로 부임해서 업무보고를 받아 보니 GKD 사장은 의욕을 가지고 열심히 하고 있었다. 생산목표와 매출목표도 확실하게 설정하고 직원들을 독려해 가면서 잘하고 있는 것처럼 보였다. 그런데 해외사업단에서는 GKD가 잘 안 돌아간다고 했다. GKD 사장은 잘되고 있다고 보고했는데 본사 실무팀들은 정반대의 얘기를 한다.

왜 그런가 물었더니, 생산이나 매출이 계획대로 추진되지 않는다고 한다. 거기다가 GKD가 보고를 잘해주지 않아서 현황파악도 쉽지 않다고 한다. 현황 보고를 받으려면 실무진들이 애를 먹는다고 한다.

'왜 보고를 잘 하지 않는다는 걸까? 분명 조폐공사 자회사인데?'

여러 가지로 의문이 들었다. 심지어는 지금까지 출자회사 관리지침도 하나 없었다는 것이다. 말이 되는가?

그래서 2012년 3월 「해외 출자회사 관리지침」을 만들도록 했다. 출자회사의 자율적 운영을 보장하고 책임경영체제를 확립해 주되 대표와의 경영계약을 체결하여 경영실적을 평가하도록 했다.

2012년 5월 하순, 나는 GKD를 방문하기로 했다. 현지에 가서 좀 더 자세한 내용을 파악하고 싶었기 때문이다. 현지에 가서 보고를 받아 보니 생각만큼 진전이 되고 있지 않았다. 보고 내용은 화려하고 거창한데, 실적은 계획 목표를 따라가지 못했다. 나는 GKD 사장에게 이렇게 말했다.

"자회사가 본사에 득이 되어야 하는데, 득(得)이 되는지 독(毒)이 되는지 알 수가 없습니다."

이에 GKD 사장은 "당연히 득이 되어야지요. 득이 되도록 열심히 하겠습니다."라고 말했다.

21
GKD를 정밀
진단하라

GKD 사장의 낙관적 보고만 믿고 기다리기에 현실은 너무나 암담했다. 앞으로 개선될 전망이라도 보였으면 좋으련만, 개선될 전망도 별로 보이지 않았다. 매년 적자가 누적되어 자본 잠식마저 일어날 것만 같은 위기감이 휘몰아쳤다.

나는 이래서는 안 되겠다 싶어 GKD 관리 지원반을 만들었다. 박용환 해외사업1단장을 총괄 책임자로 하고 생산시설 전문가로 김기동 팀장(ID사업단 주민등록증사업팀장), 품질관리 전문가로 정양진 박사(기술연구원 면펄프 연구팀장) 그리고 경영관리 분야로는 최광언 부장(제지본부 관리부)을 단원으로 구성했다.

그리고 이들을 현지 실사에 보내기로 했다. 무엇이 문제이고 어떻게 해야 하는지를 파악해 보기 위함이었다. 2012년 7월 4일부터 24일까지 GKD 현지 실사가 이루어졌다.

현지실사 결과, 이들의 보고내용은 다소 충격적이었다. 정상화가 지연되는 사유는 크게 두 가지였다. 첫째, 면 펄프 공장의 인수, 준비단계가 너무 소홀했다는 것이었다. 코고지사의 면 펄프 공장을 인수할 때 충분한 검토를 하고 추진했어야 했는데, 급하게 서두른 관계로 시설에 내재된 문제점들을 간과했다는 것이다.

면 펄프의 품질을 높이기 위해서는 린터 정선시설을 구축해야 했으나 이를 누락했고, 핵심설비인 비비스(BiVis: 펄프의 증해, 표백기)에 대한 진단과 평가가 제대로 이루어지지 않았다. 비비스가 고장이 잦아 펄프 품질의 불균일을 초래 하는 등 2012년 상반기에만 61회나 고장이 발생했다는 것이다.

또 현지 산업기반시설이 부족하여 잦은 정전과 용수 부족이 있었으나 이에 대한 검토와 준비가 없었다는 것이다. 이에 따라 생산과 매출이 부진하여 경영위기를 초래하고 있다는 것이다. 품질이 보장되지 않으니 판매처를 확보하지 못하고, 자연스럽게 매출이 안 되어 2012년도 12월에는 상당한 규모의 자금부족이 추정된다는 보고였다.

둘째는 경영상 심각한 문제점이 있다는 것이었다. GKD는 본사뿐만 아니라 합작사인 대우 인터내셔널과도 소통이 안 되고 있었다고 한다. 대우 인터내셔널은 부사장을 파견하고 있었는데, 부사장으로 있으면서도 경영정보가 공유되지 못하고 의사결정과

정에서 배제되고 있다면서 강한 불만을 표출했다.

　나의 고민은 깊어 갔다. 본사의 경영도 어려운데 자회사 GKD
마저 손실을 보아 본사에 적자를 떠넘긴다면 조폐공사가 적자위
기에 몰릴 어려운 지경에 이른다. GKD는 계륵 같은 존재였다.
버리기엔 투자비가 너무 아깝고, 또 유지하기엔 부담이 너무 큰
것이다.

　실무진들에게 모든 가능성을 열어 두고 GKD의 개선방안을 원
점에서부터 검토하라는 지시를 내렸다. 나는 GKD를 매각하거
나 철수하는 것도 하나의 방안이 될 수 있다고 했다. 그러나 실무
진들의 보고는 매각이나 철수는 지금 시점에서는 안 된다고 보았
다. 우선 매각하려 해도 현재 상태에서는 투자금 회수는 고사하
고 살 사람이 없다는 것이다.

　그리고 철수하면 절대적으로 손실을 감수해야 하는데, 그것은
현실적으로 너무나 큰 손실이라는 것이다. 그리고 우즈베키스탄
정부와의 협약이 있어서 그렇게 할 수가 없다고 한다. 그런 부정
적 접근보다는 어떻게든 GKD를 살려서 기업 가치를 올린 후에
매각을 해야 제값을 받을 수 있다는 것이었다.

　경영전략회의 결과, 일단 어떻게 하든 정상화를 시킨 이후에 다
시 생각해 보는 것이 현명한 판단이라는 결론이 내려졌다. 일단
정상화를 위해 노력해 보기로 했다.

22
CEO를 공모하다

GKD만 생각하면 머리가 아팠다. 잠이 안 올 정도로 머리가 지끈거렸다.

'어떻게 해야 정상화를 할 수 있단 말인가?'

날로 고민이 깊어졌다.

이 와중에 GKD 사장이 일신상의 사유로 사의를 표명했다. 설립초창기에 수고를 참 많이 하신 분인데 안타깝지만 사의를 수용하기로 했다.

GKD 사장이 그만두었다는 소식이 알려지자, 내부에서는 별별 소문들이 다 돌았다. 현직 본사 부사장이 GKD 사장으로 간다는 둥 사장이 외부에서 자기 사람을 데려오려고 한다는 둥 별별 억측들이 다 돌았다.

나는 외부에서 전문 경영인을 공개모집하는 방안도 생각해 봤다. 그러나 적절한 사람을 구하기가 쉽지 않을 것이란 생각이 들었다. 왜냐하면 단순히 민간회사에서 간부로 일했다는 경험만으로는 안 되고, 면 펄프 제조의 기술적인 측면도 알아야 했기 때문이다.

또 보수 수준이 맞아야 할 뿐만 아니라, 우즈베키스탄이라는 나라에 가서 일해야 한다는 제약이 있다. 게다가 단순히 일자리를 찾는 사람이어서는 안 되고 GKD를 정상화해야겠다는 열정과 책임감이 있어야 한다. 이런 사람을 찾기란 여간 어려운 일이 아니었다.

나는 내부에서 공개모집하기로 결정하고, 3급 이상 간부들을 대상으로 공모를 했다. 전직 부사장이 맡았던 자회사 사장 자리를 3급 이상 간부를 대상으로 공개 모집한다고 하니 직원들에겐 상상도 못해 본 일로서 충격이었다. 이것은 고정관념의 파괴였다. 직급의 파괴이자, 서열의 파괴였다.

그러나 나에겐 서열과 직급이 중요한 것이 아니라 열정과 책임감이 더 중요하다. 희망자는 GKD를 어떻게 정상화시킬 것인가 하는 비전과 계획을 리포트로 작성하여 제출토록 했다.

총 7~8명의 간부가 지원한 가운데, 가장 적합하다고 생각된 김기동 팀장을 선정했다. 그는 기술직으로 3급 간부에 불과했다.

그는 지난번 현지 실사단의 일원으로 참가한 적이 있어 GKD의 문제점을 꿰뚫고 있었고, 이것을 해결하여 정상화시키겠다는 결연한 의지와 비전이 뚜렷하게 돋보였다.

23
미운 오리새끼가
백조로?

2012년 9월, GKD CEO를 김기동 대표(사장 대신 대표로 호칭하기로 했다)로 교체하여 GKD 혁신 작업을 강력하게 추진하였다. 먼저 구조조정 및 인력감축을 시작했다. 합작사와 합의하에 고임금의 부사장 자리부터 없애고, 한국에서 나온 인력을 줄이고 현지 인력도 줄였다.

인력을 28%나 감축했다. 이로 인해 제조원가가 약 40%정도 절감됐다. 그리고 공정개선과 라인 변경을 통해 생산능력을 향상시키고, 제품 개발과 품질 향상을 추진하였다. 생산제품 라인업을 새로 구축하여 은행권용 면 펄프뿐만 아니라 화학용 면 펄프도 개발하기 시작한 것이다.

해외 판매시장 확대도 추진하였다. GKD 혼자서 하기에 버거

워서 해외시장 개척업무는 본사 해외사업단이 주도적으로 추진하였다. 러시아의 고즈낙, 스웨덴의 랜드쿼트, 인도네시아의 페룸 페루리 같은 수요처를 개척하기 시작하였다.

또 적자의 주요 원인이었던 외화 환산 손실을 막았다. 그동안은 우즈베키스탄 화폐인 숨(sum)화로 결산을 해야 했다. 그런데 우즈베키스탄 정부가 수출을 늘리기 위해 숨화를 10% 이상 평가 절하하는 정책을 펼치는 바람에 회계처리상 미 달러화로 표시되는 외화 부채가 가만있어도 10% 이상 상승하는 것으로 나타났다.

이를 우즈베키스탄 정부와 협상하여 숨(sum)화가 아닌 미 달러화로 결산하도록 바꾸었다. 이로 인해 환율로 인한 외화환산 손실을 막을 수 있었다.

이러한 노력으로 생산량도 늘고 매출액도 늘었다. 생산량은 2012년 약 3,300톤이었으나 2013년에는 5,600톤으로 70%가 늘었고, 매출액도 2012년 800만 불 수준이던 것이 2013년에는 1,380만 불로 71%가 늘었다. 외환손실도 현격하게 개선되었다. 2012년 300만 불 수준이던 외환손실이 2013년에는 2만 불대로 줄어들었다.

영업이익이 2012년 약 220만 불의 적자였으나 2013년에는 55만 불 수준의 흑자로 돌아선 것이다. 마침내 GKD의 영업이익이 적자에서 흑자로 돌아섰다. 그러나 안타깝게도 김기동 대표가 건강상의 이유로 1년 만에 국내에 들어와야 했다.

김기동 대표의 뒤를 이어 2013년 8월 기술직 3급 간부인 박건율 씨가 후임 대표가 되었다. 박건율 씨는 우즈베키스탄에 연수차 갔다가 우즈베키스탄의 면화 생산 상황을 보고 여기에 면 펄프 공장을 만들면 좋겠다는 아이디어를 내놓은 당사자다. 결자해지(結者解之)라고, 아이디어를 낸 당사자이니 GKD를 맡아서 혁신을 해 보라고 보냈다.

역시 전임자와 마찬가지로 여러 가지 혁신적인 노력으로 경영정상화를 추진해 나갔다. 그리하여 2014년도에는 당기순익까지 발생했다. 생산량도 6,600톤으로 늘어났고 영업이익도 100만 불을 넘어섰으며 당기순익도 22만 불이나 달성했다. 턴어라운드한 셈이다.

그동안 GKD의 대표를 맡았던 분들과 임직원들의 열정과 노력으로 경영정상화의 궤도에 진입하고 있다. 이분들께 감사의 마음을 전하고 싶다. 미운 오리새끼 같던 GKD가 마침내 화려한 백조로의 변신을 시도하고 있다. 자회사가 본사에 독이 아니라 득이 될 날이 곧 오리라 기대해 본다.

24
풍산, 그 세계적
위상

2012년 5월 6일에서 9일까지 오스트리아 비엔나에서 제 27차 세계주화책임자회의(MDC) 정기총회가 열렸다. 이 회의는 2년마다 한 번씩 열리는 총회로, 세계 각국의 조폐기관장, 중앙은행관계자, 화폐딜러들 등 수많은 사람들이 모여든다.

나도 염병출 처장, 이지영 과장과 함께 이 총회에 참석하였다. 우리 고객들도 만나서 우호협력관계를 돈독히 하고 정보도 얻기 위함이었다. 마침 우리가 주화를 수출하고 있는 I국의 중앙은행 발권국장도 참석했다. 나는 그를 오찬에 초대했다. 고객관리 차원에서였다.

I국은 우리가 제조해서 공급하는 10아르고 주화의 품질에 대해 매우 만족한다고 말하며, 좋은 주화를 만들어 공급해 주어서 감

사하다는 말을 덧붙였다. 그러면서 그는 현행 10아르고 주화가
비용이 많이 들어 도금주화로 바꿀까 연구 중이라고 했다. 그리고
시켈 동전도 동합금 주화에서 도금주화로 바꿀 생각이라고 했다.

도금주화를 KOMSCO가 공급할 수 있느냐는 그의 질문에 나
는 공급할 수 있다고 답했다. 그리고 그는 은행권도 바꿀 생각이
라고 했다. 지금은 스위스 휘슬러사가 공급하고 있는데 은행권의
용지를 하이브리드 용지(hybrid paper)로 바꿀 생각이라고 했다.

'하이브리드 용지이면 우리가 생산을 못하는데……'

하고 속으로 생각했다. 하지만 우리도 하이브리드 용지를 개발
하려 하고 있다고 했다. 우리도 좋은 품질의 지폐를 공급할 수 있
다고 하였다. 그는 알았다고 하면서 계속 협의해 나가자고 했다.

그는 나보고 I국에 와 봤느냐고 물었다. 아직 못 가 봤다고 했
더니, 언제 한번 공식 초청을 할 테니 방문하란다. 나는 고맙다고
하면서 기회가 닿으면 방문하고 싶다고 했다. 일부러 찾아가서라
도 만나야 할 사람들인데 이런 국제회의에서 만나서 상호 친밀한
유대관계를 맺어 놓으면 향후 사업추진에 도움이 될 것이라는 생
각이 들었다.

이번 세계주화 책임자 회의(MDC)는 오스트리아가 주관했다.
오스트리아는 참가자들이 불편이 없도록 많은 배려를 하며 치밀
하게 대회 준비를 잘했다.

환영만찬은 푸르가슬 후버(Fuhrgassl-Huber's)라고 하는 비엔나

교외의 별장에서 있었다. 오스트리아의 전통음식과 포도주 그리고 음악을 곁들인 따뜻한 환영만찬이었다.

그리고 회의는 비엔나 인터콘티넨탈 호텔에서 열렸다. 4개의 글로벌 세션과 3개의 기술 및 마케팅 세션이 열렸는데, 전 세계에서 44명의 발표자가 왔다. 특히나 캐나다에서 발표한 주화에 IT 기술을 접목하는 아이디어는 새로운 혁신이었다.

발표된 주제에 대해서 진지한 토론이 이루어졌다. 회의 내용도 알찼고, 문화행사도 알차게 진행되었다. 오스트리아 조폐국(The Austrian Mint)의 견학도 있었다. 그들은 골드코인을 만들고 있었다. 골드 코인을 만드는 과정을 보여 주었는데, 내심 부러웠다.

'우리도 불리온 사업을 할 수 있으면 좋으련만……'

우리에게는 그림의 떡이었다.

5월 8일 저녁, 오스트리아 합스부르그 왕조의 왕궁이었던 호프부르그 왕궁(Hofburg Palace)에서 갈라 디너(Gala Dinner)가 열렸다. 이 갈라 디너를 우리의 풍산그룹 류진 회장이 주최하였다. 류진 회장은 모든 참석자들을 앞에 두고 훌륭한 스피치도 했다. 나는 속으로 약간 놀랐다.

'우리 기업이 이렇게 큰 세계대회에서 갈라 디너를 주최하다니!'

대단하다는 생각이 들었다. 풍산은 방위산업체이면서 동시에 리드 프레임, 동(銅), 동합금판 등을 생산하는 비철금속분야에서 세계적인 전문기업이다. 그뿐만 아니라 풍산은 주화의 원재료인 소전(素錢, Coin Blanks) 제조업체이다. 풍산은 이 소전을 전 세계 60여 개국 이상에 수출하며, 전 세계 주화 소전시장의 60% 이상을 장악하고 있었다.

풍산은 1970년 조폐공사로부터 주화용 소전 전문업체로 지정된 이후 발전에 발전을 거듭하여 세계적인 주화용 소전 전문업체로 크게 성장했다. 세계 은행권 시장에서 독일의 지앤디(G&D)가 최고의 회사이고 잉크시장에서 스위스의 시그파(SICPA)가 최고의 회사라면, 세계 주화시장에서는 풍산이 최고의 회사인 것이다.

나는 이 비엔나 세계주화책임자회의에서 풍산의 세계적 위상을 보았다. 우리나라 회사가 전 세계 주화시장에서 독보적인 위치를 점하고 있고 세계 최고의 회사라는 것에 무척 기분이 좋았다.

이렇게 글로벌 시장을 공략하면 세계 제일의 회사로 성장할 수 있는 것이다. 우리도 글로벌 시장을 공략하여 글로벌 톱 5가 되어야겠다는 생각을 다시 한 번 하게 되었다.

25
오천만 불 수출의 탑을
수상하다

2014년 12월 9일 무역협회가 주관하는 수출의 날, 영예롭게도 조폐공사는 「오천만 불 수출의 탑」을 수상하게 되었다. 오천만 불 수출의 탑은 2013년 7월 1일부터 2014년 6월 31일까지의 수출실적을 기준으로 결정되었다. 이 기간 동안 우리는 5,039만 불을 수출했다.

지난 2009년 조폐공사는 「3천만 불 수출의 탑」과 「동탑산업훈장」을 받은 적이 있다. 그로부터 5천만 불 수출의 탑을 수상하기까지 무려 5년이란 시간이 걸렸다.

5천만 불 수출의 탑에 도전하자는 것은 해외사업단의 아이디어요, 의지였다. 해외사업단은 3,000만 불 수출의 탑을 이미 수상하였으니까 이제는 5,000만 불 수출의 탑에 도전하자는 목표를 세웠다.

2011년 9월에 부임하였던 나는 2011년 7월 1일부터 2012년 6월 30일까지는 2,200만 불밖에 수출하지 못했다. 새로운 시장개척을 4대 경영전략의 하나로 내걸고, 나는 수출에 드라이브를 강하게 걸었다. 해외사업단을 확대 개편하고 해외사업이사를 내부가 아닌 민간 기업에서 일했던 해외영업 전문가를 영입해온 것이다.

이후 해외사업단은 적극적으로 수출을 추진하였고 5,000만 불 수출의 탑에 적극적으로 도전하였다. 우리는 2012~2013년도에 5천만 불 달성에 도전했으나 아깝게도 근소한 차이로 목표를 이루지 못했다. 2012년 7월 1일부터 2013년 6월 30일까지의 총 수출액은 4,959만 불로 5,000만 불 목표에 41만 불이 모자랐던 것이다. 무척 아쉬웠다.

이에 해외사업단은 심기일전하고 다시 5,000만 불 수출의 탑 도전에 나섰다. 해외이사를 비롯한 해외사업단 직원들은『Go For It! 50 Million Dollars!』라는 슬로건을 내걸고 목표 달성을 위해 전 직원들이 열심히 뛰었다.『Go For It! 50 Million Dollars!』라는 슬로건은 미식축구의「Kick the Ball」에서 유래된 말로, 우리 모두 5,000만 불 수출을 향해 돌진하자는 의미이다.

이 슬로건 하에 전 임직원들은 열정적으로 일했다. 시장개척도 열심히 하고, 사업수주도 열심히 하였다. 이러한 도전과 열정과 노력으로 조폐공사는 2013년 7월 1일~2014년 6월 30일까지 5,039만 불의 수출을 달성했다. 5,000만 불 수출의 탑을 수상하게 된 것이다.

오천만 불 수출의 탑

이 5,039만 불 수출에 결정적 기여를 한 것이 바로 리비아 주화였다. 리비아 주화 수출이 1,116만 불로 총 수출액의 22%를 차지했다. 다음이 태국 주화 수출(941만 불)과 페루 은행권 수출(932만 불)이었다. 그 다음이 중국 용지 수출(833만 불)과 인도네시아 용지 수출(600만 불)이었으며, 기타 잉크안료, 면 펄프, 주화 등(617만 불)이 있었다.

모두들 환호했고 사기충천했다. 다음에는 「1억불 수출의 탑」에 도전하자고 하는 열의와 패기가 충만했다. 곧바로 새로운 목표가 세워진 것이다. 5,000만 불 수출은 우리 공사의 모든 임직원들이, 그리고 해외사업부서, 기술처, 기술연구원, 제지본부, 화폐본부에 있던 모든 분들이 고생하고 노력하여 이루어 낸 성과이다.

이 수출 실적을 바탕으로 조폐공사는 기관 자격으로서 「오천만 불 수출의 탑」을 수상하게 되었다. 개인 자격으로는 후임 사장이 「석탑산업훈장」을 수상했다. 또 실무자로서는 리비아 주화 수주 당시 실무팀장이었던 정우원 (현)해외사업단장이 대통령 표창을 받았다.

  정우원 팀장, 황문규 팀장, 이혜복 해외사업1단장, 김흥림 해외사업2단장, 김철진 해외사업이사가 특히 많은 고생을 했다. 그리고 해외사업팀 관계자들 모두가 고생을 많이 했다. 또한 이분들뿐만 아니라 수출제품을 만드신 제지본부, 화폐본부에 계시는 분들과 본사 관련부서에 계신 분들 모두가 수고를 많이 했다. 이분들이 모두 5천만 불 수출의 주역들이었다.

  나는 2014년 3월에 퇴임하였고 김철진 해외이사는 2014년 6월에 퇴임하여, 안타깝게도 이 영광스러운 수상식을 보지 못했다. 앞으로 조폐공사가 1억 불 수출의 탑을 수상하는 영광이 오기를 기대해 본다.

새로운
기술 개발
(New Technology)

1
화폐, 과학과 예술의
만남

    누구나 돈에 대해서는 관심이 많다. 아마 특수한 경우를 빼놓고는 돈을 싫어하는 사람은 거의 없을 것이다. 그렇게 좋아하는 돈이지만 정작 돈에 대해서는 잘 모른다. 그저 돈이 5만 원짜리인지 만 원짜리인지 액면가에만 신경을 쓴다.

    돈은 예술과 과학의 만남이다. 무슨 소린가? 돈이 예술과 과학의 만남이라니? 거기에 예술이 어디 있고 과학이 어디 있어? 이렇게 생각하는 분들도 있을 것이다. 그런데 돈을 잘 보면 바로 예술과 과학이 만나는 장면들이 나온다.

    화폐는 예술이다. 화폐에 담겨진 초상화나 그림은 바로 예술인 것이다, 그러나 그 예술이 일반인에게는 눈에 잘 들어오지 않는다. 그저 신사임당이냐? 세종대왕이냐? 하는 것만 눈에 들어온다.

　화폐는 과학이다. 위변조 방지를 위해 최신 보안 요소들이 탑재되어 있다. 이 보안 요소들은 일반인들은 거의 모른다. 돈에 어떤 과학이 숨어있는지 전혀 모른다. 그러나 돈에는 과학이 숨어있다. 돈은 과학이다. 그래서 돈은 바로 예술과 과학의 만남인 것이다.

　오만 원 권의 예술을 한 번 살펴보자. 전면에 신사임당 초상화는 대부분 눈에 들어왔을 것이다. 신사임당 초상화는 누가 그렸을까? 이종상 화백이 그렸다. 이 화백은 서울대 미대 명예교수이며 한국 예술원 회원이다. 신사임당 초상화를 훌륭하게 그리셨다. 또 오만 원 권 전면에는 묵포도도(墨葡萄圖)가 있다. 이 묵포도도는 누구 작품일까? 신사임당의 작품으로 전해지고 있다. 먹의 사용이나 구도 등이 담백하고 간결하면서도 자연스러움을 보여주고 있다. 뒷면에는 3가지 그림이 있다. 조선 중기의 화가였던 어몽룡(魚夢龍)의 월매도(月梅圖)가 있다. 간단한 구도와 단순한 형태, 담백함을 느끼게 하는 먹색의 분위기가 일품이다. 또 이조 중엽의 화가 이정(李霆)이 그린 풍죽도(風竹圖)가 있다. 바람에도 꺾이지 않는 대나무의 꿋꿋한 기상을 느끼게 하는 뛰어난 작품이다. 또 신사임당의 작품으로 전해지고 있는 초충도 수병(草蟲圖繡屛)이 있다. 검정색 바탕에 청록색의 명주실로 수놓은 8폭 자수

병풍중 제7폭의 그림이다. 모두 훌륭한 예술작품들이다. 돈에 들어 있는 예술인 것이다. 그 동안 그냥 지나쳤었다면 지금 5만 원권을 꺼내놓고 자세히 들여다보라. 예술이 보일 것이다.

　오만 원 권의 과학을 한 번 보자. 오만 원 권에는 위변조 방지장치가 많이 들어 있다. 이 위변조 방지장치는 과학이다. 먼저 숨은 그림(water mark)을 보자. 숨은 그림은 평면상으로는 안 보이고 지폐를 빛에 비춰봐야 초상화가 보인다. 신사임당 초상화이다. 이 초상화는 종이를 만드는 과정에서 들어간다. 매우 정교한 기술을 요한다. 또 홀로그램이 있다. 홀로그램은 빛의 각도에 따라 다른 문양이 나타난다. 오천 원 권에는 원형 홀로그램이, 만 원 권에는 사각형 홀로그램이 들어있다. 오만 원 권에는 띠형 홀로그램(Holographic strip)이 들어 있다. 이 띠는 보는 각도에 따라 우리나라 지도, 태극, 사괘무늬가 같은 위치에 번갈아 가며 나타나고 그 사이에 액면 숫자 50000이 세로로 쓰여 있다. 또 입체형 부분노출 은선(Motion)이 들어가 있다. 오만 원 권 중앙 왼쪽 여백이 있는 부분에 있다. 이 은선은 태극무늬가 새겨져 있다. 지폐를 상하로 움직이면 태극무늬는 좌우로 움직이고 좌우로 움직이면 태극무늬는 상하로 움직인다. 햇빛에 비추면 더욱 선명하게 나타난다. 이것들은 과학이다. 또 색변환잉크(Color-Shifting Ink)이다. 뒷면 오른쪽 하단의 50000이라는 숫자가 보는 각도에 따라 색깔이 다르게 나타난다. 특수 잉크 기술인 것이다. 여기에 일일이 다

설명할 수는 없지만 이런 기술들이 들어있다. 요판잠상기술, 미세문자, 돌출은화, 볼록인쇄, 형광색사 등등 많은 과학이 들어가 있다.

만 원권을 한 번 보자. 앞면에는 세종대왕 초상화와 일월오봉도, 용비어천가가 있다. 세종대왕 초상화는 김기창 화백이 그렸다. 당대 최고의 화가의 작품인 것이다. 일월오봉도(日月五峰圖)는 작가미상이지만 맑은 하늘에 해와 달이 동시에 떠있는 이 그림은 음양(陰陽)을 상징하고 오행(五行)을 상징한다. 조선시대 임금의 상징물이며 우리나라만의 독창적인 그림이다. 또 용비어천가가 들어 있다. 「불휘 기픈 남ᄀᆞᆫ ᄇᆞᄅᆞ매 아니뮐씨 곶됴코 여름 하ᄂᆞ니 ᄉᆡ미 기픈 므른 ᄀᆞᄆᆞ래 아니그츨씨」라는 글귀가 들어있다. 못 보셨다면 한 번 자세히 보시라. 보일 것이다. 뒷면을 한 번 보자. 혼천의(渾天儀)가 있다. 17세기 중엽 천문학 교수 송이영(宋以穎)이 만든 혼천시계의 일부분이다. (세종 때 장영실의 혼천의가 있었으나 실물이 존재하지 않아 송이영 작품을 사용했다.) 이 혼천 시계는 세계적으로 그 가치를 인정받고 있다. 또 보현산 천문대 망원경이 있다. 이 망원경은 국내 최대의 망원경이다. 또 그 바탕은 천문도(天文圖)이다. 이 모든 것이 예술이다.

새 만 원 권에는 19가지의 위변조 방지 장치가 마련되어있다. 사각형 홀로그램(OVD)에는 보는 각도에 따라 우리나라 지도, 액면숫자와 태극, 사괘가 나타난다. 숨은 그림(watermark), 숨은 막대(water Bar)가 들어있다. 형광잉크가 들어있어 자외선을 비추면 일월오봉도와 용비어천가가 나타난다. 자외선 형광램프를 비추면 형광색사가 나타난다. 또 미세문자가 들어있다. 육안으로는 잘 보이지 않고 확대경으로 보아야 보이는 미세문자가 4가지나 들어있다. 컬러복사기로 복사하거나 컬러 프린트기로 인쇄하면 이 미세문자가 나타나지 않는다. 위조지폐임을 금방 알 수 있다. 돈에는 과학이 깃들어 있는 것이다.

　돈은 그래서 예술과 과학의 만남인 것이다. 우리가 무심코 넘어가서 그렇지 돈에는 중요한 예술과 과학이 있는 것이다.

2
세계 최초, 세계 최고

조폐공사도 여느 기업들과 마찬가지로 기술연구소를 갖고 있다. 1967년 11월에 발족했으니, 역사도 반세기에 가깝다. 연구소가 설립된 이후 1989년까지는 기반 구축기였고 1999년까지는 기술 자립기였다. 2000년 이후는 기술 고도화기라고 볼 수 있겠지만, 2011년 이후는 핵심기술 확보기로 설정했다.

기술연구소에서는 위변조 방지를 위한 보안기술을 개발한다. 화폐인쇄, 주화, 보안용지, 보안잉크, ID 등의 분야에서 생산관련기술, 품질관련기술, 기초응용기술개발을 수행하고 있다. 보안기술의 핵심인 첨단 위변조방지기술 및 보안제품의 디자인 개발, 특수 조각기술을 개발 하고 있다. 또한 근래에는 주민등록증, 여권과 같은 ID카드와 관련된 IT기술개발에 박차를 가하고 있다.

　기업연구소는 국가기술연구소나 대학기술연구소와는 다르다고 본다. 국가연구소는 기초기술을 개발하고 대학연구소는 연구목적과 관련된 기술들을 주로 개발하지만 기업연구소는 그 기업의 제품 생산과 관련된 실용기술을 개발해야 한다. 이런 맥락에서 우리 연구소도 주로 실용기술을 개발해 왔다.

　나는 실용기술을 개발하되 남들이 개발한 기술을 따라가는 데 만족할 것이 아니라 세계 최초의 기술(World First), 세계 최고의 기술(World Best)을 개발해 줄 것을 주문했다. 세계 최초나 세계 최고가 되지 못하면 세계시장에서 경쟁력을 갖출 수 없기 때문이다. 따라서 남들이 만든 기술을 나도 만든다는 식의, 따라가기 식 연구소(Follower)가 아니라 남들보다 한발 앞서가는 연구소 (First-Mover)가 되어야 한다.

　"우리가 어떻게?" 하고 겁먹을 이유는 없다. 우리도 할 수 있다. 하면 된다. 할 수 있다고 생각하면 얼마든지 할 수 있지만, 할 수 없다고 생각하면 절대로 하지 못한다.

　나는 『세계 최초, 세계 최고』를 새로운 기술개발의 슬로건으로 내걸고 연구원을 변화시키고자 했다. 먼저 R&D 투자와 지식재산권 출원건수를 높이기로 했다. 2011년 매출액의 4.8%인 R&D 투자를 2017년까지는 5.8%, 2021년에는 10%까지 끌어올리기로 했다. 2배로 높이는 것이다. 특허나 S/W 등 지식재산권 출원건수를 2011년 30건에서 2014년 40건, 2021년 75건으로 목표를 설정했다.

둘째로 개방형 R&D를 추구했다. 모든 기술을 연구원에서 개발할 수는 없었다. 새로운 기술을 찾아서 기술매입을 하든가 각종 국가연구소나 대학의 연구소들과 공동연구를 진행 해야 한다. 경우에 따라서는 새로운 기술을 갖고 있는 벤처기업을 M&A하는 것도 생각해야 한다.

나는 유연하게 생각하고 개방적으로 생각해 주기를 주문했다. 연구원들의 연구는 자칫하면 자기가 하고 싶은 연구만을 하기 쉬운데, 기업연구소는 자기가 하고 싶은 연구보다는 기업이 필요로 하는 기술을 연구해야 한다. 그러려면 폐쇄적 연구보다는 개방적 연구가 필요하다.

그리하여 나는 할 수 없지만 남이 해낸 기술을 받아들이고 이것을 우리 제품에 실용화 하는 개방형 R&D를 추구했다.

셋째로 새로운 기술개발을 위해서 기술연구원의 조직운영방식을 바꾸기로 했다. 기술연구원의 조직운영상 경직성 해소를 위해 자율운영조직으로 변경시켰다. 자율운영조직이란 연구원장의 필요에 따라 연구 조직을 자유롭게 축소·폐지·확대·신설할 수 있도록 자율운영 조직으로 변경시킨 것이다. 연구원이 조직 운영에 제약을 받는다면 성과창출에 제약이 따를 것이라고 보았기 때문이다.

그리고 연구원들의 연구 성과에 따라 연구비, 성과급이 차등 지급되도록 하였다. 이를 통해 연구원들의 연구의욕 고취와 연구 성과 달성이 높아지도록 했다. 2013년까지 제도 개선을 하고, 2015년부터 확대 운영하도록 했다.

넷째로, 연구원과 사업부서의 공동토론회이다. 연구원에서 연구·개발하고 있는 기술을 사업부서 직원들이 알아야 하고, 사업부서 직원들이 현장에서 필요로 하는 기술을 연구원들이 알아야 한다. 연구원 따로, 사업부서 따로, 이렇게 따로따로 놀면 시너지 효과를 기대할 수 없다.

그래서 연구원 기술연구 발표회에 사업부서 직원들을 참여시켜 공동 토론을 하도록 했다. 그랬더니 이런 발표회는 처음이란다. 나는 이 공동토론회에서 사업부서 직원들도 연구원에서 추진하고 있는 기술을 이해하도록 하고, 연구원들도 현장에서 필요로 하는 기술을 알도록 했다.

다시 말해, 현장과 동떨어진 연구로 시간과 자원을 낭비하지 말라는 것이다. 기술연구원의 연구방식에 변화를 시도한 것이다. 이러한 시도의 성과는 시간을 필요로 한다. R&D는 투자회임기간이 길어서 당장 효과를 내기 어려우므로 꾸준히 시간을 갖고 지속적으로 투자하고 변화해야 한다.

이러한 변화는 비록 나의 임기 내에는 성과를 누릴 수 없을지라

도 계속되어야 한다. 한 그루 나무를 심는 심정으로. 그래야 효과
가 나타나기 때문이다.

3
복사가 안 되게
해 보자

요즘은 컴퓨터와 복사기의 발달로 지폐든 수표든 여권이든 위조복사가 과거보다 훨씬 용이해지고 더욱더 정교해졌다. 가끔 시중에 위조지폐라고 나오는 것들이 대부분 복사 또는 디지털기기로 프린팅한 것이다. 또 각종 공문서 위조도 대부분 복사한 것들이다.

몇 가지 사례를 살펴보자. 2011년 일부 건설사들이 예금잔액증명서를 위조해 5억 원을 챙겨간 사건이 발생했다.[37] 2013년에는 밀양 새마을 금고에서 잔액증명서를 위조하여 94억 원을 빼돌린 사건이 발생했고[38], 같은 해 재직증명서를 위조하여 '작업 대출'

---

37) 2011.6.28. 한국경제신문 보도
38) 2013.11.20. 문화일보 보도

한 일당들이 덜미를 잡혔다.[39]

그리고 2014년에는 원자력 발전소 정비부품도 시험성적서를 위조하여 불합격품이 합격품인 것처럼 납품한 사건이 발생했고[40], 철도청 열차부품의 시험성적서를 위조하여 납품한 사건도 발생했다.[41]

이러한 위변조의 결과, 공공서비스 분야에서 사고위험이 높아지고 증명서 위조로 인한 사기피해 발생이나 불법대출 등으로 금융시장의 혼란이 초래됐다. 이러한 사건은 우리 주변에서 많이 일어나고 있다.

이뿐만 아니다. 군, 경찰, 정보기관 등 국가적 기밀을 다루는 곳에서 기밀유출은 절대 있어서는 안 되는 큰 문제이다. 그러나 복사가 용이하면 기밀문서를 복사해서 유출할 수 있다.

이러한 복사위변조를 방지하기 위해서는 복사가 아예 안 되는 「복사불능용지」를 만든다거나 복사하면 복사본이라는 것이 표시되는 「복사방해용지」를 만들어야 한다. 나는 이 용지 시장이 국내외적으로 매우 크게 형성될 것으로 예상했다. 왜냐하면 위조방지나 정보보안을 해야 하는 분야가 너무나도 많기 때문이다.

나는 복사가 아예 안 되는 「복사불능용지」를 개발해 보라고 연

---

39) 2013.6.20. 세계일보 보도
40) 2014.6.25. 동아일보 보도
41) 2014.8.11. 중앙일보 보도

구소에 주문을 했다. 연구소에서는 복사불능용지 개발은 크게 어렵지 않다고 했다. 화폐나 중요보안문서 용지에 특수보안요소를 넣어서 이것을 복사하려고 하면 기기가 그것을 읽어서 복사가 안 되도록 하는 원리이다. 그런데 한 가지 문제가 있었다. 원리는 간단한데, 이것이 효율적으로 적용되려면 복사기나 프린트기에 특수 장치가 탑재되어야 한다는 것이었다.

시중에 유통되고 있는 모든 복사기에 이 특수 장치가 탑재되어야만 원본의 위조복사가 불가능해진다. 그러나 이 장치의 탑재 여부는 복사기(프린트기) 제조업체가 결정해야 한다. 우리의 영역을 벗어날 뿐만 아니라 프린트기 제조업체들이 탑재해야 할 만한 유인책이 있어야 한다. 그러한 유인책을 조폐공사가 만들기에는 한계가 있었다.

연구소에서는 여러 가지로 연구를 진행했지만, 빠른 진전을 보지 못해서 아쉬웠다. 그러나 새로운 창의로 접근하여 기술을 발전시킨다면, 조만간 활용 가능한 복사불능용지가 나오리라고 본다. 앞으로의 기술발전을 기대해 본다.

4
복사된 것임을
알게 하자

그러나 「복사방해용지」는 많이 발전해 왔다. 조폐공사가 갖고 있는 기술을 적용하여 복사 위변조를 막을 수 있는 특수 보안용지를 개발한 것이다. 이 기술은 크게 1)숨은 그림 넣기, 2)복사방해 패턴 넣기, 3)스마트기기 인식용 보안패턴 넣기의 세 가지로 나누어 볼 수 있다.

먼저 숨은 그림(water mark)을 넣는 방법이다. 이것은 은행권에 적용되고 있는 기술로, 지폐를 그냥 보아서는 안 보이지만 불빛에 비춰 보면 지폐에 숨은 그림이 나타난다. 이 기술은 종이 제조 과정에서 숨은 그림을 넣기 때문에 위변조가 불가능하다.
세계의 거의 대부분의 은행권에는 이 기술이 적용되고 있다. 또 특수문양이나 특수 색사 등 특정물질을 넣어서 위변조가 불가능하도록 하고, 진위확인은 눈으로 직접 할 수 있도록 했다. 일반용지와 완전히 차별화가 이루어지는 보안용지인 것이다.

　두 번째로는 복사방해패턴(Ghost See)을 넣는 기술이다. 복사방해패턴이 들어간 용지를 복사하면, 숨겨진 문자나 문양이 나타나 원본 여부를 바로 확인할 수 있다. 원본을 복사하면 "복사본"이라는 표시가 나타나서 이것이 원본이 아님을 나타내는 것이다. 인감증명서 등 각종 공문서, 졸업증명서, 시험성적서, 상품권 등에 활용할 수 있다.

　앞의 사례에서도 보았듯이 시험성적서를 복사위변조하여 불량품을 정품인 것처럼 납품하면 각종 대형 사고를 유발, 큰 피해를 초래한다. 인감증명서 같은 공문서를 위변조하여 사용하면 부동산 거래, 금융거래 등 여러 분야에서 큰 피해가 날 수 있다. 이러한 피해를 막기 위해서는 복사방해용지 사용이 불가피하다고 본다.

　세 번째 기술은 스마트기기 인식용 보안패턴(Smart See)을 넣는 기술이다. 스마트폰에 "수무늬(Smoony)라는 앱을 깔고 이 스마트폰으로 문서에 대면 특수 문양이 나타나 진본 여부를 알게 된다. 주로 증명서, 상품권, 카드 등에서 활용된다.

　이외에도 엠보싱 잠상(Hidden Face), 보안QR코드(Hidden QR),

홀로그램(Hologram) 등의 기술이 있다.

이러한 복사방해기술을 이용한 복사방해용지는 다양하게 이용될 수 있다. 인감증명서 같은 공문서나 군부대, 정보기관의 대외비밀문서, 은행의 잔액증명서, 각종 연구소의 시험성적서 등 다양하다. 특히 정부기관의 각종증명서나 군부대, 정보기관의 보안용지로 적합하다. 복사 위변조로 인해 피해가 크게 발생할 수 있는 분야에 적용될 수 있다.

2000년부터 시작된 복사방해용지 매출은 매년 증가 추세에 있지만 아직까지는 시장 규모가 미미하다. 2012년 16억 원이던 보안용지 매출이 2013년 20억 원, 2014년 23억 원에 이르고 있다. 아직은 성장세가 약하지만 보안용지의 위변조방지 효용성이 널리 알려지게 되면 점차 시장 규모가 커지리라 생각된다.

특히 국내시장뿐만 아니라 글로벌 시장을 겨냥하면 큰 시장을 개척할 수 있다고 본다. 글로벌 시장을 개척하는 노력이 필요하다고 본다.

5
짝퉁을 찾아내
보자

　우리 사회에서는 소위 "명품"이라는 것에 대한 인기가 대단하다. 특히 여성들의 핸드백이나 시계, 의류 등을 비롯하여 다양한 품목에서 명품 욕구가 대단하다. 여성들의 경우, 노소를 막론하고 적어도 명품 가방 하나 정도는 들고 다녀야 하고 명품 시계 하나 정도는 차고 다녀야 한다는 인식이 팽배해 있다.

　명품은 그 자체의 가치 때문에 가격이 비싸다. 이렇게 가격이 비싸다 보니, 유명 브랜드라고 하는 제품은 어김없이 자연 위조품, 소위 짝퉁이 횡행한다. 이러한 짝퉁 시장 규모는 가늠하기도 힘들다. 관세청에서 적발된 밀수 정도가 공개되지만, 적발되지 않고 지하에 숨어 있는 짝퉁 시장 규모는 알 수도 없다.

　관세청에 따르면 밀수 단속에 따른 밀수 건수와 밀수금액 규모가

2010년에는 722건에 1조887억 원, 2012년에는 587건에 9,332억 원, 2014년에는 262건에 5,162억 원에 이른다고 한다.[42]

관세청의 집중단속으로 짝퉁의 밀수 건수와 금액규모가 점차 줄어들고 있지만, 그래도 5,000억 원대를 넘어선다. 그 가운데 시계류가 2,300억 원어치로 가장 많다고 한다. 다음으로 여성 핸드백으로 1,285억 원어치나 된다고 한다. 짝퉁은 시계, 핸드백뿐만 아니라 의약품, 의류, 부품 등 온갖 유명상품에서 전반적으로 만들어지고 있다.

이렇게 많은 짝퉁이 횡행하면 경제에 악영향을 미치는 것은 말할 것도 없고, 신뢰사회 구축에도 악영향을 미친다. 서로를 믿을 수 없는 사회가 되는 것이다. 이는 신뢰사회를 구축하는 데 기여하려는 조폐공사의 이념과도 상치된다.

나는 짝퉁과 진품을 쉽게 구별해 내는 기술을 개발하고 싶었다. 물론 각각의 명품들은 짝퉁과는 구별되는 식별 기술을 제품에 적용하고 있다. 그러나 그것은 소비자가 쉽게 알아볼 수 있는 것이 아니라 전문매장에서 관계자들이 구분해 내는 방법일 뿐이다. 일반 소비자들은 고액을 지불하면서 짝퉁을 진품인 줄 알고 구매한다. 얼마나 억울한가? 이것이 바로 소비자들이 쉽게 구별해 내는 기술이 필요한 이유이다.

---

42) e-나라지표, 관세청, 밀수 등 관세, 부정무역 사범 단속 현황

나는 기술연구원에 대해 이 기술을 개발해 보자고 주문했다. 조폐공사는 위변조 방지기술을 갖고 있으니 이 기술을 활용하여 진품과 짝퉁을 구별해 내는 기술을 개발해 보자고 주문한 것이다.

나는 이 기술이 개발되면 시장규모가 매우 클 것이라고 보았다. 세계 명품 브랜드 회사의 경우, 짝퉁 때문에 입는 피해가 매우 클 것이라고 보기 때문이다. 이들이 짝퉁 구분 기술이 개발되면 당연히 수요할 것이라고 보기 때문이다. 나는 기술연구원에 대해 큰 기대를 갖고 개발을 주문했으나 실현되지 못했다.

하도 답답한 마음에 심지어는 내가 소박한 아이디어를 내보기도 했다. QR코드와 기능은 유사하지만 구성은 다른 K-QR코드 (Komsco QR코드)를 개발하자는 것이었다.

우리가 개발 못하면 해외개발업체를 조사하여 기술도입을 하여, 명품 핸드백이나 명품시계에 K-QR코드를 넣는 것이다. 그리고 이 K-QR코드를 스마트폰 앱으로 읽어들이면 제조회사와 바로 연결되어 상품의 제조일자, 제조일련번호, 회사홈페이지 등 진품 여부를 확인할 여러 가지 정보가 나오도록 하면 어떨까?

나는 이것을 개발해 보라고 주문을 했다. 어려운 주문이었다. K-QR코드를 개발하려면 시간과 상당한 노력이 필요하기 때문이다.

그러나 외국 벤처기업에서도 이러한 기술을 찾아내지 못했다.

그렇다면 이번에는 기존의 QR코드를 이용하는 방법을 찾아보라고 주문했으나, 반응이 신통치 못했다. 명품회사들이 관심이 없다는 등 시계뒷면에 QR코드를 압인하면 뒷면이 일그러진다는 등 부정적 반응이었다.

그러나 그 후 영업개발단에서 일그러짐 없이 시계 뒷면에 QR코드를 넣는 것이 가능하다는 의견이 제시되었다. 금속 메달에 QR코드를 압인해 넣은 것이다. 연구원 측에서 시계 뒷면은 메달보다 훨씬 얇아서 압인하면 일그러진다는 것을, 영업개발단에서 인쇄방식으로 하면 가능하다는 것을 찾아낸 것이다.

나는 압인방식과 인쇄방식을 결합하면 모방이 어려운 보안요소가 되리라 보았다. 좀 더 개발해서 실용화를 하고자 했으나 나는 그 기술이 사업화되는 것을 보지 못하고 퇴임하였다. 그와 함께 명품과 짝퉁을 구분해 내는 새로운 기술도 제대로 개발되지 못했고 아이디어도 사장되고 말았다.

나는 머지않아 이 기술이 개발되어 짝퉁과 진품을 구별해 내는 날이 오리라 생각한다.

6
새로운 개념의 보안 용지를
만들어 보자

 은행권 용지는 면 펄프로 만든다. 우리나라는 물론 세계 대부분의 국가들이 면 펄프 용지로 은행권을 만든다. 손에 만져지는 촉감이 좋고 제조비용도 저렴하기 때문에 많은 국가들이 면 펄프 용지를 은행권 용지로 사용하고 있다.

 그런데 이 면 펄프 용지에는 몇 가지 단점이 있다. 먼저 수명이 비교적 짧다. 지금은 기술발달로 수명이 좀 길어졌지만, 중앙은행 입장에서는 은행권 수명이 좀 더 길었으면 하는 아쉬움이 있다.

 또 종이이기 때문에 위변조가 쉬워서 위조지폐의 위험성이 상존한다. 거기다가 돈이 많이 유통되다 보면 더러워지고 훼손된다. 더러운 돈이 많이 돌아다니면 국가적 이미지도 안 좋을 수 있다. 그래서 중앙은행들은 다른 대안에 관심을 가지는 것이다.

그 대안으로 등장한 것이 폴리머(Polymer) 용지이다. 폴리머 용지는 호주에서 처음 개발된 용지로, 폴리머(필름)와 종이가 결합된 형태로서 복합재질로 만든 은행권 용지이다. 이 폴리머 용지는 유통수명이 면 펄프 용지의 4~5배에 달 할 만큼 내구성이 우수하다. 중앙은행 입장에서는 입맛이 도는 용지인 것이다.

또 위변조가 어렵다. 만져지는 촉감이 종이가 아니라 비닐 비슷한 감촉이기 때문에 위변조할 만한 재료를 찾기가 어렵다. 종이로 폴리머 은행권을 위변조 하면, 만져 보면 금방 알 수가 있다. 또 인쇄 선명도가 비교적 높다.

이런 장점이 있는 반면 단점도 있다. 우선 제조비용이 높다. 면 펄프 용지가 톤당 6,525~7,250유로인 데 비해 폴리머 용지는 톤당 11,600~12,325유로이다. 면 펄프 용지보다 70% 정도가 높은 것이다. 또 촉감이 이질적이다. 돈 같은 느낌이 안 들고 비닐처럼 미끈거린다.

또 한 번 접히면 접힌 자리가 쉽사리 펴지지 않는다. 면 펄프 용지도 접히면 접힌 자국이 나타나지만, 폴리머 용지는 그보다 훨씬 심하다. 또 필름성이기 때문에 고열에 쉽사리 변형될 뿐만 아니라, 인쇄된 잉크가 지워지기 쉽기 때문에 잘 지워지지 않도록 잉크 접착성이 높아야 한다.

이런 점 때문에 폴리머 용지를 사용하는 나라가 많지 않다. 호주가 개발했으니, 캐나다 등 영연방 국가들이 일부 사용하고 있는 정도이다.

내가 2013년 그리스 아테네에서 개최된 국제화폐회의(Currency Conference)에 갔을 때 논의 주제 중의 하나가 폴리머 용지의 효용성 문제였다. 호주에서는 개발국이니 폴리머 용지의 장점을 많이 부각시켰다. 그러나 아프리카의 나이지리아가 사용해 본 경험을 소개했는데 문제점이 많다는 의견을 제시했고, 이에 참가자들이 많이 수긍하는 분위기였다.

면 펄프 용지와 폴리머 용지의 중간 정도에 해당하는 또 다른 용지가 있다. 일명 내구성 용지(Durable paper) 또는 하이브리드 용지(Hybrid paper)이다. 내구성 용지는 면 펄프 용지보다는 유통수명도 길고 폴리머 용지보다는 외관이나 촉감이 훨씬 좋다. 그러나 제조단가가 높다. 톤당 8,700~9,425유로이기 때문에 폴리머 용지보다는 30% 정도 싸지만 면 펄프 용지보다는 30% 정도 비싸다. 이 내구성 용지를 많은 회사들이 개발해서 내놓고 있다. 영국 데라루는 프래티넘(Platinum)이라는 이름으로, 독일 G&D는 스트롱라이프(Stronglife), 하이브리드(Hybrid), 신세틱(Synthetic)이라는 이름으로, 불란서 아조 위긴스는 다이아몬(Diamone), 크래인은 마라톤(Marathon), 랜트쿼트는 듀라세이프(Durasafe)라는 이름으로 개발했다. 회사마다 약간씩은 재질이나 속성이 다르지만 기존 용지보다는 더 좋은 용지를 개발하고 있는 것이다. 이렇게 많은 회사들이 새로운 용지를 개발하고 있다는 것은 그 만큼 시장에서 수요가 있다는 의미이다. 물론 카드 사용, 모바일 결제의 등장으로 종이 화폐의 수요는 줄어들겠지만 그래도 기존의 시장 수요는 남아있는 것이다.

　나는 새로운 개념의 용지를 개발해 보고 싶었다. 수명도 길고 촉감도 좋고 인쇄적성도 좋으면서 위변조가 어려운 우리만의 용지를, 우리만의 독특한 재질과 기술로 독특한 용지를 개발해 보고 싶었던 것이다.

　우리나라는 한지(韓紙)가 유명하다. 한지(韓紙)는 천년을 간다고 한다. 이 한지를 이용하는 방법도 있을 수 있고, 아니면 또 다른 재질을 이용할 수도 있다고 생각했다. 그러나 이는 빛을 보지 못한 채 단지 하나의 아이디어에 그치고 말았다.

　새로운 기술은 장기적으로 꾸준한 연구를 통해서만 개발이 가능하다. 오너가 있는 민간기업 같은 경우 잘되든 못 되든 오너 책임하에 개발연구를 지속적으로 할 수 있다. 하지만 공기업은 민간기업과 달라서 길게 내다보고 사업을 추진하기가 어렵다. CEO가 바뀌면 경영정책도 달라지기 때문이다. 그러니 장기적 안목보다는 임기 내 성과를 의식한 단기적 접근을 할 수밖에 없다.

　이러한 여건 때문에 결국 새로운 개념의 용지 개발은 완성되지 못했다. CEO가 바뀌면서 이 과제는 사장되고 말았을 것이다. 그러나 언젠가는 새로운 용지개발이 이루어지리라 본다. 새로운 수요가 있는 한.

7

스마트 그리드를
잡아라

나는 조폐공사의 미래를 위해 새로운 사업, 새로운 성장엔진을 찾기 위해 다방면으로 노력하였다. 그중 하나가 내부 직원들의 아이디어를 공모하는 것이었다. 최고상인 금상(金賞)에는 1,000만 원, 은상(銀賞)에는 400만 원, 동상(銅像)에는 100만 원의 상금을 내걸고 아이디어를 공모 했다. 본사, 연구원, 각 본부 할 것 없이 많은 사람들이 응모를 했다. 그중에는 매우 훌륭한 사업 아이디어들도 있었다.

심사위원들의 정밀한 심사결과, 금상은 없었고 은상이 둘, 동상이 둘이었다. 은상은 ID사업단의 양정규 과장이 제출한 「M2M 기기 식별 보안모듈(Secure Element) 공급사업」과 기술연구원 위조방지센터의 최원균 연구원이 제출한 「광결정(photonic crystal) 구조

기술 기반의 차세대 보안 필름 및 IT산업용 핵심 중간재 사업」이 었다.

그리고 동상으로는 기술연구원 정보기술연구센터의 류진호 연구원과 이세현 연구원이 공동 제출한 「전자 ID카드 소재 및 보안 필름 사업화」와 제지본부 박용성 생산처장이 제출한 「셀룰로오스 유도체를 이용한 폴리머 은행권 및 내구성 용지 소재 개발을 통한 신규사업」이었다. 모두 훌륭한 사업 아이디어였다.

이 중에서 나의 눈길을 끈 것은 「M2M(사물지능통신용) 기기 식별 보안모듈(Secure Element) 공급사업」이었다. 향후에는 사물 인터넷(M2M/IoT) 기술이 각광받을 것 같았다. 향후 사회는 디지털 사회이고, 산업 기술은 디지털 기술이 대세일 것이다. 이 디지털 기술의 바다에 우리도 뛰어들어야 한다.

우리가 갖고 있는 위변조 방지를 위한 보안 기술을 바탕으로 디지털 기술을 개발해야 한다. 우리 연구원도 「정보기술(IT)연구센터」를 갖고 있으니 얼마든지 가능하다. 더 이상 전통적인 인쇄, 민트에만 매달려서는 안 된다. 우리도 IT기술을 개발해서 이 분야를 키워 나가야 한다는 생각이 들었다.

'M2M(machine-to-machine)'이란 사람 대 사물, 사물 대 사물 간 지능통신서비스를 제공하는 기술이다. M2M은 IoT(Internet of things)와 혼용되기도 하고, M2M/IoT와 같이 병행해서 쓰기도 한다. 통칭「사물 인터넷」으로 불린다.

미국의 시스코(Cisco)는 2020년에는 사물 인터넷에 연결될 사물 수가 500억 개가 넘을 것으로 예상하고 있다. 타임(TIME)지는 2008년에 이미 당대 최고의 발명품의 하나로 바로 이 사물 인터넷을 지목했다.

시장조사기관인 Machina Research에 의하면 M2M 시장은 2011년 1,490억 불 정도이지만 2020년에는 9,500억 불로 성장할 것으로 예상하고 있다. 미래창조과학부는「인터넷 신산업 육성방안(2013.6)」에서 사물 인터넷의 세계시장규모가 2015년에 47조원에 육박할 것으로 보았고, 국내시장규모도 약 5,700억 원(2012년) 수준으로 예상하였다. 계속해서 규모가 늘어날 엄청난 시장인 것이다.

외국조폐기관들은 이미 이 사업에 진출하고 있다. 네덜란드의 제말토(Gemalto)는 이미 M2M 사업에 뛰어들어 2012년도에 약 1억 9천만 유로의 매출을 올렸고, 독일의 지앤디(G&D)도 M2M 사업을 주요사업으로 하고 있다. 그리고 불란서의 오버투어(Oberthur Technologies)도 이미 이 사업을 하고 있다. 이런 시장을 간과하거나 놓쳐서는 안 된다. 우리도 뛰어들어야 한다. 이런 생각으로 M2M사업에 관심을 갖게 되었다.

M2M 기술은 전력의 관리에도 적용된다. 전력관리를 효율적으로 하기 위한 새로운 형태의 전력망이「스마트 그리드」이다. 스마

트 그리드는 기존 전력망에 정보통신기술을 접목하여 공급자와 수요자가 쌍방향으로 실시간 전력정보를 교환함으로써 전력관리를 효율적으로 할 수 있게 하는 시스템이다.

스마트 그리드 구현을 위해서는 M2M 기술이 반드시 필요하다. 만약 스마트 그리드 시스템이 악의적인 해커에게 침투당하면 발전소뿐만 아니라 전력망 자체가 무력화될 위험이 있다. 그래서 보안성을 위한 보안모듈(Secure Element)이 중요하다.

보안모듈로 칩 운영체제 기술(COS:Chip Operating System)이 적용되고 있다. 이 기술을 개발하고 업그레이드하는 연구가 우리 연구원에서 진행되고 있다. 국산 칩에 적용되는 전자주민등록증용 칩운영체제(COS)인 JK21 3종을 개발했고, 외산 플래시 칩에 적용되는 개방형 COS인 JK31, 폐쇄형인 K-COS V3.0도 개발하고 국제인증을 받았다.

이러한 우리의 K-COS가 스마트 그리드에 들어갈 중요한 보안모듈인 것이다. 아직 전력회사가 스마트 그리드를 본격화하지 못하고 있어 스마트 그리드에 K-COS의 적용 여부가 확정되지는 못했지만, 본격화되고 K-COS가 적용되면 분명 중요한 사업의 하나가 될 것이다.

늦기 전에 스마트 그리드를 잡아야 한다.

조폐공사가 개발한 보안 모듈은 다양한 분야에 적용될 것이다. 이는 전력 계량기뿐만 아니라 적산 열량계, 가스, 수도 미터기,

자동차 운행거리 미터기, 택시 미터기 등 변조가능성이 있는 각종 계량기에 적용될 것이다.

그리하여 국민들이 안심하고 믿고 살 수 있는 신뢰사회를 만드는 데 기여할 것이다. 이제 우리 공사도 M2M사업에 시동을 걸게 될 것이다. 새로운 사업이 개발될 것이다. 사뭇 기대가 크다.

8
전자봉인 보안 모듈

M2M 사업의 하나로, 「전자봉인 보안 모듈」이라는 것이 있다. 일반인들에게는 매우 낯선 용어로, 쉽게 말하면 계량기 눈금을 속이지 못하도록 봉인한다는 말이다.

우리는 주유소에 가서 자동차에 기름을 넣고 주유기에 나오는 대로 대금을 지불한다. 내가 만약 기름 40ℓ를 넣었다고 하자. 계량기에는 분명 40ℓ를 넣었다고 표시되는데, 실제로는 40ℓ가 아닌 35ℓ만 들어간다. 주유소에서 주유기 프로그램을 조작해 사기를 치는 것이다. 소비자는 아무것도 모른 체 그저 속는다. 이런 주유기 불법조작사건이 실제로 일어났다.

주유기 불법조작문제가 언론을 통해 보도되면서 소비자들은 분노했고, 이것은 사회적 이슈가 되었다. 정부(통상산업자원부)가 주유기 불법조작방지를 위한 대책마련에 나섰다. 주유기 불법조작방지를 위해 주유기 형식승인기관인 한국기계전기전자시험연구원(KTC)과 위변조 방지 전문기관인 한국조폐공사가 공동연구를 통해 전자봉인 보안 모듈을 개발한 것이다.

주유기 내부에는 메인보드가 장착되어 있고, 주유량을 계산하는 소프트웨어가 메인보드의 프로세서에 설치되어 작동한다. 그런데 주유소에서 이 소프트웨어를 조작하여 주유량을 속이는 것이다. 그래서 이 소프트웨어를 조작하지 못하도록 주유기 메인보드에 장착하는 전자봉인 보안 모듈을 조폐공사가 개발했다.

주유기 내에 전자봉인용 스마트카드 칩(IC칩)을 장착하여 소프트웨어 조작을 감시하고, 주요 정보들을 암호화하여 소프트웨어의 조작을 방지하는 것이다. 주유기는 M2M 기술을 이용해 인터넷으로 연결되고, 한국전기전자시험연구원(KTC)의 주유기 관리 모니터링 시스템에 연동 된다. 주유기 모니터링에 시스템을 조작하는 징후가 감지되면, 감독관이 현장에 나가 보안모듈을 스마트폰에 연결하면 주유계량 조작 여부를 바로 파악할 수 있다.

정부는 불법 주유를 방지하기 위해 관련법령을 손질하였다. 계량에 관한 법률을 공포(2014.5. 28.)하였고, 동 법 시행령을 개정(2014.12.)하여 법제화를 했다. 2015년 7월부터 신규 주유기는 주유기 조작방지기술을 적용해야 형식승인을 받을 수 있다. 그리고 주유기 제조업체는 2015년 말까지 전자봉인 보안 모듈이 장착된 신규 주유기를 개발하고 필드 테스트를 완료하여 2016년 1월부터 시판할 수 있도록 했다.

이러한 전자봉인 보안 모듈을 우리 연구소 정보기술연구센터의 김홍조 센터장 이하 연구원들이 적극적으로 연구하여 개발한 것이다. 이 보안 모듈도 새로운 사업으로 발돋움할 것이다. 디지털 시대에 맞는 사업구조 변화를 기대해 보며, M2M사업이 주요한 새로운 사업으로 성장하기를 희망한다.

9
위조지폐는 얼마나 될까?

세계 어느 나라나 위조지폐 문제로 골머리를 앓는다. 위조방지를 위한 각종 보안요소를 강화하여 화폐를 만들지만, 위조지폐범은 사라지지 않는다. 조직적으로 고도의 기술을 이용하여 위조지폐를 만드는 경우도 있고, 개인이 어설픈 복사로 위조지폐를 만들기도 한다.

우리나라에서는 위조지폐가 어느 정도 될까? 한국은행 보도자료를 통해서 살펴보자[43] 위조지폐는 해마다 나타나지만 장수는 점차 줄어들고 있다. 2009년 발견된 위조지폐가 12,252장이었지만 2014년에는 3,808장으로 대폭 줄어들었다. 발권당국의 위

---

43) 한국은행 보도자료(2015.1.30) 2014년 중 위조지폐 발견현황

조지폐 근절 노력과 지폐에 위조 방지 보안요소가 강화된 덕분이다.

위조지폐를 권종별로 보면, 5천 원 권이 39%(1,484장)로 가장 많고 5만 원 권이 36.9%(1,405장)로 두 번째, 1만 원 권 22.9%(872장)로 세 번째이고, 천 원 권이 1.2%(47장)로 가장 적다. 5천 원 권의 경우 새로 나온 5천 원 권보다는 기번호 77246의 구 5천 원 권이 1,419장으로 5천 원 권 위조지폐의 95.6%를 차지하고 있었다.

그리고 5만 원 권의 경우, 서울 화곡동 새마을 금고에서 발견된 5만 원 권 1,351장(5만 원 권 위조지폐의 96%)이 가장 많은 위조지폐였다. 이 위조지폐는 홀로그램이나 입체형 부분노출은선, 숨은 그림 등 주요 위조방지장치가 제대로 나타나지 않을 정도로 조악한 것이어서 육안으로도 쉽게 구분될 수 있는 것이었다.

다른 나라와 비교해 보면 우리나라의 위조지폐 실태는 어느 정도 수준일까? 2014년 중 유통은행권 1백만 장당 위조지폐 발견 장수는 0.9장이었다. 영국은 230.2장, 유로는 40.6장, 캐나다는 29.0장에 비교 했을 때 우리는 대단히 낮은 수준이다.

일본이 100만 장당 0.2장으로, 상당히 낮은 수준이다. 그러나 위조지폐가 100만 장당 1장 이하라면 무척 낮은 수준 이다.

이렇게 우리나라의 위조지폐가 적은 이유는 우리 지폐에는 그

만큼 위조방지 보안요소가 강화되어 있어 위조가 쉽지 않기 때문
이다. 발견된 위조지폐도 고도의 정교한 기술을 이용한 것이라기
보다는 컬러 복사 등으로 만든 조잡한 것들로, 사용자가 조금만
주의를 기울여 보면 금방 알 수 있는 것들이다.

그러나 전통시장 같은 곳이나 불빛이 밝지 않은 곳에서 사용하
면 사람들이 잘 알아볼 수 없다. 이런 약점을 이용해 위조지폐범
들은 주로 야간에, 또 어수룩한 곳에서 사용하고 있으므로 주의
를 기울여야 한다.

10
위조지폐 식별법

  각 나라의 지폐에는 나라마다 약간씩 다르지만 용지, 잉크, 부착물 등 여러 가지 위조방지 보안요소가 들어 있다. 용지에는 숨은 그림, 숨은선이 들어가 있고, 잉크에는 색상이 달라지는 각종 특수 보안요소가 들어 있다. 또 홀로그램 등 부착물도 보안 요소이다.

  이처럼 돈에는 곳곳에 알게 모르게 위조방지 요소가 들어가 있다. 보안 요소야말로 위조방지를 위해서 가장 중요한 역할을 하는 것이다.

  우리나라 위변조 방지기술은 세계최고의 수준이다. 몇 가지 예를 들어 보자. 가장 고액권인 5만 원 권의 경우 위변조 방지 보안

요소가 무려 22가지나 들어 있다. 외국지폐와 비교해 본다면, 미국 100달러 지폐에는 14가지가 들어 있고 일본 1만 엔화에도 14가지가 들어 있다. 유럽의 유로화에는 21가지의 보안요소가 들어 있다.

어느 선진국 못지않게 위변조 방지요소가 강화되어 있는 것이다. 이러한 보안요소 강화가 위조지폐를 예방하는 데 큰 기여를 하고 있다.

위조지폐를 손쉽게 구분해 내는 방법은 없을까? 있다. 만져 보고, 비춰 보고, 기울여 보면 된다. 5만 원 권을 살펴보자.

우선 지폐 표면을 만져 보면 된다. 지폐표면의 인물초상이나 문자와 숫자 등을 손가락으로 살짝 만져 보면 오톨도톨한 감촉이 느껴진다. 이것이 볼록 인쇄이다. 보통 용지는 만지면 그냥 밋밋하게 지나가지만 지폐에는 오톨도톨한 부분이 있다. 만일 이것이 없다면 위조지폐이다.

다음으로 불빛에 비춰 보면 된다. 5만 원 권 왼쪽 빈 공간에 숨은 그림과 숨은 선이 있다. 그냥 평면으로 놓고 보면 안 보이지만, 들어서 빛에 비춰 보면 신사임당 초상화가 나타나고 그 아래 5각형 무늬 안에 숫자 5가 나타난다. 이것은 조폐공사가 화폐용지를 만들 때 넣어서 만들기 때문에 위조가 불가능하다. 빛에 비춰 봤을 때 이 그림이 없으면 위조지폐인 것이다.

다음으로 기울여 보면 된다. 5만 원 권을 들고 아래위로 기울여 보면 홀로그램과 입체형 부분노출 숨은 선에서 무늬 모양이 다르게 나타난다. 또 색변환 잉크를 사용했기 때문에 지폐의 뒷면에 있는 액면가 숫자를 기울여 보면 색상이 달라진다. 요판 잠상 기술을 적용했기 때문에 눈높이에서 지폐를 비스듬히 기울여 보면 숨겨진 숫자 5가 나타난다. 이런 것들이 없으면 위조지폐인 것이다.

  이처럼 만져 보고, 비춰 보고, 기울여 보는 세 가지 방법만 알아도 우리는 위조지폐를 금방 구별할 수 있다. 미국 내 은행 같은 곳에서 100불짜리 고액권을 주면, 직원이 고객이 잘 감지하지 못하게 하면서 손가락으로 돈의 표면을 쓱 훑는다. 위조지폐인지 여부를 검증하기 위함이다.
  우리도 의심되면 지폐를 손가락으로 쓰윽 만져 보자.

새로운
시스템 구축
(New System)

1
해외이사를
공개모집하다

새로운 시장개척은 나의 4대 경영전략 중 하나다. 새로운 시장, 해외시장을 개척하려면 조직과 인적 구성부터 강화되어야 한다.

그동안 이사는 기획이사, 공공사업이사, 사업개발이사, 총무이사, 이렇게 4명이 있었다. 기획이사와 총무이사는 임무를 분명하게 알겠는데, 공공사업이사와 사업개발이사는 애매해 보였다. 화폐 등 공공사업은 공공사업이사가 맡고, ID사업과 해외수출은 사업개발이사가 맡는 체제였다. 굳이 말한다면 업무 성질별 분담이었다.

나는 조직개편을 크게 단행했다. 이사들의 업무를 재정립 한 것이다. 업무성질별 분류에서 시장 중심(market oriented) 조직으로 새로 정립하여, 국내시장은 국내사업 이사가 맡고 해외시장은 해외사업 이사가 맡도록 조직개편을 단행했다.

해외사업 조직도 해외사업단이라고 해서 5~6명이 하고 있었다. 나는 조직을 확대 개편해야겠다고 생각하고 조직개편에 들어갔다. 해외사업단을 확대하여 해외사업1단과 해외사업2단으로 나누었다. 처음에는 1단과 2단을 품목중심으로 업무를 나누었다가 다시 시장중심으로 나누었다.

해외사업 1단은 아시아, 중남미 지역을 담당하고 해외사업2단은 중동, 아프리카, CIS국가들을 담당하도록 했다. 담당업무를 품목중심으로 설정하다 보니 담당자의 지역이 너무 광범위해졌기 때문이었다. 예를 들면, 전자주민등록증 담당자는 전 세계 전자주민등록증 사업발주 국가를 모두 관장하게 되었다. 그러다 보니 자연스레 업무효율이 떨어졌다.

그래서 시장중심으로 담당업무를 나누었다. 즉, 아프리카 담당자는 전자주민등록증이든 주화든 용지든 그 나라에서 발주하는 모든 것을 담당하도록 했다. 두 체계가 모두 일장일단이 있지만, 시장중심으로 접근하는 것이 좀 더 효율적이라고 보았다.

내부 조직은 이렇게 정비했으니, 이번에는 이 조직을 이끌어 나갈 담당임원이 필요했다. 담당임원을 내부 인사로 기용하느냐, 아니면 외부 전문가로 수혈하느냐 하는 문제를 고민하기 시작했다.

회사 내에서는 당연히 내부 인사가 승진해서 올라가리라는 기대를 갖고, 나름대로 예측들이 난무했다. 나는 눈을 크게 뜨고 회사 내부를 살펴보았다. 그러나 적임자를 찾기가 어려웠다. 고민하기 시작했다.

나는 공기업도 사기업 문화를 접목하기를 원했다. 사기업 문화란 효율과 경쟁을 중시하는 문화다. 공기업은 공공성을 강조하는 반면, 사기업은 효율성을 강조한다. 우리 공사는 정부정책을 대행하는 공공기관이 아니라 기업이다. 다만 공기업인 것이다.

따라서 공공성과 기업성을 같이 가져야 한다. 새로운 제품도 개발하고 새로운 시장도 개척해서 매출증대도 하고 이익증대도 하여 국가에 기여해야 한다고 생각했다. 그러나 공사는 경쟁이 치열한 세계시장보다는 독점적이고 편한 국내시장에 익숙해져 있었다. 혁신이나 변화보다는 현실안주가 일상화되어 있었다.

이러한 문화를 바꾸기 위해 사기업 마인드, 사기업 문화를 접목하기를 원했다. 그리하여 해외사업이사는 치열한 경쟁시장에서 살아온 외부 민간기업 출신이 더 적합하지 않을까 하는 생각도 했다.

내가 기대하는 해외사업이사는 몇 가지 기준을 충족해야 했다.

첫째, 마케팅 능력이 있어야 한다. 나도 마케팅에 대해서는 잘 모르지만, 가만히 앉아서 지시나 하고 보고나 받아서는 마케팅이 제대로 될 리 없다. 시장을 이해하고 시장흐름을 감지하고 직접 시장에 뛰어 들어가 협상도 하고 물건을 팔아야 한다. 시장에 대응해 나갈 수 있는 마케팅 능력이 있어야 한다.

둘째, 해외사업을 해 본 경험이 있어야 한다. 우리 제품의 국내시장은 독과점 시장이다. 우리는 공급 독점자요, 발주처는 수요 독점자다. 이처럼 쌍방 독점이지만 국내이기 때문에 서로 협상력에 의해 결정될 수 있다. 그러나 해외시장은 치열한 경쟁시장이다. 더구나 세계시장은 서방 선진기업들이 거의 독차지 하고 있다. 이러한 국제경쟁시장에서 어떻게 해야 살아남을 것인가를 경험해 보고 고민해 본 사람이 필요하다.

셋째, 영어구사능력이 있어야 한다. 외국 바이어들과 거래를 하려면 영어구사능력이 있어야 한다. 바이어의 말을 알아듣지도 못하고 우리 의견을 제시하지도 못하면 마케팅이 불가능하기 때문이다. 혹자는 통역을 데리고 다니면 안 되느냐고 묻는다. 그러나 통역을 데리고 다니면 비용이 두 배로 들 뿐만 아니라 쌍방의 소통에도 문제가 발생할 수 있다. 서로의 전문성이 달라 의사전달이 충분치 않을 수 있다는 것이다.

이러한 기준으로 해외이사를 사내외에서 공모키로 했다. 회사 내에서도 관심을 가진 사람들이 많았으나, 이러한 기준을 알고는 지원자가 많지 않았다. 그러면서 일부 간부들은 해외사업이사를 공개모집한다는 데 대해 불만이 많았다. 우리 자리인데 왜 외부 사람에게 주려고 하느냐는 것이다.

아마도 사장이 자기가 아는 사람을 데려오려고 하는 모양이라고 쑥덕거렸다. 관료출신을 데려온다더라, 개인적인 친분관계가 있는 사람을 데려온다더라 등등 자기들끼리 쑥덕거렸다. 그러나 나는 그러한 쑥덕거림에 개의치 않고 인사혁신을 하기로 했다.

외부 수혈을 통해서 내부 경쟁력을 높이고 시야를 좀 더 넓히고자 공개모집을 하기로 했다. 공개모집의 투명성과 공정성을 기하기 위해 사내외 인사들로 선발위원회를 구성했다. 그리고 1차 서류면접, 2차 선발위원면접, 3차 CEO면접의 3단계를 거쳤다. 2차 면접 때는 영어소통능력을 테스트하기 위해 외국인을 심사위원으로 참가시켜 영어로 질의응답을 하도록 했다.

2
사장님과 어떤
사이예요?

공모 결과, 민간 기업에서 해외사업을 담당했던 사람들이 많이 응모했다. 최종적으로는 삼성전자 해외사업파트에서 일했던 상무출신이 30대 1의 경쟁을 뚫고 선발 되었다.

이분을 모셔오기를 참 잘했다. 이분이 공사의 수출에 많은 기여를 했기 때문이다. 이분이 온 후, 조폐공사 역사 이래로 최대의 수출실적을 올렸다. 2011년 131억 원에 불과하던 수출을 2012년 430억 원, 2013년 440억 원을 달성한 것이다.

그런데 회사 내에서 일부 세력들이 음해하기 시작했다. 사장이 자기가 아는 사람을 데려오기 위해 공모라는 형식을 빌려 모집했다는 것이다. 지연으로나 학연으로나 혈연으로나 나와는 아무런 연고가 없음에도 불구하고 사장 개인의 친분으로 뽑았을 것이라고 수군거렸다. 면접이 있기 전까지는 일면식도 없었던 분이었는데 말이다. 그래서 이분이 회사에 오고 나서도 많은 조사(?)를 받았던 모양이다.

노동조합에서는 이분을 불러서 여러 가지를 집요하게 조사 를 했다. "사장하고 무슨 관계냐? 언제부터 알고 있던 사이냐? 친인척이냐? 같은 교회를 다녔느냐? 이사님 사모님하고 사장 사모님하고 동창이냐?" 등등 온갖 추측들을 다 해 본 모양이다.

"사장님은 전혀 모르는 분입니다. 면접장에서 처음 만났습니다."라고 대답했더니, "그럴 리가 있습니까? 공기업 임원인데 생면부지 사람을 뽑을 리가 있겠냐고요? 모두 다 각본을 짜 놓고 공모를 한 것이 아닙니까?"하며 추궁했단다.

사실(fact)처럼 강한 힘은 없다. 오래도록 캐 보았지만 아무런 연고가 없음이 사실로 확인되었다. 사장이 해외이사를 선발함에 있어서 아무런 사심(私心)이 없었다는 것이 사실로 밝혀지자, 그제야 공개모집의 당위성·투명성·공정성을 인정했다.

어느 조직에나 흔히 있는 일이지만, 그래도 일부 개혁저항세력은 문제가 있는 것처럼 만들고 싶어 했다. 사장이 개인적 사심이 없었다는 것이 사실로 밝혀졌음에도 불구하고 나중에는 온갖 투서로 모함을 했다.

이런 투서로 인해 사정기관에서 수차례 철저한 조사를 해 보았으나 투서가 모두 허위였음이 밝혀졌다. 해외이사 채용과정에서 아무런 문제가 없었고, 투명하고 공정하게 채용했다는 것이 사실로 밝혀진 것이다.

왜 이들은 이렇게 반대하고 저항했을까? 임원 자리 하나가 얼마나 귀하고 어려운 자리인데 왜 남에게 주느냐는 것이 그들의 주장이었다. 우리끼리 해나가면 되지, 무슨 외부 수혈이냐는 것이다. 그들은 순혈주의에 사로잡혀 있다.

"간부직은 외부에서 충원한 적은 있지만 임원은 외부에서 충원한 전례가 없습니다."

"임원은 아니지만 간부급으로 전에도 외부 인사를 영입해 봤지만 실패하고 말았습니다."

부정적 얘기만 늘어놓았다. 게다가 안일하고 비효율적인 조직문화를 바꾸기 위해서 해외사업이사를 외부 수혈했더니, 내부자들은 온갖 음해와 투서를 했다.

그러나 결과적으로 외부 수혈을 통해 공사는 역사상 최대의 수출실적을 올리는 성과를 이룩한 셈이다.

3
또 외부 인사야?

"한국조폐공사"라고 하면 일반인들은 제일 먼저 어떤 이미지를 떠올릴까? 돈 만드는 회사? 파업사건? 대부분의 사람들은 조폐공사에 대해 깊은 내용은 모르고 언론에 보도되는 부분적인 내용만 알 것이다. 아마도 돈 만드는 회사 정도가 많을 것이다. 그러나 안타깝게도 부정적 이미지도 강하다.

조폐공사 파업사건을 떠올리는 사람들도 많을 것이다. 조폐공사는 1999년 옥천 조폐창을 폐지하고 경산조폐창과 통합했다. 이 과정에서 노사 간에 격렬한 대립과 파업이 있어 큰 사회적 이슈가 되기도 했다. 언론에 연일 보도되어서 많은 사람들이 이것을 기억할 것이다. 그래서 "조폐공사"하면 "파업사건"을 떠올리는 사람이 많다.

벌써 10년 이상의 세월이 흘러 이젠 흐릿해졌겠지만, 그래도 파업과 같은 부정적 이미지를 떠올리는 사람들이 상당수 있다. 긍정적 이미지보다 부정적 이미지가 강한 것이다. 나는 이런 부정적 이미지를 긍정적 이미지로 전환하고 싶었다.

그동안 조폐공사는 공기업이다 보니 민간 기업처럼 홍보에 열을 낼 필요가 없었다. 소비자들에 대한 기업 이미지 제고나 고객확보 차원에서의 기업홍보 같은 것에 별 필요성을 느끼지 못한 것이다. 국민과의 소통도 그다지 절감하지 못했다. 그러다 보니 자연스럽게 기업홍보가 활발치 못했다.

사장으로 취임하고 나서 보니, 홍보에 대한 필요성이 느껴졌다. 전 국민들에게 알리고 홍보해야 할 사안도 분명히 많았을 텐데, 그렇게 활발하지 못했던 것 같다.

또 홍보대상도 지역중심이었다. 전 국민을 대상으로 해야 할 홍보가 본사 소재지인 대전 · 충청권을 중심으로 하면서 지역편중이 된 것이다. 오죽하면 취임 초기 이사회에서 비상임 이사들이 이 문제를 지적하면서 "한국조폐공사"가 아니라 "지역조폐공사" 같다는 신랄한 비판까지 했었다.

일례로 2010년 신문, 방송과 같은 언론매체를 통한 홍보실적을 보면 298건이었다. 홍보실적도 그다지 많지 않지만, 이 중 중앙언론을 통해 전국적으로 홍보가 나간 것은 38%에 불과하고 62%는 지역 언론을 통한 홍보였다. 지금은 인터넷 시대가 되어 어디에 실려도 전국적으로 누구나 다 볼 수 있다고 할 수 있지만, 그래도 매체별로 독자들의 수에 차이가 날 수밖에 없다.

또 방송을 통한 홍보는 하나도 없고, 전부 신문에 의한 홍보뿐이었다. 이렇게 지역중심의 소극적 홍보가 되다 보니, 당연히 홍보효과가 기대만큼 크지 않은 것이다.

그간 이루어진 홍보에 대해 생각해 보니, 크게 두 가지 문제점이 지적됐다. 첫째로 내부적으로 홍보마인드가 부족했다는 점이다. 우리는 공기업인데 무슨 홍보가 그렇게 필요하냐는 의식이 밑바탕에 깔려 있었던 것 같다. 정부 기관도 아니고 정책홍보도 아닌데 그렇게 신경 쓸 필요가 있겠느냐는 인식이 저변에 있었던 것이다.

둘째로 홍보 전문성이 부족했다. 홍보도 상당한 전문성이 요구되는 분야이다. 내부 인력으로만 충원되어 있는 홍보실에 외부 홍보 전문가의 수혈이 필요하다는 생각이 들었다. 조폐공사의 비전인 '글로벌 톱 클래스 위변조 방지기업'의 실현을 위한 의지와 노력을 대내외에 널리 홍보할 홍보 전문가가 절실했다.

나는 홍보실장을 외부에서 공개모집하기로 했다. 언론분야에 오랫동안 종사했던 전문가를 찾아 영입하기로 한 것이다. 내부에서는 또 홍보실장 자리 하나를 빼앗긴다고 수군거렸다. 그까짓 홍보는 누구나 할 수 있는 일인데 왜 우리 간부 승진자리 하나를 엉뚱한 사람에게 주느냐는 식이었다.

어느 조직에서든 자기들 자리를 남이 차고 들어오면 반대가 있기 마련이다. 나는 홍보 전문가 영입의 필요성을 설명하고 공개 모집 절차에 들어갔다. 많은 전·현직 언론인 출신들이 지원하였다.

2012년 2월, 서류심사, 선발위원들의 면접, 또 CEO의 심층면접 등을 통해서 18대 1의 치열한 경쟁을 뚫고 송문홍 씨가 홍보실장으로 영입되었다. 송 실장은 동아일보 기자와 논설위원, 신동아 편집장을 지냈고, 법률구조공단 홍보실장도 역임한 바 있어 가장 훌륭한 적임자였다.

그런데 이렇게 홍보실장을 공개모집하고 나서 또 투서를 당했다. 그렇지만 투서로 조사를 해도 문제될 것은 하나도 없었다. 송 실장과 나는 면접장에서 처음 만난, 일면식도 없는 사람이었다. 학연, 지연, 혈연, 그 어디에서도 나오는 연결고리가 없었다.

새로운 홍보 전문가가 영입되고 나서 조폐공사의 홍보 실적과 내용이 눈에 띄게 확 달라졌다. 2010년 298건이던 홍보 실적이 2012년에는 420건으로, 2013년에는 554건으로 크게 늘었다.

중앙언론에 노출된 빈도수 또한 크게 늘어났다. 중앙언론을 통한 홍보 실적이 2010년 38%선에서 2012년 62%, 2013년 78%로 우뚝 올라선 것이다. 전 국민들과의 소통이 그만큼 확대되었다는 말이다.

또 종전에는 방송을 통한 홍보가 전무했었으나 새롭게 방송 홍보가 늘어났다. 방송홍보가 2010년 0건이던 것이 2012년 16건, 2013년 36건으로 나타났다. 정부의 고졸 취업 확대정책에 발맞추어 공기업 최초로 "스카우트"라는 프로그램에 나가 우수 고졸자를 특별 채용하기도 했다.

글로벌 톱 5를 지향하는 기업 이념에 발맞추어 해외 홍보도 실시했다. 공사 역사상 최초로 CEO가 해외언론과 인터뷰를 했다. South China Morning Post와 인터뷰[44]를 통해 위변조방지 전문기업으로서의 KOMSCO를 해외에 널리 홍보한 것이다. 또 국내 영자 신문인 Korea Times와의 인터뷰[45]를 통해 KOMSCO를 해외에 널리 홍보하였다.

이러한 실적과 수준 향상을 보고 나서는 내부에서도 홍보실장 외부 영입에 대한 반감이 사라졌다. 역시 외부 전문가의 시각이 크고 넓다는 것을 인정하게 된 것이다.

어느 조직이든 조직에 변화를 주기 위해서는 내부 시각에 매몰되어서는 안 된다. 외부 시각이 필요한 것이다. 물론 내부자들만

---

44) 2012년10월16일, South China Morning Post의 Ms. Michelle Phillips 와의 인터뷰: KOMSCO prevents Counterfeiting.
45) 2013년 8월 12일, Korea Times 이효식 기자와의 인터뷰: Exporting Money —KOMSCO seeks to diversify Portfolio amid Korea's declining use of bills.

의 순혈주의에도 장점이 많지만, 변화와 혁신을 위해서는 외부 시각도 섞인 혼혈주의도 필요하다.

공사에서는 해외이사와 홍보실장의 외부 영입이 이러한 사례에 속한다고 본다.

4
잠고춤 시스템

일은 사람이 한다. 그래서 어느 조직이든 조직이 발전하고자 한다면, 조직원들이 일하고 싶은 여건도 만들어 주고 동기도 부여하고 인센티브도 주어야 한다. 그것도 평범하게 일하는 것이 아니라 열심히 일하도록 만들어야 한다.

만일 모든 것이 연공서열(年功序列)대로만 간다면, 사람들은 능동적 적극적으로 일하고자 하는 마음이 적어진다. 그렇다고 해서 연공서열이 높은 사람들이 조직발전에 기여한 바가 없다는 얘기는 아니다. 이들이 장기간에 걸쳐서 회사 발전을 위해 많은 기여와 헌신을 한 것은 사실이다. 그러나 연공서열 순서대로만 간다면 지금 열심히 일하지 않아도 되고 그저 세월만 가면 된다는 의식이 강해진다.

우리 사회의 조직문화가 매우 많이 바뀌기는 했지만, 그래도 여전히 연공서열주의가 강하다. 열심히 일한 사람보다 오래된 사람들이 승진도 하고 보상도 받는 경향이 강하다는 것이다.

그러면 사람들은 지금 열심히 일하기보다는 세월만 가면 자동적으로 승진된다는 식으로 생각하여, "계속 열심히" 하기보다는 "반짝 열심히"가 되기 쉽다. 우수한 인재들이 잠재능력을 발휘하지 않고 잠자기 쉽다. 그야말로 잠자는 고래인 것이다.

이런 문제점을 타파하고자 『잠고춤 시스템』을 도입했다. 『잠자는 고래를 일깨워 춤추게 하는 시스템』의 약자이다. 우수한 능력을 지닌 인재들이 아무런 문제의식 없이 잠자고 있는 것을 깨어 일어나게 하여 개인과 회사의 미래발전을 위해서 도전(挑戰)과 변화(變化)와 창신(創新)을 하게 하도록 하고자 함이다.

"세월만 가라시구려."라는 연공서열식이 아니라 "무언가를 이루겠다."는 성과주의 시스템으로 바꾼 것이다. 이러한 잠고춤 시스템을 만드는 데 김선갑 총무이사와 최재희 인력관리팀장 및 실무진들이 많은 노력을 기울였다.

열심히 일하고자 하는 동기는 개인별로 다를 수 있다. 하지만 평가와 보상(報償)을 제대로 해 주는 것이 일반적이다. 이 보상방법은 두 가지로 요약된다. 하나는 인사 측면에서 평가받고 인정받는 것이요, 다른 하나는 보수 측면에서 보상을 받는 것이다.

보상을 제대로 받으면 불평, 불만이 없이 열심히 일하려 들지만, 보상을 제대로 받지 못하면 열심히 일해 봤자 별 수 없다는 마음이 들 것이다. 따라서 승진인사 시스템과 성과급 보상 시스템을 개선하여 전 직원들의 동기부여와 능력발휘를 촉발하고자 했다.

5
종합근무평정제도를
바꿔라

2011년 12월, 연말 정기인사를 앞두고 인사평가를 할 때다. 취임한 지 3개월여밖에 안 되어서 누가 누구인지도 잘 모르는 상황이라 근무평정 서열에 따른 「승진서열명부」 순서대로 승진인사를 하려고 했다.

그랬더니 인사팀장이 그렇게 하면 안 된단다. 왜 그러냐고 물으니, 현재의 근무평정제도가 합리적이지 못해 승진서열명부대로 하면 안 된다는 것이었다.

"그래요? 그렇다면 현행 근무평정제도를 합리적으로 개선할 방도를 찾아서 보고하세요."

2012년 1월 초, 연초 업무보고를 할 때도 현재의 인사시스템을 개선할 방법을 찾아서 보고하라고 지시했다. 현재의 인사시스템이 연공서열주의와 단기성과주의가 강하니, 이것을 실적 중심으로 바꾸고 장기성과 중심으로 개선하라고 실무진들에게 주문을 한 것이다.

그러나 8월이 지나도록 감감무소식이다. 무려 8개월 동안이나 미적거렸다. 하도 답답해서 인사팀장과 인사실무자들을 불러서 내가 생각하는 바를 구체적으로 설명해주었다.

근무평정을 함에 있어서 조직의 목표와 개인의 성과 평가 간에 연계성이 강화되지 않으면 "조직 목표 따로, 개인 평가 따로"가 되기 쉽다. 그러면 구성원들이 조직목표 달성에 열심히 해야 할 동인(動因)이 약해진다. 이 연계성을 강화하기 위해 업무실적 점수를 올렸다.

근무 평정 시 업무실적, 개인역량, 교육훈련으로 나누어 점수를 매긴다. 2011년까지는 3급 이상 관리직의 경우 업무실적점수가 60%였다.

그러나 준(準)관리직, 즉 4급이지만 3급 직무대행자나 현장에서 보직과장을 맡은 사람들은 업무실적점수가 50%였고, 4급 이하의 평직원의 경우 40%였다. 즉, 준 관리직이나 4급 이하 평직원의 경우 업무실적 반영률이 간부직보다 10%~20%가 낮은 것이다.

조직이 간부들만 열심히 일한다고 해서 발전하겠는가? 상하가 모두 열심히 해야 발전할 수 있는 것이 바로 조직이다. 그래서 업무실적 점수를 준 관리직은 50%에서 60%로 10%포인트 끌어올리고, 4급 이하 평직원의 경우도 40%에서 60%로 20%포인트 끌어올렸다.

업무실적 평가를 함에 있어서도 개인적 성과도 반영하지만 팀이나 소속부서의 실적을 반영하였다. 즉, "나 홀로 실적"이 아니라 "팀 스피릿(team spirits)"을 반영하기로 했다.

업무실적은 각종지표에 따라 기계적으로 산출되도록 하여 개인적 호불호(好不好)의 사심(私心)이 개입할 여지를 없앴다. 그만큼 투명성과 객관성을 강화한 것이다.

3급 이상 관리직의 경우 총점수의 30%를 차지하는 개인 역량 평가는 다면평가를 하도록 되어 있었다. 상사평가, 동료평가, 부하평가를 반영하고 있었다.

그런데 이러한 다면평가에 긍정적 측면도 있지만 부정적 측면도 있다. 현실은 제도 본래의 취지와는 다르게 나타나는 경우가 많기 때문이다. 평가라는 것이 사람이 하는 것이다 보니까 개인적 감정이 개입되지 않을 수 없다. 특히 동료평가와 부하평가에는 조심해야 할 게 있다.

같은 직급의 동료라는 집단은 외부에 대해서는 상호 후원하는 우호관계이지만, 동료 내부에서는 상호 경쟁관계에 있다. 내가 승진하느냐 저 친구가 승진하느냐가 갈리는 문제이기 때문이다. 그러다 보니 객관적으로 평가하기보다는 경쟁자를 깎아내리는 경향이 있다. 이 때문에 평가가 공정성이 결여되고 왜곡되는 것이다.

또 부하 평가는 부하들이 일을 많이 시키는 상사, 혁신 지향적인 상사, 마음에 안 드는 상사 등에 대해서는 점수를 깎아내린다. 그러다 보니 상사가 부하들 눈치를 보면서 일하는 경향이 생기는 것이다. 상사가 도전적이고 혁신적이고 창신적으로 일을 하고자 하면 "저 사람은 쓸데없이 부하들을 괴롭힌다."고 평가하는 부하직원들이 있다. 자연히 부하들의 평가가 공정성이 결여되고 왜곡된다.

이를 개선하기 위해서 동료평가점수를 15% 포인트 낮추고, 부하평가를 10% 포인트 낮추었다. 대신 상사평가점수를 25% 포인트 올렸다. 자연 상사평가 점수가 절대적 영향력을 갖게 되었다.

상사라고 해서 모두 객관적이고 공정한 평가를 하겠는가? 그들도 개인적 감정이 있고 호불호가 있다. 그러나 적어도 상사는 조직목표와 업무실적을 중심으로 위에서 보기 때문에 공정성, 객관성이 더 확보된다. 그래서 상사들의 지휘권을 더 강화해 준 것이다. 상사가 되어서 아랫사람 눈치나 보며 일하지 말고 소신껏 일하라는 취지에서였다.

또 개인역량평가를 절대평가에서 상대평가로 전환했다. 4급 이하 직원들에 대해서는 절대평가에서 상대평가로 전환한 것이다. 절대평가이든 상대평가이든 모두 장단점이 있기 마련이나, 업무추진이나 효율성 면에서는 상대평가가 조금 낫다고 본다.

절대평가는 우리문화가 온정주의 문화가 강하기 때문에 A도 좋고 B도 좋다는 식이 된다. 아랫사람으로부터 욕 얻어먹기 싫으니까 "모두 좋다"는 식으로 평정을 하게 된다. 이렇게 하면 인심을 얻는 데는 좋다. 그러나 옥석(玉石)을 가리기가 어려워진다.

반면 상대평가를 하게 되면 평가자도, 피평가자도 경쟁을 의식하지 않을 수 없게 된다. 물론 상대평가에도 문제점이 있다. 같은 부서 내에서 동료들끼리 서로 눈치 보며 사람들을 피곤하게 만들기도 한다.

이렇게 종합근무평정제도를 개선하여 조직의 목표와 개인의 성과 평가 간의 연계성을 강화하였다.

6
무조건 자동 승진?

공사의 직급은 6급에서부터 1급까지 있다. 고졸 입사자는 6급부터, 대졸 입사자는 5급부터 시작한다. 고졸 입사자도 1년이 지나면 대졸자와 같은 대우를 받는다. 5급에서 4급 승진은 5년이 지나면 자동승진이 되도록 되어 있었다. 그리고 4급 중에서 우수한 인재들은 3급 직무대행자로 선발된다. 3급 직무대행자부터는 통칭 '간부'라고 불리며 승진이라고 평가된다.

그런데 2011년 12월 승진인사를 하려고 인사자료를 보니, 3급 직무대행자들은 근무평정 서열이 모두 후순위에 가 있었다. 그래서 근무평정 서열대로 직무대행자들이 아닌 일반 4급들을 승진시키려고 했다. 그랬더니 인사팀장이 그렇게 하면 안 된다고 하는 것이었다. 직무대행자들이 승진대상자들이라고 했다.

3급 직무대행자들이 승진대상자라고 하면서 직무대행자들에 대한 평가나 검증장치가 없었다. 직무대행만 되면 일을 잘하든 못하든 일정 기간도 없이 자동적으로 승진하도록 되어 있었다.

또 직무대행자를 선정하는 기준도 애매했다. 누군가를 승진시키고 싶으면 일단 직무대행으로 발령 냈다가 적당한 때에 슬쩍 승진시키면 되도록 되어 있었던 것이다. 직무대행은 그동안 승진의 중간단계로 관행화되어 있었고, 과거에는 일부 임용기준 인원을 초과하여 임용된 사례도 있었다.

나는 이것이 불합리하다고 생각했다, 직무대행자를 선정할 때에도 구체적 객관적 근거가 있어야 되고 승진시킬 때도 평가와 검증을 통해서 선별이 되어야 된다고 생각했다.

그래서 그동안에는 없었던 「직무대행자 운영지침」(2012.9)을 만들도록 했다. 직무대행자가 징계처분을 받았을 경우나 직무수행 능력이 부족한 경우에는 직무대행을 해지할 수 있도록 한 것이다. 소속 직원에 대한 지휘 감독능력이 부족한 경우나 근무성적이 불량한 경우에도 해지할 수 있도록 했다.

또 직무대행자로 임명되고도 2년 내에 3급으로 승진이 안 되면 해지할 수 있도록 했다. 그것은 업무 실적이나 능력면에서 문제가 있다는 방증이기 때문이다.

이 지침에 따라 평가와 검증을 통해 적합지 않다고 생각되는 사람에 대해서는 직무대행을 해임하도록 하고 4급으로 원상복귀 시키도록 했다. 그래야 직무대행이 되었다고 해서 자동 승진되는 것이 아니게 된다. 열심히 일해서 성과를 만들어 내야 승진할 수 있다는 풍토가 만들어지기 때문이다.

결론적으로 4급 중에서 직무대행자와 직무대행 아닌 자들이 같은 선상에서 업무성과로 경쟁해서 승진자가 결정되도록 만든 것이다. 그동안 직무대행만 되면 자동 승진된다고 안이하게 생각했던 사람들에게는 상당한 충격이었을 것이다. 작은 일이지만, 당사자들의 업무자세를 혁신하고 성과를 제고하기 위한 창신이었다.

7
승진 최저 소요 연수를
줄여라

상위 직급으로 승진하려면 일정기간 소요 연수를 채워야 한다. 이것은 일종의 숙성(熟成)단계라고 보아, 거의 모든 조직에서 시행하고 있는 제도이다. 공사의 경우를 보면 4급에서 3급으로 승진하는 데 최소 3년, 3급에서 2급으로 승진하는 데 최소 3년, 2급에서 1급으로 승진하는 데 최소 3년이 지나야 된다. 즉, 3급 이상의 각 직급마다 3년이 최저 승진 소요 연수인 셈이다. 4급에서 1급으로 승진하는 데 최저 소요 연수가 9년이다. 어찌 보면 적절해 보인다.

그런데 제도적으로는 그렇지만, 현실적으로는 그렇게 단 코스로 승진하는 사람은 거의 없다. 현실적으로는 2급에서 1급 승진 대상자들을 보면 거의 대부분이 정년퇴임이 1~2년 정도 남은 사람들이다. 정년이 내일 모레인데 열심히 일하는 사람은 많지 않다. 적극적인 업무추진보다는 소극적으로 흐르기 십상이다. 열심히 일할 동기가 약하기 때문이다.

이래서는 안 되겠다는 생각이 들었다. 동기(動機)가 강한 사람과 약한 사람은 성과에서 분명한 차이가 난다. 동기부여를 강화할 필요가 있다고 생각해 승진 소요 최저 연수를 줄이기로 했다.

4급에서 3급으로의 승진에는 승진소요 최저 연수를 3년으로 그대로 두고, 3급에서 2급으로의 승진에는 2년으로 1년 단축했다. 그리고 2급에서 1급으로의 승진은 1년으로 하여 승진소요 최저 연수를 2년 단축했다. 4급에서 1급까지 승진하는 데 최저 소요 연수를 9년에서 6년으로 3년을 앞당긴 것이다.

공사에서는 보직에 직급이 정해져 있지 않기 때문에 통상 1급들이 가는 부서장 자리에도 1~2급을 배치한다. 3급이 맡는 팀장자리에도 2~3급을 배치하기도 한다. 따라서 직급별로 업무가 경직되게 운영되지 않고 탄력적으로 유연하게 운용하기 때문에 업무 경험을 기준으로 보면 아무 문제가 없는 것이었다.

2급의 경우를 보더라도 적어도 2급 정도가 된 사람들은 훈련되고 검증된 사람들이다. 1급 업무를 담당할 자질이 충분하다. 2년을 앞당겨도 문제가 없다고 보았다.

또 승진 소요 최저 연수가 3년으로 되어 있다 보니 정작 승진후보자를 찾다가 보면 정년퇴임이 임박한 사람들로 가득했다. 심지어는 퇴직할 때 그래도 직급이라도 하나 더 달고 퇴직해야겠다는 생각들을 많이 한다. 개인적으로 이해는 가지만, 이래서는 조직에 활력이 없다고 보았다.

간부들의 일할 동기를 강화할 필요가 있었는데, 1급이 되면 임원이 될 수 있기 때문에 상당한 동기가 부여되는 것이었다. 이렇게 하여 정년이 임박해서 어영부영하다가 퇴임하는 풍토를 개선하고자 하였다.

또 특별승진제도를 개선했다. 종전에는 승진 소요 최저 연수를 3분의 2(2년) 이상 근무하고 근무성적과 자질이 우수한 직원에 한해서 1직급 특별승진을 할 수 있도록 했다. 그러나 승진소요 최저 연수를 개선했기 때문에 최저 연수를 근무한 자로서 직무수행능력이 매우 탁월하고 업무 실적이 아주 우수하여 공사발전에 지대한 공헌을 한 사람으로 대상을 삼기로 했다.

그리고 1직급 특별승진이 아니라 2직급까지 특별승진 할 수 있도록 했다. 이로써 제도적으로는 2급이 1급을 거치지 않고 바로 임원으로 발탁될 수도 있고, 3급이 2급을 거치지 않고 바로 1급으로 발탁될 수도 있는 길을 열어 준 것이다.

이는 누구에게나 열심히 일하고 성과를 내면 2단계까지도 승진이 가능하다는 꿈을 심어 주고자 함이다.

이에 대해 실무진에서는 2단계 특별승진은 너무 파격적이라며 사장에 따라서는 악용될 소지도 있을 것이라는 의견도 있었다. 그러나 이것은 제도로서 일종의 일할 동기 유발을 위한 하나의 당근일 뿐, 현실적으로는 2직급 특별승진을 시키기가 쉽지 않다.

결국 어떤 사람이 와도 악용될 소지는 별로 없을 것이라는 데 공감대가 형성됐다. 만약 이 제도를 "악용(惡用)"하는 사장이 있다면 그 사장 자신이 문제가 될 것이기 때문이다.

8
인재 풀(Pool)을
넓혀라

근무평정을 하고 나면 평점 서열대로 승진후보자 명부를 만든다. 이 승진 후보자 명부 작성기준은 최근 2년간의 업무실적에 대한 평가이다. 가만히 보니 승진대상자들은 최근 2년간만 열심히 일하면 된다. 2년 전의 일은 평가대상에서 제외되어 있기 때문에 승진 대상기간에 들어 있지 않는 사람은 열심히 안 해도 되고, 중간만 가면 된다는 식이다.

어려운 자리, 골치 아픈 업무는 피하고 적당히 지낼 수 있는 자리에 있다가 승진 연한이 되면 그때 가서 주요 보직을 맡으면 되고, 그때 가서 열심히 일하면 된다는 안이한 의식이 자리 잡고 있었다. 어느 조직에나 다 있는 현상으로, 약삭빠른 친구들의 처신법이다. 그러다 보니 자연스럽게 단기성과에만 매달리는 경향이 나타났다.

이래서는 안 되겠다는 생각이 들어서 평정대상기간을 2년에서 5년으로 늘렸다. 적어도 "반짝 열심"이 아닌 "꾸준히 열심"이 되도록 만들어야겠다는 생각에서였다. 단기성과에만 주목하지 않고 장기성과에 주목하도록 한 것이다.

또 승진후보자 대상자 풀(Pool)을 넓혔다. 종전에는 승진후보자 선발 방식이 승진후보자 서열명부에 있는 서열 순위와 각 직급별 인원에 대한 비율 기준으로 이원화되어 있었다. 예를 들면, 승진소요인원이 5명일 경우 서열명부 22번 이내, 직급 인원비율 6% 이내 중 많은 쪽을 기준으로 삼았다.

그러다 보니 대상자 풀이 좁았다. 게다가 범위 내에 들어오는 사람들 대부분이 연공서열이 높은 순서였다. 자연히 퇴임이 얼마 남지 않았거나 열심히 일할 동기가 떨어진 사람들이 많았다. 경쟁도 미약했다. 따라서 새로운 활력을 찾기가 쉽지 않았다.

그래서 대상자 풀을 늘리기로 했다. 비율 기준은 현행대로 그대로 유지하고, 대신 승진명부 서열순위를 늘리기로 했다. 예를 들면 승진대상인원이 5명이면 종전의 22번 이내에서 30번 이내로 확대하고, 승진대상인원이 10명이면 30번 이내에서 50번 이내로 확대한 것이다. 승진인원 10명을 기준으로 볼 때 경쟁자가 종전의 3배수에서 5배수로 늘어나면서 경쟁이 치열해진 것이다.

이로 인해 한참 후배라고 생각했던 사람들이 경쟁자 대열에 올라오게 되었다. 그동안 밥그릇 수만 채우면 된다고 안이하게 생각했던 사람들도 긴장하지 않을 수 없게 되었다. 그래서 "일하는 사람 따로, 승진하는 사람 따로"가 아닌, 열심히 일해서 성과 내는 사람이 보상받는 시스템으로 변화시키고자 했다.

잠고춤 시스템을 도입하고 났더니 긍정적 효과도 나타났지만, 그에 못지않게 부정적 효과도 나타났다. 또 개혁저항세력의 투서가 횡행한 것이었다. 투서가 있으니 사정기관들이 눈에 불을 켜고 달려들어 샅샅이 조사했다. 누가 2단계 승진을 했는지? 왜 하게 되었는지? 누가 1년 만에 1급으로 승진했는지? 왜 하게 되었는지 샅샅이 조사했다.

그러나 그런 혜택(?)을 받은 사람은 아무도 없었다. 결국 사정기관도 직원들의 일할 동기를 유발하기 위한 제도 개선이라는 점을 이해하게 되었다.

9

성과급을 차등
지급하라

다음으로 금전적 보상체계를 바꾸었다. 공기업들은 기본급을 월급형태(연봉을 월별로 분할)로 받고, 업무성과에 따른 성과급은 전년도의 업무성적에 따라 그다음 해에 받는다.

조폐공사는 공기업이기 때문에 정부로부터 경영평가를 받는다. 기관단위의 평가를 받는데, S등급(최상위 등급)부터 A, B, C, D, E등급(최하위등급)까지 6단계가 있다. 이 등급에 따라 성과급 지급률이 달라진다. S등급을 받으면 기본급의 300%까지 성과급을 받지만, E등급을 받으면 성과급을 한 푼도 못 받는다.

이 때문에 모든 공기업, 공공기관들이 경영평가를 잘 받기 위해서 무척 많은 노력을 기울인다. 경영평가결과에 따라 직원들의 희비도 엇갈린다. S나 A등급을 받으면 사기가 올라가지만, D나

E등급을 받으면 사기가 팍 죽는다.

이렇게 기관별로 평가를 받지만, 조직 내에서는 다시 개인별로 평가를 받는다. 지난 1년간 업무실적을 중심으로 개인별 평가를 받는 것이다. 이것도 개인별로 상당한 차이가 난다. 심지어 성과급이 개인별로 1,000만 원까지도 차이가 날 수 있다.

이 때문에 모든 직원들은 열심히 일해서 좋은 성과급을 받고자 노력한다. 이러한 성과급제도는 사람을 움직이도록 하는 좋은 보상체계이다.

조폐공사는 그동안 업무실적에 따른 「차등성과급 제도」가 3급 이상의 간부직원들에게는 적용되었지만, 4급 이하 직원들은 노조원이라는 이유로 제대로 적용되지 못했다. 즉, 간부직원들은 업무실적에 따라 성과급이 차등 지급되었지만 4급 이하 노조원들은 업무실적에 관계없이, 잘하나 못하나 구분 없이 균등지급이 되고 있었던 것이다. 차등지급에 대한 노조의 강력한 반대 때문이었다.

이것을 노사 합의로 4급 이하 직원들도 업무실적에 따라 차등지급 되도록 하였다. 이렇게 함으로써 일하고자 하는 동기부여를 하게 되었다. 처음에는 노조에서 강력히 반발하는 바람에 몇 년 동안 시행을 못했다. 그러나 내가 취임하고 1년이 지난 후 노조와 많은 대화를 통해 이 제도를 전 직원에게까지 확대하기로 하였다.

사실 열심히 일하나 안 하나 보수가 동일하다면 열심히 일할 동기는 생기지 않는다. 공산주의체제가 망한 것도 일할 인센티브가 별로 없었기 때문이 아닌가? 보수를 차등화 함으로써 열심히 일해야겠다는 동기를 불러일으킨 것이다.

이러한 잠고춤 시스템을 도입했더니 『인사관리협회』라는 민간단체에서 깊은 관심을 갖고 구체적 내용을 파악해 갔다. 또 전국경영, 행정학과 교수들의 모임인 『한국인사행정학회』에서 특별한 관심을 보였다. 매우 흥미 있는 인사제도라고 보았던 모양이다. 이 학회에서는 잠고춤 시스템을 인사행정학회 회보에 실려 전국 인사행정학자들에게 널리 알리기도 했다.

10
노조와 씨름하다

2011년 10월, 취임해서 얼마 되지 않아 노조와 노사협상을 시작
해야 했다. 임금협상과 단체협상을 해야 했다. 임금협상은 정부
에서 임금인상 가이드라인이 내려오면 그것을 따라가면 되니, 큰
문제는 없었다. 수당이나 기타 잔잔한 문제들만 협의하면 타결될
수 있는 사안이었다.

그러나 단체협상은 달랐다. 이번 단체협상에서는 정년연장문
제가 핵심이다. 현행제도는 정년 1년 전인 57세가 되면 전직(轉
職)훈련에 들어가고 58세가 되면 정년이 되어 퇴직한다. 노조는
2013년부터 정년을 60세로 연장해 주고 2012년에는 1년 6개월을
정년연장해 줄 것을 요구했다.

정년연장문제는 사회적 이슈이긴 하지만 아직 정부지침이나 노·사·정 간에 합의된 바가 없었다. 요즘은 대부분 건강상태도 좋기 때문에 더 일할 수 있다. 한 해라도 일찍 퇴직하면 오랫동안 교육하고 투자하여 길러낸 숙련된 인적자원이 사장되기도 한다. 어떻게 보면 그만큼 사회적 손실이 될 수도 있다. 또 사회적 부담도 될 수 있다. 그래서 정년연장에 대해서는 나는 심정적으로는 긍정적이었다.

그러나 사회적으로 보면 한정된 일자리이기 때문에 청년 일자리 문제와 부딪히게 된다. 좀 극단적으로 얘기하면, 일자리를 놓고 아버지 세대와 아들 세대가 다투는 문제가 될 수도 있다.

물론 경제가 고도성장하여 새로운 일자리가 계속적으로 창출된다면 정년연장계층과 일자리를 구하는 청년계층과의 마찰이 줄어들 수도 있다. 그러나 개별 기업 입장에서 보면 인건비 부담이 늘어난다. 정년계층은 고임금자들이므로 이들이 정년을 연장하면 그만큼 인건비 추가부담이 일어나기 때문이다.

치열한 원가경쟁을 해야 하는 기업의 입장에서는 정년이 연장되면 비용절감을 위해서는 그만큼 인력이 절감되든가 인건비 동결 내지는 증가가 없어져야 한다. 그러나 이 모두 현실적으로 어려운 일들이다. 그래서 기업의 입장에서는 정년연장을 꺼리는 것이다.

정년연장문제에 부딪혀 노사협상은 난항을 겪었다. 10월에 시작된 노사협상은 12월 중순이 지나도록 타협될 줄을 몰랐다. 적어도 12월 31일 이전에 타협되어야 한다.

그러나 노조는 2008년 노사협상 당시 2013년부터 정년을 60세로 연장하기로 합의했다고 주장하면서 지속적으로 정년연장을 요구했다.

정년연장문제는 모든 직원들이 바라는 바이다. 겉으로는 아닌 척해도 속으로는 모두 노조를 지원하면서 정년연장을 해 주기를 바라고 있는 것이다. 다만 회사의 미래와 당면문제를 인식하는 일부 계층에서만 지금 정년연장을 해서는 안 된다는 입장이었다. 양측은 팽팽하게 대립했다.

노조는 파업 불사를 들고 나왔다. 조폐공사는 파업과 관련된 아픈 역사를 갖고 있다. 1999년 옥천 조폐창과 경산 조폐창을 통합하는 과정에서 노조가 파업을 단행하여 큰 사회적 파장을 일으킨 적이 있다. 이로 인해 조폐공사에서는 회사도, 직원도 엄청난 피해를 입었다.

이런 사태는 막아야 한다는 것이 모든 직원들의 바람이었고 노사라인의 기본 입장이었다. 노사라인을 비롯한 임원진들은 만약 노조가 파업을 하면 사장이 회사를 경영할 수 없게 된다고 했다. 사장인 내가 아무런 경영정책을 펼쳐 보지 못하게 될 것이라며 은근히 노조의 주장을 들어주어야 된다는 뉘앙스를 풍겼다.

경영진인 이사들을 제외한 간부들도 사장의 눈치를 보면서도 노조를 암묵적으로 지지하는 형편이었다. 왜냐하면 이사진을 제외한 간부들도 정년연장의 혜택을 보는 사람들이기 때문이다.

나는 파업한다 해도 정년연장을 해 줄 수 없다는 입장이었다. 정년연장문제는 나에게 가장 큰 고민거리였다.

'이 문제를 어떻게 해결해야 할까?'

고민에 고민을 거듭했다. 나는 심정적으로는 정년연장이 나쁘지 않다고 보지만, 적자의 기로에 서 있는 회사가 인건비를 크게 증가시키는 정년연장을 도무지 시행할 수 없었다.

12월 28일, 서울 영업개발단에서 2011년도 마지막 이사회가 있던 날 아침. 김선갑 부사장이 묘수를 찾았다고 하면서 대안을 제시했다. 취업규칙을 보면 생산여건 등을 감안하여 1년 범위 내에서 취업을 연장할 수 있다고 되어 있단다. 이 취업규칙에 따라 4급 이하 일반 직원에 한해서 1년간 취업을 연장해 주자는 의견이었다.

인건비 증가를 어떻게 감당하려고 하느냐고 물었더니, 평상시에도 인력이 부족해 계약직을 많이 쓰고 있는데 계약직을 안 쓰면 된단다. 계약직 인건비보다 조금 더 들이면 4급 이하 직원들은 1년간 취업연장을 해도 큰 문제는 없다는 것이었다.

인건비 증가가 크게 일어나지 않는다면 1년간 취업을 연장해도 무방할 것 같다는 생각이 들었다. 문제가 없겠느냐고 몇 번을 물었지만 문제가 없다는 대답이었다. 노조가 이 안을 받아들이겠느냐고 하니까 노조는 받을 것이라고 했다.

나는 결국 노사라인의 의견을 받아들이기로 했다. 3급 이상의 간부직들을 제외하고 4급 이하 일반직원들의 취업을 1년 연장하기로 한 것이다.

2011년 12월 29일, 노사 간에 극적으로 합의함으로써 정년연장 문제는 큰 파장을 일으키지 않고 잘 마무리될 수 있었다. 노사가 양측의 입장을 이해하고 존중하여 합의를 잘 이끌어 준 결과였다.

11

간부들이 소송을
냈다고?

2012년 3월경, 일부 퇴직 간부들이 회사를 상대로 소송을 제기했단다. 무슨 소송을 제기했느냐고 하니까 정년연장문제로 소송을 제기했단다. 4급 이하 직원들이 취업이 1년 연장되었으니, 자기들도 취업을 1년 연장해 주어야 한다는 것이었다. 나는 깜짝 놀랐다.

'회사에서 간부직에까지 올라갔던 사람들이, 노사합의 시에 취업규칙에 따라 일반직원들만 취업 1년 연장을 한다는 것을 다 받아들이고서도 회사를 상대로 소송을 냈다고?'

기가 막힌 일이었다.

'노조와 얼마나 어렵게 타협을 이루어 낸 일인데? 그들도 이 과정을 누구보다도 먼저 눈을 부릅뜨고 지켜보았고 소상하게 알면

서도 소송을 냈다고?'

대체 소송 제기한 퇴직 간부들이 누구냐고 물으니, 2011년 12월 31일자로 퇴직한 간부들이란다.

그런데 소송 제기자 명단에 현직 간부도 끼어 있단다. 누구냐고 하니까 아무개 본부장이란다. 이 본부장은 2012년 6월 30일이 퇴직일이라서 곧 퇴직할 사람이라는 것이다.

이들이 소송을 제기하자 재직자들이 크게 반발했다. 후배들이 선배들에 대해서 크게 반발한 것이다. 퇴직자들은 그동안 회사 덕분에 잘 살았으면 회사에 대해서 감사해야지, 개인 이익을 위해 회사를 상대로 소송을 내다니 말이 되느냐고 반발했다. 노조에서도 반발했다. 선배들이 후배들을 도와주지는 못할망정 후배들의 밥상을 시기하는 것이 말이 되느냐 는 의견이었다.

임원진과 간부들이 나서서 소송 제기한 선배 퇴직자들을 설득했다. 소송을 취하하라고. 노조 위원장을 비롯한 노조간부들도 나서서 이들을 설득했다. 그러나 그들은 요지부동이었다. 법대로 하면 자기들이 이긴다는 것이었다. 소송제기자 중 한 사람의 동생이 변호사라 이 변호사에게 법률자문을 다 받아 보았는데, 자기들이 이긴다고 확신한다는 것이었다.

그들은 자신을 설득하는 후배들에게 오히려 "우리가 사장을 박살 내놓을 테니까 너희들은 가만 있어."라는 것이었다. 자기들이 이기면 후배 간부들도 가만히 앉아서 득보는 것 아니냐고 오히려 후배들을 설득했단다.

다시 한 번 설득작전을 폈다. 당신들이 못 이길 뿐만 아니라, 소송에서 지면 회사의 소송비용도 당신들이 모두 부담해야 한다. 그것을 개인적으로 부담하려면 아마도 큰 부담이 될 것이므로 앞뒤를 가려서 부디 소송을 취하하기 바란다고 설득했다. 그러나 그들은 물러서지 않았다.

결국 소송 취하는 실패했다. 부득불 회사도 소송에 대응하기로 했다. 회사도 법률 자문을 받아 보았다. 로펌 노동문제 전문변호사에게 모든 상황과 근거자료들을 제공하면서 설명했더니 회사가 이긴다고 자신했다. 회사의 조치에 하등의 문제가 없다는 것이었다.

마침내 대전지방법원에서 판결이 났다. 승리는 회사의 것이었다. 4급 이하 일반직원들을 대상으로 취업규칙에 따라 취업을 1년 연장한 것은 합법적이고 정당하다며, 간부들이 이것을 이유로 취업연장을 요구한 것은 합당치 않다는 판결이었다.

당연한 결과였다. 이 판결이 나자 소송제기그룹 내에서도 의견이 엇갈렸다. 우리가 지나쳤으니 이제는 포기하자는 온건파와 고등법원으로 가자고 하는 강경파로 나뉘어졌다. 그들끼리 옥신각신 하더니, 결국에는 상고를 포기했다.

이로써 소송사건은 끝이 났다. 소송사건은 끝이 났으나, 그 상처는 남았다. 후배들이 선배들을 존경하지 않는 분위기가 형성된 것이다. 게다가 노조에서도 간부들에 대한 불신과 경시풍조가 더욱더 강해졌다. 참으로 안타까운 일이었다.

12
조직분위기를
쇄신하라

노조와 쟁점이 발생하면 직원들 대다수는 침묵했다. 은연중 노조를 응원하고 있는 것이다. 노조 조합원인 일반 직원들은 물론이고 소위 간부라는 사람들까지도 노조에 은근히 기댄다. 간부직원들도 노조에 찍히면 재미없다는 분위기가 있어, 노조에 찍히지 않으려고 은근히 동조하는 눈치였다.

어느 조직에서든 마찬가지겠지만, 간부들도 대승적 차원에서 회사의 발전과 미래를 생각하기보다는 개인의 이해관계가 우선이었다. 간부들도 정년연장문제가 초미의 관심사였다. 2014년 1월1일자로 전직지원46)에 들어가는 간부들은 노사협상에서 노조가 이

---

46) 전직지원이란 퇴직 1년 전에 현업을 떠나서 퇴직 후를 준비하는 기간이다.

기기를 은근히 바라고 있었다. 그들도 말은 안 하지만 노조 덕분에 정년연장의 혜택을 볼 수 있기를 기대한 것이다.

2013년 8월의 어느 날, 임원 중의 한 사람이 들어와서 내년 1월 전직지원에 들어가는 간부들이 노조와 동조할 가능성이 있다면서 걱정하였다. 그때는 간부들이 설마 그럴 리가 있겠는가 하는 생각으로 새겨듣지 않았다.

그러던 중 9월의 어느 날, 이 임원이 전직대상간부들이 노조와 동조하여 정년연장을 추진할 가능성이 매우 높다고 하면서 대응방안을 마련해야 한다고 했다. 간부들이 노조와 동조할 경우 회사 분위기가 전부 노조를 지지하는 쪽으로 흐르면 경영진이 고군분투할 것이란다. 이 임원은 경영진의 한 사람으로서 회사가 어려워질 것을 크게 염려하며, 여러 차례 나에게 대책을 강구해야 한다고 말했다. 반신반의하고 있는 내게 이번에는 또 다른 임원이 들어와서 전직대상간부들이 일은 안 하고 제대 말년 행세를 해서 회사 내 근무 분위기를 크게 흐려 놓고 있단다. 이 사람을 인사조치 해야 한다는 것이다.

탐문 결과, 전직대상 일부 간부들의 움직임이 심상치 않았다. 업무는 관심 밖이었다. 조직을 관리하고 성과를 내야 할 간부가 그런 마인드라면 그 조직은 성과를 내기 어렵다. 그런 간부는 차라리 그 자리에 없는 것만 못하다. 그런데 모든 대상자가 그런 것은 아니지만, 상당수의 대상자가 그렇단다. 나는 좀 더 지켜보기로 했다.

정년연장문제에 대한 압박감이 점점 더 강해져 왔다. 간부들이 부채질한다는 소문도 들려왔다. 9월의 어느 날, 이 임원은 특단의 대책을 세우지 않으면 안 된다며, 더 이상 늦어 져서는 안 된다고 말했다.

"그러면 무슨 방법이 있나요? 그렇다고 이들을 모두 사표 내라고 할 수도 없지 않습니까?"

이에 대한 그의 해법은 교육발령을 내자는 것이었다. 이들은 내년 1월 1일자로 전직에 들어가는데, 3개월 먼저 전직을 위한 교육발령을 내자는 것이다. 과거에도 그런 사례가 많이 있었다는 말도 덧붙였다.

나는 고민스러워졌다. 3개월 먼저 교육발령을 내어서 조직 분위기를 쇄신할 것인가? 아니면, 그냥 기다려 내년 1월 전직에 들어가게 할 것인가?

조직 분위기 쇄신과 현상유지 사이에서 어떤 선택을 해야 할지 고민에 빠진 나는 임원들을 불러 모아 의견을 물어보았다. 처음에는 일부 임원들이 좀 놀라는 분위기였으나 조직분위기 쇄신을 위해 불가피한 선택이라는 데 의견들이 모아졌다. 조직 분위기를 쇄신하고 후배들에게 길을 터주기 위해 선배들이 비켜 주는 용단을 내려야 한다는 것이다.

나는 결단을 내리기로 했다. 정년연장문제에 대응하고 조직 분위기를 쇄신하기 위해 이들을 교육발령을 내기로 한 것이다. 그렇다면 이번에는 교육 대상자를 어떻게 고를 것인가 에 대한 물음이 던져졌다. 선별적으로 할 것인가, 아니면 집단적으로 할 것인가 하는 문제에 대한 논의가 이어졌다.

일부 선별적으로 하는 것이 어떻겠느냐는 의견도 나왔다. 그런데 선별할 기준이 애매하다. 선별기준을 마련한다 해도 누구는 해당되고 누구는 제외되었다는 문제가 발생해 시비를 불러올 수 있다. 또 선별된 사람은 조직에서 퇴출되는 사람으로 낙인찍히는 효과가 발생할 것 같았다.

후배들에게 자리를 내어주는 용단을 내리는 분들에게 포상은 못할망정 낙인을 찍는다는 것은 온당치 못하다고 보았다. 그러면 집단적으로 하는 것이 더 좋겠다는 쪽으로 의견이 모아졌다.

전직 대상자 간부들을 대상으로 3개월 교육발령을 내기로 했다. 다만 이 교육발령 대상에서 한 사람만 제외되었다. 그는 본부장이었다. 이 본부장은 전직에 들어가기 전 마지막 업무를 충실하게 마무리하고자 열심히 노력했다. 이 열성적인 업무자세로 인해 이 사람만 제외된 것이다.

2013년 9월 24일자로 13명의 전직 대상 간부들이 교육발령을 받았다. 1급 3명, 2급 2명, 3급 8명이었다. 13명의 간부들이 교육발령을 받게 됨에 따라 후속조치로 29명이 승진하고 27명이 전보 발령되었다. 비정규직 6명도 정규직으로 임용되었다. 총 62명에 달하는 대규모 인사를 단행한 것이다.

이 일로 인해 후배들이 선배들을 제치고 먼저 올라가는 일이 발생했다. 4급 여성도 2명이나 3급 직무대행에 임명되었다. 안일하고 보수적인 생각에 젖어 있던 사람들에게는 충격이었다. 연공서열이 아니라 성과와 능력에 의한 선발로 인해 유능하고 젊은 신진 인사들을 많이 기용했기 때문이다.

나는 이 인사를 통해 조직을 좀 더 활기차게 만들고자 했다. 느슨한 조직 분위기를 쇄신하고자 했다.

교육발령을 받은 전직 대상자들이 반발했다. 하려면 다 해야지, 왜 한 사람은 뺐느냐며 제외된 1급 본부장에 대해서도 비난이 쏟아졌다.

그러나 그들을 이해시키고 설득시키는 일에는 임원들조차도 몸을 사렸다. 왜냐하면 오랜 직장생활을 하면서 모두가 오랜 친구가 되어 있었기 때문이다. 결국엔 내가 전면에 나서서 그들을 설득하고 이해시키려 돌아다녀야 했다.

개혁저항세력은 또 투서를 했다. '공기업을 마치 사장의 개인 회사인양 마음대로 주무른다.', '생산 현장인데 남자도 아닌 여성을 간부로 승진시켜서 되겠는가?', '애송이인 젊은 친구들을 승진시켰다.' 등등…….

이 일로 인해 나는 사정기관으로부터 조사도 받았다. 사정기관이 현미경 조사를 했다. 그러나 역시 조사해 보니 아무 문제가 없었다. 정년연장문제에 대응하고 조직분위기 쇄신을 위한 CEO의 고충을 그들도 이해했다. 노조의 정년연장문제에 대한 대응은 이렇게 험난한 과정을 거치게 되었다.

13

대치 속에
새해 첫날을 맞다

정년연장문제는 2013년 4월 30일 법제화 되었다. 이러한 법제화에 따라 각 노동현장에서는 정년 연장 적용시기 문제가 해결되었다. 우리 회사도 이 법에 따라 2016년 1월 1일부터 정년을 60세로 적용하면 된다. 그러기 위해서는 2015년 말까지 노사가 합의하면 된다.

그런데 의외의 복병을 만났다. 노조가 정년 연장의 또 다른 문제를 들고 나왔다. 이른바 "낀 세대"(정년 연장 과도기 세대)들의 문제를 들고 나온 것이다. 정년 연장법에 의하면 1958년생 이후는 정년이 60세로 자동 연장되므로 아무 문제가 없다. 그런데 노조가 1958년생 직전인 1957년 하반기 출생자들부터 1954년 하반기 출생자들의 정년도 똑같이 60세로 연장해 달라고 주장한 것이다. 이들이 바로 "긴 세대"들이라는 것이다.

1954년 하반기생부터 1955년 상반기생들은 현행 취업연장 1년에 추가로 6개월을 더하여 정년 연장해 주고, 1955년 하반기생부터 1957년 하반기생들은 현행 취업연장 1년에 추가로 1년을 더해서 정년을 연장해 달라는 것이다. 취업규칙에 따른 1년간 취업연장에 따라 4급 이하 일반직원들은 59세가 실질적 정년이고 간부들은 58세가 정년이다. 그런데 간부들보다 1년 6개월 내지 2년을 더 연장해 달라는 것이다. 그것도 임금삭감 없이 현재의 임금을 100% 보장해달라는 것이었다.

노조는 매우 강하게 압박해 들어왔다. 그 배후에는 연말이면 퇴직해야 하는 퇴직 예정자들이 있었다. 이들은 2013년 12월 31일이 지나면 퇴직해야 하므로 그 전에 노조의 힘으로 정년을 더 연장하고 싶었던 것이다. 그들이 뒤에서 노조를 압박했다. 나는 절대 받아들일 수가 없다고 했다. 취업연장 1년의 혜택을 받은 사람들이 또다시 자기 밥그릇을 챙기는 모양새이다. 그들에게 회사 형편 운운하는 것은 쓸데없는 짓이었다. 혜택을 보는 57년 이전 출생자들은 일반직원은 물론이고 간부직원들까지도 은근히 노조를 응원하고 있었다.

퇴직예정자들의 노조 압박이 더욱 거세졌다. 아예 노골적으로 노조 사무실에 와서 노조 위원장을 비롯한 노조간부들에게 압력을 행사하기 시작했다. 이에 따라 노조의 압박과 공세는 더욱 거세졌다.

2013년 12월 30일 오후 5시경 노조 집행부들이 비서실을 점령했다. 박경택 비서실장이 들어왔다.

"나가시지 마십시오. 지금 나가시면 안 됩니다."

"왜?"

"노조 집행부가 비서실에서 농성을 하고 있습니다."

"나가시면 잘못하면 충돌사태가 일어납니다."

"그래? 그들이 나를 못나가게 하면 나를 불법 연금하는 거야. 그때는 법으로 대응할 수밖에 없어."

"어쨌든 지금 나가시면 안 됩니다."

"그래? 그러면 조금 더 있다가 나가지."

나는 저녁 8시까지 사무실에서 일하고 있었다. 그러나 그들은 물러가지 않았다. 나도 퇴근을 해야겠기에 나가기로 했다. 비서실장이 매우 불안한 표정이다. 나가지 말았으면 좋겠다는 표정이다. 그래도 나는 나가기로 했다. 사무실 문을 열고 나가니까 노조 집행부가 비서실에 빼곡히 진을 치고 앉아 있었다. 발 디딜 틈이 없었다. "좀 나갑시다." 겨우 한 발자국 한발자국씩 만들어가며 나갔다. "사장님, 정년연장 해주십시오." "정년", "연장"하면서 그들은 외쳐댔다. 출입문에는 레슬링 선수였던 덩치 큰 노조 간부가 등을 뒤로 하고 막아서고 있었다. "좀 나갑시다." 하면서 밀치고 나갔다. 그래도 그는 막지는 않았다. 다행히도 비서실장이 우려했던 충돌사태는 없었다. 노조 집행부가 비교적 평화적으로 대한 것이다. 그들은 내가 나가고 난 뒤에도 한동안 비서실에 앉아 있었다고 한다.

시간과의 싸움이 되었다. 12월 31일만 지나면 퇴직예정자들은 퇴직자가 된다. 그 전에 그들은 사장을 굴복시키고 싶었다. 그러나 나는 아무리 생각해도 정년을 더 연장해 줄 수는 없었다. 2013년 12월 31일 오후 6시부터 노사협상이 다시 시작되었다. 신기방 총무이사와 송석현 노사실장이 전면에서 노조와 씨름했다. 노조는 처음에는 송석현 노사실장을 일부 전임자들처럼 노조 눈치나 살피는 다루기 쉬운 사람으로 보았던 모양이다. 그런데 이번 협상을 통해서 송석현 실장이 얼마나 확실한 사람인가를 그들은 실감했다. 논리적으로나 기질적으로나 전혀 밀리지 않았다. 확고한 입장을 갖고 협상에 임했다. 신기방 총무이사도 흔들림 없이 확고한 입장을 견지하였다. 심지어는 노조가 신기방 총무이사를 기피신청을 할 정도였다.

2014년 1월 1일, 새해의 첫 시작을 나는 노사 협상장에서 맞았다. 어제 오후6시부터 계속된 협상은 1월 1일 오전 7시까지 꼬박

밤을 새워 가며 진행되었다. 그러나 협상에는 진전이 없었다. 팽팽한 줄다리기만 있었다. 나는 12월 31일자로 대상자 45명의 퇴직발령을 결재했다. 그리고 공포했다. 정년연장을 압박하던 퇴직예정자들은 모두 이미 퇴직자가 된 셈이다. 그러나 노조는 물러서지 않았다. 이번에는 퇴직발령을 취소하라고 압박했다. 퇴직자들이 노조 사무실에 들어와서 압박하고 있었다. 그러나 퇴직발령을 취소하라는 것은 있을 수 없는 일이었다. 시간이 흐르면서 그들도 점차 퇴직을 기정사실화하고 세력화가 점차 약화되었다. 퇴직자들이 소송을 준비한다는 등 여러 얘기들이 돌았지만 소송 제기는 없었다. 2월 들어 노조도 노조 위원장 선거체제에 들어가면서 정년연장문제는 점차 수그러들었다. 참으로 길고 험난한 협상이었다.

14
월급을 반납하다

2012년 들어 나는 3C 4N의 경영전략을 본격적으로 추진했다. 2012년을 도전(挑戰)과 변화(變化)와 창신(創新)을 통해서 조폐공사가 글로벌 톱 클래스로 도약하는 원년(元年)을 만들고자 한 것이다.

나는 목적을 달성하기 위해 새로운 성장엔진의 발굴을 위해 노력했다. 미래전략실을 신설하고 새로운 성장엔진을 찾으려고 노력했다. 더불어 CIS국가들, 중동국가들, 남미국가들에서 새로운 시장개척을 했다. 새로운 기술개발을 위해 노력을 했고, 새로운 시스템 구축에 힘썼다. 잠고츰 시스템을 통해 성과와 보상을 연동시켜 일하고자 하는 동인(動因)과 인센티브를 만들었다. 이러한 변화와 창신의 노력을 기울였지만 기업의 성적표는 초라했다.

기업은 결국 성장성과 수익성으로 평가받는다. 매출액과 영업이익이 부끄러울 정도로 초라했던 것이다. 2012년 매출 목표액은 4,016억 원이었다. 그러나 실적은 3,515억 원으로 전년도(3,688억 원)보다 173억 원이나 줄었다. 국내 사업에서 전년도보다 약 472억 원이 줄어들었다.

이 중 75%가 화폐발주량 감소로, 화폐부문의 매출액이 353억 원 이나 줄어든 때문이다. 그러나 해외사업에서 430억 원의 매출을 올려 전년도(131억 원)보다 299억 원이 올랐다. 해외사업에서 430억 원의 매출을 올리지 못했다면 자칫 3,000억 원대로 추락할 뻔했다.

영업이익이 급격히 줄어들어 적자상태에 들어섰다. 내용을 살펴보니 두 가지 원인이 있었다. 첫째, 화폐 납품단가를 제대로 받지 못한 것이었다. 발권당국과의 화폐 단가 협상 시에 보수체계 개편에 따른 제조원가를 정상적으로 보전 받지 못해 적자가 59억 원이나 발생되었다.

둘째로, 자회사 GKD의 경영악화였다. GKD가 22억 원의 적자를 냈다. 종전에는 회계기준이 본사는 본사대로, 자회사는 자회사대로 결산하는 별도재무제표 시스템(K-GAPP)이었다. 그러나 회계기준이 변경되어 본사와 자회사를 연결하여 결산하는 연결재무제표 시스템(K-IFRS)이 도입됨에 따라 자회사 GKD와 연결하여 결산을 해야 했다. 결국 GKD의 적자가 고스란히 본사의 적자로 넘어왔다. 화폐 단가를 제대로 받아오지 못한 것과 GKD

때문에 적자가 81억 원이나 발생하는 상황이 되었다.

조폐공사는 창립 이래 지금까지 한 번도 적자를 내 본 적이 없었다. 적자를 낸다면 사상 초유의 상황이 되는 것이었다. 이대로 적자를 낼 수는 없다. 적자가 나면 경영평가에서도 크게 점수를 잃는다. 경영평가를 잘 받아야 직원들 성과급도 높아지는데, 성과급이 떨어지는 데 대한 CEO로서의 책임감이 무겁게 느껴졌다.

'어떻게 해야 할까?'

고민에 고민을 거듭했다. 비용을 줄이지 않으면 적자를 탈피할 방법이 없었다. 결국 줄일 수 있는 것은 인건비뿐이다. 나는 12월분 월급을 반납하기로 했다. 사장이 월급을 반납했다고 하니까 온 회사가 술렁거렸다. 임원들도 같이 12월분 월급을 반납했다. 나는 내심 전직원들이 인건비 절감운동에 동참해주기를 기대하고 있었다.

경영진들의 자기희생을 보고 간부들이 동참하고 나섰다. 그들은 월급 반납 대신 연차휴가를 사용 하여 연차수당을 안 받아갔다. 이를 본 일반 직원들과 노조도 적극 연차휴가 사용하기에 나섰다. 노조와 직원들도 인건비 절감운동에 동참하고 나선 것이다.

직원들은 연차휴가를 안 가면 안 간 날짜만큼 수당을 받는다. 연차휴가를 많이 가면 휴가 일수만큼 연차수당, 즉 인건비가 줄어든다. 다행히 노조와 직원들도 연차휴가를 적극적으로 사용했다. 이렇게 해서 전 직원들의 합심협력으로 2012년은 겨우 2억 2,700만 원의 흑자를 냈다. 간신히 적자를 모면한 것이다. 이로 인해 경영평가에서 2011년에는 3위였던 종합 순위가 10위로 추락했다. 2012년은 무척 힘든 한 해였다.

나는 회사가 어려울 때 그 어려움을 헤쳐 나가는 데 적극적으로 동참해 준 노조를 비롯한 모든 임직원들이 무척 고마웠다. 각자의 현실적 생활이 있는 데 수입을 포기한다는 것은 여간 어려운 일이 아니다. 자기 희생정신이 강하지 않고서는 불가능한 일이다. 이런 것이 조폐공사의 또 다른 힘인 것이다. 회사가 어려울 때 합심, 협력하여 위기를 극복해 내는 힘이 있는 것이다. 자기의 이익을 버리고 대승적 차원에서 희생하고 헌신하는 힘 말이다. 이런 힘이 있는 한 조폐공사는 더욱 더 발전할 것이다.

15
방만경영기관에서
벗어나다

2008년 금융위기 이후 국가부채가 논란이 되면서 공공기관의 부채가 문제시되었다. 2012년에는 공공기관 부채(493조원)가 국가채무(446조원)를 능가하는 상황에까지 이르렀다. 부채도 많은 공공기관들이 성과급 잔치를 한다는 비판, 공공기관의 복리후생수준이 불합리하다는 국민적 비판이 일었다.

이에 박근혜 정부는 공공부문 개혁의 일환으로 공공기관 정상화 대책을 추진하였다. 그리고 2013년 12월 11일, 정부는 공공기관 정상화 대책을 발표했다. 부채과다 기관은 부채를 축소하고, 복리후생수준이 높은 기관은 복리후생수준을 축소하는 것이 골자였다.

조폐공사는 부채비율이 30%도 안 되기 때문에 부채과다기업은 아니었다. 그러나 복리후생수준이 높다는 이유로 방만경영기관으로 지정되었다.

방만경영기관은 295개 공공 기관 중 1인당 복리후생비가 높은 20개 기관을 지정했다. 복리후생비로는 중·고학자금, 선택적 복지비, 하계 휴양비, 콘도이용비, 통근비, 손수운전비, 의료비, 비상설 체육행사비, 체육행사비, 창립기념행사비, 단체보험, 보육시설운영비가 개선사항에 해당되었다. 사내근로복지기금에서는 대학생 학자금, 개인연금, 주택자금 이자, 월동보조금, 경조금, 운영경비가 해당되었다.

선정기준은 공공기관 알리오 시스템에 등재된 최근 3년간(2010년~2012년)의 예산상 복리후생비와 사내근로복지기금의 합계액으로 높은 기관부터 20위까지로 선정하였다. 그렇게 해서 1인당 복리후생비가 가장 높은 1위가 1천 488만 9천 원이었고 20위가 571만 9천 원이었다. 조폐공사는 744만 6천 원으로, 딱 중간인 10위를 차지했다.

그런데 이 기준은 현재 상태의 기준이 아니라 과거 상태의 기준이었다. 우리 공사는 2012년에 경영위기를 겪었다. 나는 이 위기를 극복하기 위해 복리후생비를 대폭 절감했다. 2012년 10월, 노사가 합의하여 사내근로복지기금 제도를 개편하여 대학생 학자금 무상지원, 주택자금 이자 지원, 월동보조비를 폐지했으며, 학자금, 선택적 복지비, 행사지원비 등도 이미 절감했다.

또 2013년도부터 전 직원 연봉제를 도입하면서 손수운전비, 하계 휴양비를 폐지했다. 그 결과 1인당 복리후생비가 과거 기준 (2010년~2012년)으로는 744만 6천 원이었지만, 2013년도 현재 기준으로는 333만 원으로, 방만경영기관에 해당되지 않는다.

그러나 우리 공사는 방만경영기관으로 지정된 것에 대해 이의를 제기하지 않았다. 다른 불합리한 복리후생비를 정비하여 국민적 신뢰를 얻는 것이 더 중요하다고 생각했기 때문이다.

정부가 권고한 방만경영 개선과제는 55개 과제였는데, 그중 우리 회사가 해결해야 할 과제는 17개였다. 거기에 자체발굴과제 2개와 외부지적사항 5개 과제까지 합쳐서, 도합 24개 과제였다.

이 중에는 노동조합과 합의해야 할 과제가 절반이 넘었다. 2012년에 경영위기 극복을 위해 복리후생비를 대폭 절감한 바가 있기 때문에 추가적인 절감이나 폐지하는 것에 대해 노동조합이 반대하고 나섰다.

그러나 방만경영기관이라는 오명을 벗기 위해 윤봉호 부사장을 위원장으로 하는 「경영개선 비상대책위원회」를 구성(2013.12.17)하여 운영하고, 방만경영 개선 결의대회를 개최하는 등 전 직원들의 이행의지를 더욱 강화했다. 노조와 전 직원들에게 방만경영 개선의 필요성과 득실을 지속적으로 설득하고 협상하였다.

6월 말까지는 모든 과제를 해소해야 하는데, 2014년 3월 나는 퇴임했다. 나는 퇴임하기 전까지 방만경영 개선을 위해 적극 노력하였다. 2월 말 현재로 정부권고 55개 과제 중 7개 과제만이 미결로 남았다.

남겨진 7개 과제는 시기적으로 4월~6월에 가야 해결될 수 있는 과제도 3~4건 있었다. 이 무렵 노동조합 위원장 선거가 있었다. 새로운 노조 집행부가 구성되고 나야 나머지 미결과제에 대해 협의할 수 있기 때문이다.

내가 퇴임하고 난 후 새로 온 CEO가 리더십을 발휘하여 미해결 과제를 잘 해결했다고 한다. 다행이다. 이렇게 해서 공사는 방만경영 개선과제를 모두 해소하게 되었다. 방만경영기관이라는 오명에서 졸업한 것이다.

에필로그
사상 최대의 매출실적,
사상 최대의 수출실적

조폐공사의 지난 5년간(2006년~2010년)의 연평균 매출액은 3,511억 원이었다. 나는 이것을 보고 우리 공사가 "매출정체의 늪"에 빠져든 것이 아닌가 하고 걱정하고 고민했었다.

그간 매출 정체의 늪에서 빠져나오지 못했던 것은 주력사업인 화폐사업이 줄어드는데 대한 대안이 없었기 때문이었다. 5만 원권이 발행되고 난 2009년 이후에는 화폐사업량이 급격히 줄어들었다. 발권당국의 화폐발주량에 크게 의존할 수밖에 없는 조폐공사로서는 곧바로 매출감소로 이어졌다.

국내 주력 사업량이 이렇게 급감하는 상황 하에서 나는 다른 성장 동력을 찾을 수밖에 없었다. 화폐사업 축소를 보완하기 위해 새로운 성장엔진, 새로운 사업을 개발하고자 노력했다. 미래 사업도 찾아보고 불리온 사업도 생각해보았다.

그래서 대안으로 골드바 사업에 눈을 돌렸다. 골드바 시장은 나름대로 시장이 형성되어 있지만 시장참여자가 많지 않았다. 금 거래질서의 확립과 신뢰사회의 구현을 위해 골드바 사업을 시작하기로 한 것이다. 이 사업은 2013년에 800억 원의 매출을 올렸다.

지난 5년 동안 3,500억 원대에 머물던 매출액이 2013년에는 4,271억 원[47]을 올렸다. 조폐공사 창립 이래 최대의 매출실적을 올린 것이다. 이렇게 된 것은 새로운 사업, 골드바 사업을 개척한 결과이다. 골드바 사업이 매출 증대의 일등 공신이었다. 만약 골드바 사업을 개발하지 못했다면 2013년도 매출액은 3,471억 원밖에 안 된다. 또다시 3,500억 원대의 매출 정체의 늪에서 헤어나지 못할 뻔했다. 영업개발단의 백상현 단장을 비롯한 실무팀들의 노고가 많았다.

2014년에도 4,276억 원의 매출을 올려 2년 연속 4,000억 원대의 매출을 올렸다. '매출규모 1조 원'이라는 비전을 향한 큰 발걸음을 뗀 것이다. 글로벌 톱 5에 진입하기 위한 시동이 걸린 것이다.

영업이익도 가장 어려웠던 2012년에 적자위기에서 간신히 벗어난 2억 2,800백만 원이었던 것이 2013년에는 29억 4,300만 원, 2014년에는 41억 5,300백만 원을 올렸다. 당기순익도 2012년에 4억 7,900만 원에서 2013년에는 33억 7,800만 원, 2014년

---

47) 별도재무제표(K-GAPP)에 의한 본사 기준임. 자회사를 합한 연결재무제표(K-IFRS) 기준은 4,325억 원임.

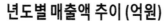

년도별 매출액 추이 (억원)

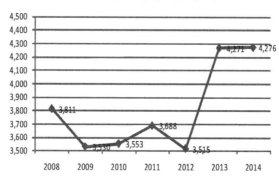

에는 32억 6,000만 원을 달성하였다. 부채비율도 2010년 28.2% 였으나 2013년 22.9%, 2014년 22.3%밖에 안 되었다. 본사와 자회사 GKD를 합한 연결재무제표(K-IFRS) 기준으로 하더라도 2013년 36.8%, 2014년 36.0%에 지나지 않는다. 매우 양호한 것이다.

국내 시장이 크게 성장하지 못하는 상황 하에서는 새로운 시장 을 개척할 수밖에 없었다. 나는 해외시장을 적극 공략했다. 만리 장성을 넘어 중국에 3,000톤의 용지를 수출했고, 불모지였던 중 동국가를 개척하여 리비아에 처음으로 주화를 수출했다. 과거에 는 생각조차 해 보지 않았던 남미국가에 진출하여 페루에 은행권 을 처음으로 수출하기도 했다.

그 결과, 2011년 131억 원에 불과했던 수출이 2013년에는 440 억 원으로 공사 역사상 최대의 수출실적을 올리게 되었다. 이 수출 증대가 2013년도 매출 증대의 이등 공신이 되었다.

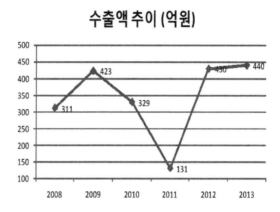

수출액 추이 (억원)

나는 새로운 사업영역을 적극적으로 개척하고 해외수출시장을 도전적으로 개척하여 사상 최대의 매출실적, 사상 최대의 수출실적을 올리는 쾌거를 이룩했다. 나는 조폐공사를 매출 1조 원, 글로벌 톱 5에 진입시키겠다는 비전을 갖고 경영해 왔다.

「3C 4N」이라는 새로운 철학으로 조폐공사를 경영해온 노력과 실적에 힘입어, 조폐공사는 2013년도 공기업에 대한 정부 경영평가에서 당당히 1위를 차지하였다. 2011년도 3위였던 것이 2012년도에 10위로 추락했었으나 2013년도에 당당히 1위로 올라선 것이다. 2013년은 보람 있는 한 해였다.

나는 조폐공사 사장으로 취임하면서 나의 재임 중 매출 1조원의 비전을 실현할 토대를 만들어 놓고 떠나겠다고 생각했다. 그리고

3,500억 원대를 넘어서 4,000억 원대를 실현하고 떠났다. 그러나 4,000억 원대로 올라서기는 했지만 만족할만한 토대를 만들지는 못했다. 그저 조그만 주춧돌 하나를 놓은 정도에 불과하다. 한편으로 생각하면 부끄럽다. 그러나 훌륭한 후임 CEO들이 더 큰 실적들을 쌓으면서 조폐공사를 더욱 발전시킬 것이라는 기대감에 위안을 받는다.

조폐공사가 매우 어려운 시기에 나는 CEO로 취임했다. 공사가 성장 발전하느냐 아니면 퇴보 쇠락하느냐 하는 갈림길에 서 있었다. 이 갈림길에서 나는 퇴보 쇠락할 것만 같은 위기의식을 느꼈다. 이 위기상황을 3C 4N의 경영전략으로 돌파해 나가고자 노력했다. 매출 1조원 달성, 글로벌 톱 5 종합보안 솔루션 기업이라는 새로운 비전을 설정하고 이의 달성을 위해 조폐공사 임직원들은 하나로 뭉쳤다. 우리들은 "할 수 있다, 하면 된다, 해보자" 하는 도전정신과 열정으로 뭉쳤고 열정으로 일했다. 이 시기는 꿈을 향한 뜨거운 열정의 시기였다.

조폐공사 임직원들은 회사가 어려울 때는 개인적 이익을 버리고 회사발전을 위해 합심 협력했다. 자기희생과 헌신을 했다. 이것이 조폐공사의 힘인 것이다. 발전할 수 있는 원동력인 것이다. 이 힘이 있는 한 조폐공사는 발전할 것이다. 비전과 목표를 달성하여 글로벌 시장에서 우뚝 서게 될 것이다.

나는 어려운 시기에 도전정신과 열정으로 나와 같이 일했던 조폐공사의 모든 임직원들에게 감사한다. 사상 최대의 매출실적과 사상 최대의 수출 실적을 만든 것은 모두 이 분들이다. 이 분들의 열정에 다시 한 번 감사를 드린다.

Photo Gallery

▲ 창립 60주년 기념식

▲「KOMSCO가 나아갈 길」을 특강 중인 필자의 모습

▲ G&D 슐레부쉬 총괄사장과 함께
왼쪽부터 슐레부쉬 G&D 총괄사장, 필자, 자이데만 루이젠탈 제지회사 사장

▲ SICPA와의 MOU 체결
앞줄 왼쪽이 블라이콤 회장, 필자, 염병출 처장, 뒷줄 오른쪽이 존 루카스 아시아담당이사,
필립 바로우 사장, 제일 왼쪽이 이지영 과장

▲ 영국의 2012년 런던올림픽 기념 1㎏ 금화

▲ 오스트리아의 1천 온스 금화

▲ 2012년 제3회 화폐박람회의 오픈 행사
   왼쪽부터 김중수 한은총재, 김황식 국무총리, 필자

▲ 조폐공사의 오롯 골드바(앞면)

▲ 조폐공사의 오롯 골드바(뒷면)

▲ 투발루가 발행한 김연아 기념주화(금화, 은화)

▲ 우간다가 발행한 독도 기념주화(은화)

▲ 중국 베이징 올림픽 기념은행권

▲ 장경판 기념주화(은화)

▲ 남한산성 기념주화(은화)

▲ 니우에가 발행한 피라미드형 기념주화

▲ 글로벌 시장 공략을 생각하며

▲ 중국 허린 사장과의 면담

452

▲ 우즈베키스탄 원면성 오모노프 장관과 함께

▲ 우즈베키스탄 대외경제성 사이도바 장관과 함께

▲ 키르기즈스탄 바바노프 총리와 함께

50Dirham

100Dirham

1/4Dinar

1/2Dinar

▲ 조폐공사가 수출한 리비아 주화

▲ 조폐공사가 수출한 페루 은행권

◀ 오천만 불 수출의 탑